LA SOIRÉE PARISIENNE

par RICHARD O'MONROY

PARIS. — PAUL ARNOULD, ÉDITEUR
17, FAUBOURG-MONTMARTRE, 17

LA
SOIRÉE PARISIENNE

LA
SOIRÉE PARISIENNE

PAR

RICHARD O'MONROY

PARIS
P. ARNOULD, LIBRAIRE-ÉDITEUR
17, FAUBOURG MONTMARTRE, 17
—
1890
Tous droits réservés.

PRÉFACE

La *Soirée Parisienne* ! Comme ce mot évoque l'idée de bonnes heures passées dans le brouhaha des plaisirs de la grande ville, sous les feux éclatants du gaz ou les radiations de la lumière électrique, au moment où il n'y a plus ni travailleurs, ni camions, ni charrettes, et où chacun, même parmi les plus occupés, n'a plus qu'une idée au monde — s'amuser — en disant avec une douce philosophie : « A demain les affaires sérieuses ! »

Ces queues de spectateurs qui ondulent devant la porte de nos théâtres ne sont-ils pas des *fleuves d'oubli*. Là, en effet, sur la scène, dans le monde idéal créé par nos littérateurs, nos musiciens et nos poètes, le ciel est toujours bleu, le soleil toujours étincelant, l'amoureux est toujours beau, et si l'ingénue est momentanément persécutée, il y a bien des chances pour qu'à minuit, son mariage s'accomplisse avec le prince charmant dans des lueurs d'apothéose.

Nous avons donc pensé qu'il y aurait pour le lecteur un plaisir à retrouver la trace de ces bonnes soirées-là. Entendons-nous. Nous ne sommes pas des encyclopédistes, et il nous est fort indifférent que les chercheurs de l'avenir trouvent dans nos pages des notes historiques sur telle ou telle œuvre; nous ne tenons pas à vous raconter à nouveau le sujet de telle comédie, tel opéra, tel ballet que vous connaissez déjà ou que vous avez peut-être oublié. Non, nous voulons simplement faire revivre dans votre cœur l'émotion que vous avez éprouvée, un certain soir, émotion que nous avons notée au passage en clubman impartial, sans préjugé et sans esprit de coterie. Nous vous rappellerons le mot d'esprit qui vous a fait rire, ou le cri passionnel qui vous a fait pleurer. Nous ferons surgir devant vous le geste qui a enlevé la salle, le costume qui vous a séduit, et par notre baguette nous redonnerons la vie à ces gracieuses silhouettes de spectatrices entrevues dans les avant-scènes entre une botte de roses et un sac de bombons.

Nous vous rappellerons le potin qui a couru ce soir-là dans la salle, l'altercation qui a eu lieu pendant l'entr'acte entre M. X... et M. Y... au sujet de Mlle Z...; nous vous dirons pourquoi le ténor A... s'est fait remplacer *in extremis*, et pourquoi la petite B... a manqué son entrée au commencement du 2. Bref, nous avons la prétention de faire renaître devant vous ces soirées déjà lointaines, avec leurs souvenirs littéraires, mondains et amoureux, et, qui sait, parmi ces feuilles volantes, s'il n'y en aura pas qui vous rappelleront tout à coup des heures exquises passées avec *Elle* au fond de la petite baignoire sombre, la main dans la main, tout près, tout près, alors qu'elle était si charmante et que vous étiez si follement épris !...

C'est dans cet espoir, ami lecteur que je réunis ces notes écrites chaque soir, l'œil encore ébloui de radieuses apparitions, tandis que le bruissement de la musique résonnait à mon oreille et que la vie nocturne du boulevard me faisait entendre son grondement lointain.

Je ne fais qu'un vœu, c'est qu'elles vous fassent éprouver en les lisant le même plaisir que j'ai eu, moi, à les écrire.

Et maintenant, l'ouverture est finie; au rideau!

Richard O'Monroy.

Janvier 1890.

LA SOIRÉE PARISIENNE

HENRI III ET SA COUR

8 janvier 1889.

Décidément, le style à panache de Dumas revient à la mode.

Après le *Chevalier de Maison-Rouge*, *Henri III et sa Cour*, bientôt la *Reine Margot*. Pour se rendre compte de cette vogue, il n'y a qu'à jeter les yeux sur le public de ce soir, salade politico-judaïco-mondaine, représentant notre état social actuel.

Pour me servir d'un cliché connu : « Je ferme les yeux et je revois la salle »... (mais comme ça me gêne pour écrire, je les rouvre) :

Avant-scène de droite, la princesse Mathilde; avant-scène de gauche, le Président de la République; un peu partout :

La comtesse de Tanlay, Mme Meyer, la vicomtesse de Broutel, Mme Hochon en robe de bal, Mme Lippman, Mme Adam, Mme Jules Ferry, prince Troubetzkoï, comte de Turenne, Gounod,

Déroulède, baron de Saint-Amand, baron de Kœnigswarter, Scholl, coiffé d'une toque en fourrure, — on l'appelle Scholoff ; — Floquet, duc de Broglie, prince de Sagan.

Du côté des artistes : Rachel Boyer, Kalb, Legault, Marsy, Marguerite Caron, Dudlay, Broizat, etc.

Deuxième cliché : « J'en passe et des meilleures. »

Et maintenant : Pan ! pan ! pan ! au rideau. A la Comédie française, ça prend cinq bonnes minutes.

Premier acte. — Chez Ruggieri. — Cabinet d'alchimiste machiné comme la maison de campagne de feu Robert-Houdin. Murs tendus de vastes tapisseries dissimulant des panneaux à pivots et des portes secrètes. A gauche, grande fenêtre ouverte avec télescope braqué dans la direction des astres... comme l'astronome de la place Vendôme. Près d'une table, sur laquelle on remarque un sablier qui retarde, un flambeau du temps et un vieux bouquin de sorcellerie, causent Ruggieri (Sylvain) et Catherine de Médicis (Pierson). Très belle, cette dernière, avec la cape noire, la robe noire brodée de jais et les gants brodés aux armes de France. Ruggieri, lui, a un ample et chaud costume qui me semble, par ces temps froids, le dernier mot du confortable : calotte de velours grenat bien enfoncée sur les oreilles et dalmatique violette bordée de fourrures. Avec une dalmatique semblable, impossible de donner moins d'un louis... pardon, d'un Henri III d'or à un pauvre.

Pour égayer nos yeux un peu attristés par ces deux costumes sombres, voici l'entrée des trois mignons : d'Épernon (Le Bargy), Joyeuse (Cocheris) et Saint-Mégrin (Mounet-Sully). Toque empanachée, perles aux oreilles et pourpoint de satin, collier d'or, manteau de velours, à la main une haute canne, ces messieurs représentent les copurchics de l'époque. Le plus remarqué est Saint-Mégrin — non pas que son costume grenat à palmes vieil or soit le plus brillant, mais Mounet a coupé sa barbe ! Mounet a tondu ses cheveux ! ! C'est plus qu'une émeute, c'est une révolution.

Ses deux amis partis, Saint-Mégrin reste seul avec Ruggieri, et alors commencent les trucs : apparition de la duchesse de Guise (Brandès) dans un miroir; apparition de la même duchesse étendue sur un canapé de velours, et enfin arrivée mécanique dudit canapé au milieu de la scène, portant Brandès toujours endormie. Puis disparition féerique (déjà !) de la même Brandès.

Si bien que Saint-Mégrin s'écrie ahuri : Oh ! ma tête, ma tête !...

Pauvre Mounet ! il regrette ses cheveux !...

Applaudissements à l'entrée du duc de Guise (Febvre), qui a reproduit magnifiquement les traits du *Balafré*. Sourcils froncés, barbe rousse, teint allumé, visage coupé par la fameuse balafre. Costume en velours noir avec d'immenses bottes en cuir fauve. Un beau type de reître. Il trouve sur le canapé le mouchoir de la duchesse. Le sablier marque mal l'heure, mais le mouchoir est bien marqué. Je prévois des choses très graves.

Deuxième acte. — Au Louvre. — Hautes murailles dorées, ornées d'H et de salamandres. Lustres garnis de bougies roses. A gauche, un dais de velours bleu bordé de fleurs de lis surmontant un trône avec H broché en or. Ravissant, le tableau présenté par les mignons jouant au bilboquet, faisant de l'escrime ou engageant une partie d'échecs. Dans le fond, aux portes, les gardes immobiles, avec le casque, la hallebarde et le justaucorps bleu à étoiles d'or. Quelques accords d'orgue et entrée du cortège royal : Henri III (Worms) tout en noir, avec le cordon bleu du Saint-Esprit, à la main un livre d'heures ; à la ceinture un chapelet. Figure livide, barbe rare, sourire inquiétant, lèvres minces, une merveilleuse physionomie de vicieux et de fourbe ; la reine Catherine ; la cape du premier acte est remplacée par une robe de satin noir avec appliques de fleurs de lis en velours (ils aiment le noir dans cette famille-là, sans doute parce que c'est une nuance *très comme il faut*); puis des gardes, des seigneurs et des masses de petits pages dont le costume m'a paru peu réussi.

Présentation successive de Bussy (Baillet), bien campé dans un costume de velours frappé, et du duc de Guise, en lourde armure noir et or.—Un costume un peu chaud pour venir à la cour, comme le lui fait observer Henri III. La scène de provocation entre le duc et Saint-Mégrin produit un gros effet. Le duc se retire en de-Guisant sa fureur.

Pendant l'entr'acte, petit tour au foyer des artistes, très animé et présentant, avec ses hautes murailles garnies de toiles historiques et ses personnages en costume, assis autour de la vaste cheminée, un coup d'œil des plus pittoresques. Beaucoup de jolies femmes : M#mes# Baretta, Marsy, Samary, Rachel Boyer, en tenue de ville, viennent féliciter leurs camarades empanachées.

Discussion intéressante pour savoir si l'on doit prononcer l'*u* dans duc de *Guise*. On dit *aiguiser*, mais on dit Guy de Maupassant. On interroge Cadet : « Moi je prononce à ma guise. » C'est une solution.

Troisième acte. — A l'hôtel de Guise. — Décor sans importance, mais qui nous montre trois femmes agréables à des âges différents. D'abord, Mme de Cossé (Céline Montaland), costume jaune, toque en velours grenat, — un peu une reine de féerie. O petite Céline du Gymnase, vous rappelez-vous ces vers :

> Ne forcez pas votre talent
> Peut être un précepte excellent,
> Mais — n'en déplaise à La Fontaine —
> A m'aimer rien qu'une semaine,
> Je voudrais forcer Montaland.

Ensuite, la duchesse de Guise (Brandès). Un véritable éblouissement : une Brandès blonde — oui, monsieur — pour la première fois; dans les cheveux, un Saint-Esprit en diamants avec rangée de perles. Au cou, un triple rang de perles. Robe de soie blanche décolletée en carré, avec haute collerette brodée d'or et corsage constellé de rubis entourés de perles. Longues manches doublées de vieux rose et crevés fermés par de gros rubis. Et dire que le duc ose meurtrir le bras d'une aussi charmante personne. J'ai vu de près la meurtrissure du bras. C'était horrible : il y avait du bleu, du noir, du sang extravasé... C'est l'œuvre d'un pastelliste qui exposera le bras de Mlle Brandès au prochain Salon. Il arrivera à la force du poignet. Situation poignante : exactement la même que celle de Barbe-Bleue et de Boulotte.

J'ai gardé pour la bonne bouche le page Arthur (Mlle Bertiny). Oh! l'adorable page, avec son costume bleu paon, qui se plie aux moindres remous des hanches onduleuses, les jambes finement arquées et fières ; un vrai corps de femme et des mines d'enfant.

A la fin du deuxième acte, Brandès est rappelée deux fois.

Quatrième acte. — Même décor qu'au second acte, même cour, mêmes mignons, même Catherine en noir. C'est une Blanche vouée au noir, mais elle en vaut bien deux. Nouvelle apparition du duc de Guise, manteau de drap blanc et costume noir, avec un petit chapeau dont j'ai noté la forme pour les bains de mer. Henri III donne son bracelet à Saint-Mégrin. *Je savais bien que le Valois payerait* (oh !). Les spectateurs essuient leur lorgnette. Le joli petit page vient apporter à Saint-Mégrin la clef de la chambre de la duchesse. Bien grosse, la clef ; bien extasiés, les spectateurs ; bien content, Saint-Mégrin. Avant de partir, il embrasse le petit page. Tous les bonheurs, quoi !

Cinquième acte. — L'oratoire de la duchesse. Veilleuse brûlant devant la madone. Vaste fenêtre vitrée à deux battants. La duchesse, toute seule, prie. Elle a toujours sa même tenue, puisque le duc l'a enfermée, et cependant..., ce n'est pas la même robe. Comme dans cet acte-là elle doit être traînée à terre, l'administration prévoyante a fait exécuter une seconde robe semblable, mais en simple mérinos. C'est ainsi qu'on fait les bonnes maisons.

Entrée de la duchesse et de Saint-Mégrin. Superbe et bien romantique, le rugissement de Mounet se voyant enfermé. Fuite par la grande fenêtre éclairée par la lueur rouge des torches. Le duc arrive et traîne Brandès tout le long de la scène. Rassurez-vous : j'ai vu capitonner le plancher. C'est égal, impossible de ne pas frémir. Longue ovation aux deux interprètes.

Entendu à la sortie :
— C'est égal ! pour les maris, c'était la grande époque.
— Et bien, Monsieur, je suis sûr que jamais des horreurs semblables ne se passent à la cour de M. Carnot.

L'AFFAIRE EDOUARD

Janvier 1889.

Cette affaire devait passer beaucoup plus tôt au tribunal des Variétés; mais sur les conclusions des demandeurs Georges Feydeau et Maurice Desvallières, elle avait été remise à huitaine. Pendant ce temps, on a travaillé, on a remanié, ces messieurs ont creusé leurs plaidoiries, ces dames ont pioché leurs robes, et ce soir l'audience était ouverte à neuf heures et demie, après que Marius Boulard, le chef d'orchestre, eut dit à sa façon : « Silence, messieurs! » en commençant une valse suave.

Nous apercevons dans l'auditoire le public habituel des causes célèbres : Desmazières, Camondo, Troubetzkoï, Saintin, Le Harivel, Saint-Didier, de Larnac, Dreyfus, d'Andigné, etc.; du côté des artistes : Invernizzi, Cécile et Marguerite Caron, Cerny, Marie Brindeau, Demarsy, Yvette Guilbert et Sorel qui, un moment, étaient compromises dans l'affaire, etc.

Là-dessus, si vous le voulez bien, je vais usurper les fonctions de président et poser quelques questions aux accusés.

Moi. — Accusé Édouard Lambert, dit Cooper, levez-vous. Pourquoi faites-vous la cour à la femme Gabrielle Charençon, dite Rosa Bruck ?

Cooper. — Parce qu'elle est très jolie, qu'elle sent bon et qu'elle s'habille bien.

Moi. — Décrivez-nous quelques-unes de ses toilettes.

Cooper. — Chez son mari, elle porte une robe de crépon jaune clair, jupe plissée toute droite, corsage foncé, encolure garnie d'un jabot crêpe lisse laissant le cou dégagé. Ah ! ce cou ! ce cou !... Le jabot continue jusqu'à la taille, entourée d'une ceinture façon empire, en large moire jaune qui forme un gros nœud libre dans le dos.

Moi. — Mais vous l'avez vue ailleurs que chez elle ?

Cooper. — Évidemment, ô naïf président. Pardon ! dans la petite garçonnière à Paris, elle a une robe de sicilienne gris fer, un corsage duchesse à grands revers; ceinture de velours gris fer brodée de perles et de paillettes acier. Manches bouffantes jusqu'au coude en sicilienne grise et grand revers collant du coude au poignet, velours perlé et brodé acier. Le dos du corsage est tout à fait plat — pas le devant, et pour cause ! La jupe, sans aucun retroussé, tombe en longs plis droits et plats. Ah! j'oubliais un amour de chapeau gris en tulle gris fer avec panaches de plumes grises et brides de velours.

Moi. — Qui est-ce qui vous a donné tous ces détails ?

Cooper. — C'est elle, quand nous avons dîné en cabinet particulier.

Moi. — Veinard ! C'est ce jour-là qu'elle a giflé le commissaire Caponot.

Cooper. — Oh! Il y a eu simple rencontre de sa joue avec la main... Une collision sans importance.

Moi. — Je croyais que vous vous appeliez Fenimore?

Cooper. — Fenimore Cooper pour les littérateurs, mais Edouard Lambert pour les dames.

Moi. — C'est bien; vous pouvez vous asseoir. Accusée Gabrielle, dite Rosa Bruck, dites-nous pourquoi vous trompez votre mari aux Variétés?

Rosa Bruck. — Parce que ma jalousie n'a pas duré assez longtemps au Gymnase, et parce que M. Bertrand avait besoin d'une *professionnal-beauty* aux Variétés.

Moi. — Que reprochez-vous à votre mari?

Rosa Bruck. — Il porte des vareuses rouges et entretient une écuyère, Mlle Miranda.

Moi. — Ce sont des circonstances atténuantes. Un dernier mot. N'êtes-vous pas la belle Gabrielle?

Rosa Bruck. — Oui, monsieur, Gabrielle... des traits.

Moi, *poliment*. — C'est bien! Veuillez vous asseoir. Accusé Charençon, dit Baron, vous êtes accusé d'avoir fortement tripatouillé dans l'*Affaire Édouard*, sous prétexte que vous êtes non seulement directeur, mais acteur.

Baron. — Moi! — Si on peut dire! Dès que j'ai un joli mot spirituel, je le passe à mon voisin.

Moi. — Vous avez une jolie voix.

Baron. — Oui. Je la réserve au général pour l'élection du 27.

Moi. — Vous êtes baron?

Baron. — Je le suis sans l'être... tout en l'étant.

Moi. — Et vous êtes avocat?

Baron. — C'est-à-dire que j'en ai le costume. Je dis cela à ma femme pour avoir un prétexte d'aller à Paris faire la fête avec mon ami Gratin; mais au fond e ne suis pas avocat.

Moi. — Et vous êtes trompé par votre femme ?

Baron. — C'est-à-dire que j'en ai l'air; mais je ne suis pas... ce que vous croyez.

Moi, *sévèrement*. — Alors, si vous n'êtes ni tripatouilleur, ni baron, ni avocat, ni mari trompé, qu'est-ce que vous êtes ?

Baron. — Simplement un artiste d'un immense talent.

Moi. — Je vous remercie. Accusée Miranda, dite Dyony, pourquoi avez-vous les yeux rouges ? Vous avez pleuré ?

Dyony. — Ah ! monsieur, c'est toute une histoire. J'avais un très joli costume; Mme Charençon m'a obligée à le changer, parce qu'il était pareil au sien. Et cependant elle était bien élégante, ma robe grise en drap amazone, rehaussée d'une aumônière en drap de surah blanc attachée à la ceinture par deux rubans de moire blanche, cols et parements de surah blanc ! Sur la tête, j'avais un petit béret en drap gris, également orné de surah blanc ! Il y a eu une scène. Mais enfin j'ai gagné ma cause.

Moi, *avec intérêt*. — Pauvre enfant !... Alors ?

Dyony. — Alors, pour me venger, j'ai été déjeuner avec son mari, et j'ai arboré une catapultueuse robe en toile rouge unie à gros pois blancs, avec deux écharpes formant châle, et sur la tête un chapeau en paille écrue avec ailes de pigeon. Ce que j'étais jolie, ma chère !... Demandez plutôt à mon amie Yvette Guilbert, qui devait venir avec moi.

Moi. — Tous ces aveux — et aussi cette frimousse éveillée — vous vaudront l'indulgence du tribunal (je souris très attendri). Asseyez-vous.

Moi. — Accusé Caponot, dit Barral, vous êtes le commissaire giflé ?

Barral. — Non, la censure n'a pas voulu. Je ne suis que le frère du commissaire.

Moi. — Alors, taisez-vous. Et vous, Samuel, dit Lassouche, pourquoi teniez-vous tant à assister à l'affaire Édouard, que vous avez usé de toutes les ruses pour pénétrer dans la salle d'audience ?

Lassouche. — Je croyais que c'était l'affaire Numa Gilly, que les témoins parleraient et qu'il y aurait des révélations sur les vingt Wilson.

Moi. — Avez-vous déjà tenu des emplois de domestique ?

Lassouche. — Jamais. C'est mon début.

Moi. — Le tribunal vous félicite hautement d'avoir prouvé une fois de plus que la vérité sort de la bouche des enfants.

Nous, les accusés et témoins de l'*Affaire Édouard* entendus, les déclarons coupables d'adultère, de tripatouillage, d'usurpation de fonctions, de coquetterie, de charme et d'esprit; leur accordons cependant des circonstances atténuantes, et les condamnons tous — comme leur camarade Dupuis — aux palmes d'Académie à perpétuité.

LA PORTEUSE DE PAIN

12 janvier 1889.

Quand j'ai vu qu'il s'agissait d'un théâtre qualifié de Comique et d'un drame de MM. de Montépin et Dornay, j'ai emporté trois mouchoirs : un petit pour agiter dans la salle et dire bonjour à mes amis et connaissances (c'est distingué) un moyen pour me moucher (c'est moins distingué), et un énorme pour pleurer (ça c'est plutôt commun). Ainsi lesté, en route pour l'Ambigu.

Premier tableau. — *Le Presbytère de Chevry.* — Tout à fait le décor de l'*Abbé Constantin*, avec bon curé, bon jeune homme, bonne servante, il n'y a que les femmes qui, tout en étant très bien, sont peut-être moins élégantes que Mmes Magnier et Darlaud. Un brigadier de gendarmerie arrive et met les menottes à Jeanne Fortier (Lerou). C'est dégoûtant!...

Deuxième tableau. — *Petit salon de Mary Hermant.* — Un salon vert d'eau comme tous les salons vert d'eau dans lequel évoluent trois messieurs en redingote, provenant sans doute des *laisser pour compte* des grands tailleurs. Fabrègues ressemble décidément de plus en plus à Cassagnac, et c'est pour cela qu'il a de l'autorité. Succès aussi pour le pantalon de Soliveau (Péricaud), une merveille d'usure et de déchiquetage.

Troisième tableau. — *Au rendez-vous des Boulangers*, restaurant populaire qui existait encore, paraît-il, il y a deux ans, rue Dauphine; vaste salle à galerie; immense hall avec une multitude de petites tables. On se croirait à un souper assis dans le grand monde des geindres. Ils sont tous là avec le jersey rayé, le tablier et les jambes nues, et les galeries supérieures font un succès à chacun des mots de l'amusant Cri-Cri (Fugère), qui dîne au premier plan avec son ami Tête-en-Buis.

— Quand il se pâme, dit-il de ce dernier, on lui voit le cœur.

— Papa avait de l'esprit.

— Vous auriez bien dû en hériter, lui riposte-t-on.

— Ah! je vais vous dire; il s'est remarié.

Jeanne Fortier reparaît. Je ne sais si c'est le chagrin, ou la farine, mais ses cheveux ont blanchi. Bien entendu dans un semblable milieu, les allusions politiques étaient inévitables. Pourtant les auteurs s'en sont habilement tirés en chantant l'air de la Boulange, sur la boulangère :

C'est la boule de la boulange,
De la boulangère qu'il nous faut.
Oh ! oh ! oh !

Ce couplet, dit par Fugère, se termine par le pas des boulangers en délire. On trépigne d'aise au paradis. Le rideau est relevé trois fois, et le pauvre Fugère ne s'arrête qu'à bout de voix, de jambes et de souffle.

Il a toutes les chances, le général. Dans les revues, dans les drames, toujours lui... même quand ce n'est pas lui.

Quatrième tableau. — *Les deux mansardes.* — Décor coupé d'un pittoresque achevé, montrant en scène la chambre d'une modiste et celle de la porteuse de pain. Au moment où je vais m'attendrir et faire usage du mouchoir n° 3, entrée de Cri-Cri et de Tête-en-Buis, déguisés en chevaliers et si drôles que je remets mes larmes à une autre fois.

Cinquième tableau. — Retour au salon de Mary Harmant. Vous savez le salon vert d'eau. Vous le connaissez. Je n'insiste pas.

Sixième tableau. — La boulangerie viennoise, un modèle du genre, une boutique type avec sa profusion de pains de toutes sortes. Trente-deux modèles de croissants, de gâteaux, etc. Ah! j'ai découvert comment on fabriquait le pain viennois. On pleure tout le temps dessus, et c'est ce qui donne un petit goût salé.

On relève le rideau deux fois pour acclamer Emilie Lerou.

Septième tableau. — *Chez l'avocat.* — Intérieur simple, orné, je ne sais pourquoi, de deux marines.

On me dit que c'est pour montrer qu'il a l'habitude de la *barre ;* moi, je veux bien.

Réapparition des trois *laissés pour compte* des grands tailleurs. Tous braves gens, et si bien mis ! Oui, oui, l'innocence sera reconnue. J'en ai l'intime conviction.

Huitième tableau. — Le clou de la soirée. La rue Git-le-Cœur, vue prise de la rue Saint-André-des-Arts. Au fond, la Préfecture et le clocher de la Sainte-Chapelle. Le milieu de la rue est ouvert par des travaux d'égout. La maison de droite est praticable de haut en bas, et celle de gauche est garnie d'échafaudages. Vous saurez plus tard pourquoi. Un peu de calme !

Le jour se lève : ouvrières se rendant à leur ouvrage, pêcheur à la ligne matinal, gaziers venant éteindre les réverbères, gardiens de la paix faisant leur ronde, chiffonniers se plaignant du « Tout à l'égout ». Tout cela très exact, très vivant et très bien mis en scène.

Patatras ! L'échafaudage tombe sur la porteuse de pain et sur Cri-Cri. Gros effet très bien réglé.

Emilie Lerou revient saluer. Elle n'est donc pas morte.

Merci, Montépin ! merci !... Et moi qui allais pleurer.

Neuvième tableau. — Un splendide hall moderne où l'innocence de la porteuse de pain est reconnue, grâce aux papiers trouvés dans un cheval sauveur, un cheval noir... vous m'entendez bien... le cheval du boulanger... toutes les chances, je vous répète.

Et dire que le théâtre qui célèbre ainsi la gloire des boulangers jouait jadis : *le Petit Jacques*. Juste retour des choses d'ici-bas.

Au milieu du fracas des applaudissements, je rentre gai et content, le cœur à l'aise :

> N'ayant fait qu'admirer
> Le bon cœur de ces boulangers.

Ah ! vous savez, mes trois mouchoirs — je les ai rapportés trempés. Non pas que j'aie versé une seule larme... Fugère m'en a empêché tout le temps, mais j'ai pincé un de ces rhumes !...

Et puis demain soir aux Variétés, Goncourt va peut-être me dire sévèrement : Silence aux catarrheux !

Ce sera le châtiment !...

LA REVUE A PIED ET A CHEVAL

10 janvier 1889.

Les *Marionnettes françaises* nous ayant, en termes très courtois, convié à passer notre soirée dans les salons (?) du Helder, nous nous sommes rendu, à tout hasard, à ce café jadis fréquenté par l'armée française.

Là, dans la galerie du fond, nous avons trouvé un charmant petit théâtre portant au fronton cette devise flatteuse pour les soiristes : *L'art est aisé, mais la critique est difficile.* Aux quatre coins, très ressemblants, les portraits de Sarcey, la Pommeraye, Dumas et Sardou.

Le programme annonce : *Tout à l'égout*, revue en trois actes et prologue mêlé de chant, de notre spirituel confrère Gyp. Je m'amuse déjà!

Toute la critique aisée est à son poste, le dessus du panier de la politique et des arts, sans oublier les clubmen jadis camarades à la *Vie parisienne*.

J'aperçois le comte du Tillet, Abraham Dreyfus, Forin, le comte d'Argentré, Napoléon Ney, la baronne de Billing, Louise Abbema, H. Crémieux, etc., etc.

Six coups, — comme à la Comédie-Française, et la toile se lève.

Le *prologue* se passe aux Champs-Élysées. Décor de Rubé et Chaperon, s. v. p.

Moïse, affligé d'un fort accent judaïque, échange sur la femme des aperçus judicieux avec Claude Larcher, Drumont et Vénus.

— La femme m'est nécessaire, dit Claude Larcher.
— Ta parole! répond Vénus.

Et comme en ce moment une délégation part pour Paris, afin de décider de quelle couleur on doit peindre la tour Eiffel, Moïse, Vénus et Claude Larcher saisissent ce prétexte, qui en vaut bien un autre, pour se rendre dans la capitale.

Deuxième tableau. — Paris place de la Bourse. Défilé successif de Rochefort très ressemblant. Il chante sur l'air de Méphisto :

> Je suis Rochefort le tombeur fidèle
> De tout c' qui représente un gouvernement;
> Au pouvoir suprêm' si j'arriv' moi-même
> On m'verra soudain m'tomber égal'ment.

Le vrai Rochefort, assis dans la salle, rit à se tordre. Voici Drumont pourchassant les juifs; Floquet, emphatique et gommé, criant à Vénus : Vive monsieur Vulcain, madame! Puis un décadent avec ses *froissures*, ses *énervances* et ses *attirances*, et enfin le général lui-même, sur un magnifique cheval noir et en bois. Longue ovation.

Tout ce monde-là part visiter les égouts :

> Puisque c'est là que tout se passe...

Troisième tableau.. — *Les Égouts.* — Ici, imitation désopilante d'une séance entendue à la Chambre. — Paul de Cassagnac, Floquet, l'onctueux Méline, les interruptions, les vociférations, la sonnette, c'est complet. Oh! Gyp, que vous avez donc d'esprit et du plus fin! On redemande deux fois le couplet de Numa Gilly, sur l'air du *Brésilien* :

> Voulez-vous, voulez-vous expliquer mon cas ?
> Mais les témoins ne parlent pas.

— Expérience *in* à *Numa Gilly*, dit Rochefort.

Quatrième tableau. — *Au sommet de la tour Eiffel* :

— Bah! dit Moïse, si vous aviez vu la tour de Babel, c'était bien autre chose. Vénus chante un rondeau très bien tourné, et pendant ce temps apparaissent sur un écran, en ombres chinoises, les principales pièces de l'année. Dans le *Parfum*, Chaumont, campée devant son lit, regarde son oreiller orné d'un point d'interrogation et chante :

> Je voudrais bien savoir quel était ce jeune homme...

A la fin Moïse disparaît en faisant un trou à la lune, et tout ce joyeux petit monde retourne aux Champs-Élysées.

La toile tombe, et le nom de l'auteur est proclamé par la marionnette principale au milieu d'applaudissements frénétiques.

Cette revue gaie, bon enfant, avec ses allusions politiques sans méchanceté, ses reparties étincelantes et ses complots folichons, est un véritable régal de délicat. Bravo! bravo! et encore bravo!

AU CIRQUE FERNANDO

Et maintenant, pour me donner vis-à-vis de vous une apparence d'ubiquité, en selle pour la revue du Cirque Fernando! A vrai dire, j'étais en selle sur un simple coussin de voiture; mais ce que nous avons galopé, c'était vertigineux. La montée de la rue des Martyrs, surtout, a été effrayante!...

Enfin, me voilà au Cirque. J'arrive à temps; merci, mon Dieu! La Revue ne fait que commencer devant le Tout-Paris, que dis-je, tout le Montmartre des premières. Gervex était là, Béraud était là; Forin, Caran d'Ache, Rodolphe Salis avaient daigné. Un éblouissement. On me raconte que Fernando a présenté un cheval dressé merveilleusement.

Première partie. Les Actualités. — L'année 1888, personnifiée par la jolie Mlle Manon, en robe courte de tulle bien étoilé d'or, apparaît debout sur un cheval et se prépare, selon la tradition, à passer à travers des cerceaux de papier (bravo! voilà une nouveauté) représentant les quatre saisons; mais le censeur (Medrano), coiffé du feutre gris classique, lui propose de descendre de cheval pour passer avec lui la revue des événements, ce que Mlle Manon accepte avec la même grâce que si Medrano était Desgrieux.

Et alors voici la tour Eiffel représentée par une pyramide humaine. Il m'a semblé qu'elle penchait un peu, mais sans doute simple eiffel d'optique ; le *Gil Blas*, le *Courrier français* et *Nu au Salon* ; ce sont trois jeunes dames peu vêtues — le *Gil Blas* avait même des jambes bien flatteuses pour notre rédaction. Ces dames ne chantent pas et se contentent d'expliquer par gestes le couplet de revue — toujours le même — joué par l'orchestre. J'espère que cette innovation prendra à tous les théâtres. On ne saurait qu'y gagner.

Les cuivres attaquent les *Pompiers de Nanterre*, et nous voyons entrer un cortège imposant. Quatre pompiers ou plutôt pompières à cheval, portant des écriteaux sur lesquels on lit : *Concours de Spa*, et trois dames en juges, montées sur des chevaux fougueux. Devant cet aréopage équestre comparaissent successivement une Écossaise, une Espagnole, une Italienne, une négresse ; et le compère Medrano leur dit : « Vous venez pour le prix de beauté ; alors, en attendant (sic), faites-nous voir la danse de votre pays. »

J'aime les situations motivées. Bien entendu, ces dames ne remportent que des prix sans importance, le grand prix devant être enlevé par la Parisienne, personnifiée. — Ah ! mes enfants, quelle émotion !... Vous ne le croiriez jamais, par *la Goulue*, la Goulue elle-même !! avec le grand chapeau directoire, les joues pleines et fermes, le nez sensuel, les lèvres charnues, canaille et plaisante comme un verre pris sur le zinc.

Montrant ses jambes galbeuses moulées dans le maillot noir, laissant deviner un bout de cuisse entre les jarretières et les dentelles du léger pantalon, elle danse avec un charme faubourien, avec des rires qui ont l'air de glouglous dans une électrique apothéose. Excités par cette vue, les chevaux de l'aréopage exécutent des pas presque inquiétants. Les écuyères pâlissent.

Enfin, cette première partie se termine par un grand cancan national qui cause une impression profonde.

Deuxième partie. — C'est la revue des cirques, remplaçant la classique revue des théâtres.

D'abord, le *cirque d'amateurs*. M. Molier fait exécuter à un cheval en carton le pas espagnol. Puis c'est un gentleman hercule qui soulève des poids en caoutchouc et se pomponne dans une glace entre chaque exercice.

— Pourquoi salue-t-il tout le temps? demande la commère.

— C'est pour réclamer l'indulgence du public, riposte Medrano. Oh! la concurrence!...

Ensuite le *Nouveau-Cirque*. Très amusante, la parodie de *Lulu*. Quant au *combat naval*, il se passe dans un baquet dans lequel le clown Auguste a jeté un seau d'eau. Voilà de la bonne plaisanterie.

Enfin le *Cirque libre*. Par un juste retour des choses d'ici-bas, le public est composé de girafes, d'éléphants, de chèvres, de chats, de chevaux, de singes, de moutons, etc., et c'est devant ces spectateurs qu'un lion fait travailler quatre dompteurs qui finissent par dévorer le lion. Bidel est vengé.

Pour terminer, grand défilé patriotique. Skobeleff arrive à la tête de soldats russes armés de lances ou de manches à balai, — je ne sais pas au juste; puis, un général français, — vous m'entendez bien, — un général français sur un cheval noir ! — chut ! — qui ne fait pas le Jacques et est suivi de braves troupiers en pantalon rouge. Salade fraternelle des soldats français et russes; manœuvres simultanées avec les manches à balai et les vieux fusils à piston, et défilé des deux armes réunies, le général français caracolant côte à côte avec Skobeleff. Si après cela nous n'avons pas l'alliance du czar. Vive la Russie, monsieur !...

En somme, gros succès pour les auteurs, MM. Surtac et Allevy. Molière nous avait déjà donné l'*École des mœurs*, mais nous n'avions pas encore au théâtre la *Haute école des mœurs*. Cette lacune est comblée.

Ouf! j'ai passé la revue à pied, la revue à cheval, la revue en voiture; il ne me reste plus qu'à passer la revue au lit.

Je m'y rue !...

AU THÉATRE AUBERNON

Janvier 1889.

Le théâtre Aubernon s'est longtemps appelé *Théâtre de Messine;* il était alors situé dans le magnifique hôtel de l'avenue de Messine. Sur ses planches ont joué tous les clubmen, toutes les élégantes du second Empire, sous la haute direction de Mme de Nerville, née Laffitte, qui fut une des beautés les plus remarquables du règne de Louis-Philippe.

Sa fille, Mme Aubernon, a continué ces bonnes traditions, et a créé un salon littéraire et académique qui a fourni plus d'un trait à Pailleron. Dumas, Caro, Mézières, Renan, Nisard ont été ses commensaux habituels. Elle a fait jouer sur son théâtre les chefs-d'œuvre de Dumas par des gens du monde qui étaient certainement plus nature, plus vrais qu'à la Comédie-Française, où l'on n'aura jamais un amoureux aussi élégant et aussi convaincu que M. Raoul Aubernon, membre du Jockey-Club.

La nuit dernière les grands salons de la rue d'Astorg étaient, dès dix heures, remplis d'une foule d'élite. Au hasard de la lorgnette, nous avons reconnu Mme Beulé, la comtesse de Tanlay, la baronne de Larcy et sa fille, Mme Maxime Dreyfus, ravissante avec une robe de tulle bleu garnie d'épis; la générale Boré-Terrier, la baronne Levavasseur, Mme Hochon, Mme Madeleine Lemaire, comte de Montferrier, Guizot, Rémusat, Baignières, baron Feri-Pisani, etc., etc.

Après une partie musicale où l'on a applaudi Mme Payen, MM. Viterbo et Lelubez (ce dernier est le jeune ténor si remarqué chez la duchesse de Bellune), on a joué l'*Ingénue*, ce bijou de Meilhac et Halévy. Si j'ai bonne souvenance, c'est en 1874 que ce petit acte fut donné aux Variétés. Il était alors interprété par Dupuis, Baron, Cooper, Mmes Céline Chaumont et Magnier. Il s'agit d'un jeune baron qui s'est fait précepteur dans une famille pour faire la cour à la maîtresse de la maison. Celle-ci a une nièce qui sort du couvent, couverte de prix et de couronnes. Elle devine tout, démasque le faux précepteur et, bien entendu, l'épouse à la fin de la pièce. Il y a des scènes d'un parisianisme exquis, notamment celle où la jeune fille oblige le faux précepteur à lui faire un cours d'histoire de France, dont le baron ne sait pas le premier mot.

— Ah! dit-elle avec élan, un précepteur saurait encore quelques petites choses. Vous, vous ne savez rien du tout... Vous êtes un homme du monde!

Mme Trousseau, née Tamburini, a rendu admirablement ce caractère d'ingénue très moderne. Beauté, talent, diction parfaite, aplomb imperturbable, une véritable artiste. Son frère, en amoureux transi, a eu aussi des étonnements et des candeurs du plus fin comique. C'est **M.** Lecorbeillier qui tenait avec une réelle autorité le rôle du faux professeur, Hercule de la Roche-Bardière.

En somme, une adorable soirée, qui ne sera que le prélude de celles de la saison.

AU CHAT-NOIR

16 janvier 1889.

Ce matin à l'aurore — aux environs de dix heures — mon valet de chambre me remettait une enveloppe ornée d'une compromettante petite dame dessinée en eau-forte, et je lisais :

« A monseigneur Richard O'Monroy, archiprebstre de la soirée théâtrale, bon raillard et gonfalonnier de toutes galanteries, j'envoye ceste invitation pour soy rigoller après souper, si poinct n'a trouvé mieux à faire. »

A ce style moyen âge, je n'hésitai pas à reconnaître la patte de Rodolphe Salis, seigneur de Chanoirville-en-Vexin, et à neuf heures, ce soir, je passai fièrement devant le beau suisse de la rue Victor Massé, qui, après m'avoir ouvert la porte, ponctuait mon arrivée d'un grand coup de hallebarde. — Ces choses-là, ça flatte toujours.

Par exemple, j'ai vu que pour Francisque Sarcey on ouvrait la porte à deux battants (moi, je n'avais eu qu'un battant). Question de corpulence... ou d'importance. Mystère. Mais j'ai senti au cœur la morsure de la jalousie.

Aux murailles, je lis une affiche dont je me reprocherais de changer un seul mot;

« Électeurs, on vous trompe!

« Depuis deux ans, un imposteur, abusant d'une vague ressemblance physique, se fait passer pour le général Boulanger.

« Or, le général Boulanger, c'est moi.

« Mon programme est simple : *La Revision de la Constitution tous les trois mois.*

« Et si je suis élu, je ne conseille pas à l'individu précité d'oser franchir en même temps que moi le seuil du Parlement.

« Aux urnes, citoyens! et pas d'abstention!

« RODOLPHE SALIS. »

C'est, préparé par cette bonne fumisterie, que je gravis l'escalier conduisant à la salle des fêtes. Là, cent personnes, pas plus, mais l'élite — j'en étais! — assises devant le petit théâtre décrit cent fois. Au milieu des groupes, Salis lui-même, en redingote grise, vibrant, tonnant et lançant ces boniments mirifiques dont il a le secret.

La toile se lève, et la soirée commence par le *Casque d'or*, comédie en un acte de M. Henri Pille. Il s'agit d'un capitaine de pompiers de Cressy-sur-Ourcq, qui est si fier de son casque, qu'il se gonfle, se gonfle... et finit par éclater.

On lui fait un enterrement, et toute la commune suit le cortège avec une variété d'attitudes des plus réjouissantes : héritier, conseil municipal, pompier fusil tourné vers le sol, etc., etc.

Comme entr'acte, une désopilante chanson du chansonnier Jouy sur le ministre Ferrouillat :

> Ferrouillat est si ingénu
> Qu'il professe l'horreur du nu...
> Ah! ah! c'est renversant
> Ce que Ferrouillat est décent !...

Puis après une magnifique chanson de Fragerolles, lancée avec une voix chaude et sonore, nous passons à une chose exquise qui s'appelle : *De Cythère à Montmartre*, par M. Henry Simon.

Cela commence par un défilé de petits-maîtres et de petites-maîtresses embarqués pour Cythère à la suite de Watteau. Personnages fantaisistes venus d'un je ne sais où mystérieux. Ils passent délicieux de grâce et d'élégance, bergers et bergères de Fragonard, héros de la comédie italienne, créations de Greuze, Pater, Chardin, Lawrence. C'est Lulli qui tient l'orchestre, et c'est lui qui a réglé le menuet.

Mais aux gavottes, pavanes et chacones va succéder une autre musique. Le bronze y mêlera sa voix de tonnerre, et l'amour, de mignard qu'il était, devient grave avec cette abbesse de Jouarre qui apparaît poursuivie par l'abbé Renan et avec Mirabeau le grêlé.

Le canon s'est tu, l'amour se raffine et devient littéraire et faux avec la Dame aux Camélias... Mais voici qu'après une courte léthargie, il reparaît plus jeune et plus charmeur que jamais. La troupe joyeuse et folle que nous avions vue tout à l'heure avec les perruques poudrées de Watteau débarque à Montmartre mieux enrubannée que jadis, et se rend du Moulin de la Galette au Chat-Noir, où nous assistons à une apothéose de Salis dans un feu du Bengale. Digne fin du siècle qui devait aboutir au boulangisme, crie Rodolphe.

Enfin pour finir, et après des intermèdes par Rameau, Meusy, Lorin, Fragerolles et l'inimitable Jouy — ce gavroche génial, — la *Conquête de l'Algérie*, pièce militaire en deux actes et quarante tableaux, s. v. p., de M. Louis Bombled. — Musique de M. A. Tinchant, qui a fait une concession à la mode. — Il n'a plus de gilet rouge!

Pendant plus d'une demi-heure, nous avons vu passer devant nos yeux éblouis tous les épisodes de la conquête, depuis le coup d'éventail du dey d'Alger jusqu'à la retraite de la smalah, sans oublier le grand cortège triomphal. Arabes fatalistes, Kabyles aux longs burnous, fanatiques entraînés à la suite d'Abd-el-Kader, processions de troupeaux, de dromadaires portant les larges tentes bariolées, puis les magnifiques troupes du duc d'Aumale, spahis, tirailleurs indigènes, fantassins en capote bleue, haut shako et buffleteries blanches, tout cela a défilé devant nous dans un lointain prestigieux, avec des silhouettes se détachant par un trait d'une netteté impeccable sur le sable du désert, avec un mouvement, un brio, et même une couleur prodigieuse!

C'est un véritable tour de force, et le succès a été immense.

Là-dessus, messeigneurs, que Dieu vous ait en sa saincte garde.

Je vais rentrer le gonfalonnier, bon raillard.

Il est minuit. Tout est tranquille. Parisiens, dormez.

LA REINE FIAMMETTE

17 janvier 1889.

Et d'abord, avant le lever du rideau, quelques détails sur cette pièce, l'œuvre la plus considérable qu'ait montée M. Antoine depuis la *Puissance des Ténèbres*. La *Reine Fiammette* n'a pas eu plus de vingt répétitions : les premières ont eu lieu, comme d'habitude, 96, rue Blanche ; mais les trois dernières au théâtre des Menus-Plaisirs n'ont pu commencer qu'à une heure du matin (!), la direction de ce théâtre ayant besoin toute la journée de la scène pour répéter l'*Étudiant pauvre*. Le 2⁰ acte — décor du couvent — a été entièrement peint pour le Théâtre-Libre par un jeune décorateur nommé Chapuis. Celui du 3⁰ (la chambre d'amour) est décoré de magnifiques tapisseries hollandaises prêtées par un abonné. M. Antoine a passé environ soixante-deux heures consécutives à surveiller la mise en scène et la décoration, répétant la nuit et travaillant le jour, et *sciant du bois lui-même*, aidé de M. Catulle Mendès jusqu'à deux heures du matin. Il était exténué, et de fait on le serait à moins.

La *Reine Fiammette* est écrite depuis dix ans environ. Une première fois, elle a dû être jouée au théâtre de la Porte-Saint-Martin par la direction de Sarah-Bernhardt; une seconde fois à l'Odéon. Dernièrement, M. Claretie avait demandé une lecture à Catulle Mendès... mais déjà celui-ci l'avait donnée au Théâtre-Libre. Bah! ce qui est différé n'est pas perdu. Et maintenant, au rideau.

Premier acte. — Une hôtellerie des environs de Bologne, où les riches seigneurs ont l'habitude de faire la fête. Dans le fond, la ville ensoleillée et un bois, qui doit être le bois de Bologne. Au lever du rideau, un troubadour chante, en s'accompagnant de sa guitare :

> Les corsaires de Barbarie
> N'aiment pas qu'on rie.

Vers qui paraissent peu du goût de César Sforza (Laury), un cardinal très sérieux, tout de noir habillé. Sensation à l'entrée de Giorgio d'Ast (Antoine), un peu pâle. Dame, vous savez... on avait dit qu'on se vengerait de certain mot malheureux... Mais le public a compris qu'on pouvait bien pardonner un moment de nerfs à un artiste aussi convaincu et aussi désintéressé, — et tout se passe gentiment. Antoine a un riche costume de velours blanc à crevés de satin jaune, sur l'épaule un manteau de velours écarlate, et une épée dite de main dont il se sert élégamment comme d'une canne : c'est le dernier cri. D'ailleurs on est bientôt distrait par une musique douce à la cantonade et l'arrivée de trois petites folles : Viola, Violine et Violette, courtisées par trois riches seigneurs en toque et en collant. Si j'ai bonne souvenance, quand j'étais petit, il y avait une pendule comme ça dans le salon de Caroline Letessier.

Frémissement dans la salle. Les femmes palpitent. Entrée de Capoul (Danielo), qui a enfin repris sa moustache et sa barbiche (bravo!), mais qui est vêtu de velours noir avec une croix sur la poitrine... un vieux reste de Jocelyn. Il avance devant le trou du souffleur, lève les yeux au ciel... il va chanter... mais il ne chante pas. Il ne travaille que pour le bien du Seigneur, et lance d'une voix indignée ce vers qui lui conquiert les sympathies du sexe faible :

Ne me demandez pas de tuer une femme!

Deuxième acte. — Cloître très bien planté, avec escaliers, colonnades, veilleuses dans les lampadaires, et nonnettes bleu et blanc priant sous la haute surveillance de mère Agramante (Barny). Dans un coin, assise dans une haute chaise en chêne, comme les aimait la grande Sarah, nous apercevons Orlanda, — la reine Fiammette (Marie Defresnes), — charmante dans son déshabillé de tulle blanc sur fond bleu de ciel, à longues manches laissant apercevoir les bras nus et potelés. La mère Agramante s'en va, et immédiatement le tableau change. Les nonnettes s'empressent autour d'Orlanda, qui leur apprend tous les secrets d'un certain menuet érotique!... C'est une éducation laïque, le tout avec force sourires, force enlacements, force caresses.

Les nonnettes s'enfuient pour laisser la place à Danielo. Il avance devant la rampe, met la main sur son cœur... il va chanter... Non! il ne chante pas;

mais alors commence entre Danielo et Orlanda un duo d'amour merveilleux qui durera pendant toute la pièce.

Pour un tel lyrisme, on a bien fait de prendre un artiste lyrique. Capoul a des modulations merveilleuses, il orchestre avec un soin infini toute la gamme des passions humaines, depuis le soupir jusqu'au grand cri de la passion triomphante. Marie Defresnes, avec sa beauté opulente, offre tout et promet mieux encore. Saperlipopette !...

Troisième acte. — La chambre d'amour. Un grand lit tumultueux, ravagé, avec tentures à la diable et coussins épars. Sur ce lit, Capoul couché, et à ses pieds, agenouillée, Orlanda. Ainsi, c'est plus décent. Cet acte fera la joie des gens épris d'un tripotage chaste et infâme, d'un tripotage tellement varié dans ses manifestations, tellement ingénieux dans ses enroulements lascifs qu'il peut durer des heures sans lasser le public et sans énerver l'acteur robuste chargé du rôle d'amoureux tripoté. Capoul se soulève, il met la main sur son cœur... il va chanter... non... il s'endort. Diable! se rappeler le proverbe : « Si ça te donne faim, ça va bien. Si ça t'endort, vas moins fort. Si ça t'altère, faut plus le faire. »

Magnifique, en dépit de nos plaisanteries, la scène où la reine, après avoir voulu tuer l'amant infâme, tombe dans ses bras.

Quatrième acte. — Jardin féerique dans un palais enchanté, avec bosquets et colonnades. Réapparition de Viola, Violine et Violette en folles, avec la marotte à la main, et d'Orlanda, la reine Fiammette, en robe de tulle brodée de fleurs d'argent, manches doublées en vieux rose, et partout des saphirs et des rubis. Sur la tête une couronne de perles et de rubis. Aux sons d'une musique lointaine, aux modulations douces, a lieu un menuet bientôt troublé par l'arrivée de Danielo venant tuer la reine. Bien entendu, au premier regard, le poignard tombe de sa main, et tandis que l'orchestre joue toujours son air amoureux, la reine envoie à l'assassin un long baiser. Gros effet d'émotion.

Cinquième acte. — Salle de palais à ornements byzantins. Nouveau duo d'amour entre Marie Defresnes et Capoul. Celui-ci lève les yeux au ciel... il va chanter. — Non, il essaye d'étrangler la reine qui, en bonne fille, consent à abdiquer pour sauver Danielo. On lui enlève sa couronne comme luthérienne. Il n'y a pas à... *Luther.*

Sixième acte. — Le re-couvent du second acte. Orlanda n'est plus reine. Elle en est réduite à un très gracieux *suit* de cachemire blanc. Danielo s'est fait moine. Il avance les bras croisés sur la poitrine... il va chanter; non, il a un dernier duo d'amour plus chaud, plus lyrique, plus passionné que jamais :

...Mon ciel, ma vie, et ma lumière c'est toi!

Ah! s'il pouvait chanter!... Mais c'est comme s'il chantait. La grille s'ouvre. Le cardinal Sforza apparaît; derrière lui, le bourreau, campé debout auprès du billot. On vient chercher la reine pour l'exécuter. Mais Capoul envoie un formidable coup de hache à Sforza, ce qui lui permettra, comme dans la *Favorite*, de mourir avec sa bien-aimée. Nouvel enlacement. Ils se dirigent ensemble vers le billot. La hache se lève... et la toile tombe.

RIP

Janvier 1889.

Rip est pour nous une vieille connaissance, et nous avons resalué au passage tous ses airs comme d'anciens amis. Que de fois n'avons-nous pas chanté en caressant d'adorables petites menottes qui gantaient cinq un quart :

> C'est un rien, un souffle, un rien,
> Une blanche main qu'on a dans sa main...

Jadis c'était Bremond qui chantait ça, Bremond qui, aujourd'hui monté en grade, répète là-bas, au Châtelet, le rôle de Charles IX. Aujourd'hui c'est Huguet qui entonne l'air favori, et immédiatement nous nous mettons tous à hocher de la tête dans la salle avec une visible satisfaction.

Quelques incidents nouveaux. Le bon Duhamel en ivrogne, au lieu de crier : Vive Georges III! a crié : Vive Boul..., il n'a jamais pu finir. Enquête faite, il voulait crier : Vive John Bull! Mais ça a rudement porté, et ce qu'on a applaudi dans les galeries supérieures !...

Autre incident au premier acte. Rip, l'aventurier à la barbe blonde, le révolté, est accusé par Derick de recevoir de l'argent de l'étranger... Quand je vous dis *LUI*, toujours *LUI*... même quand ce n'est pas lui !...

L'apparition des fantômes dans la montagne, sortant tous ensemble de la tombe avec leur suaire et devenant, à certains mouvements automatiques, tantôt rouges, tantôt lilas, a retrouvé son succès de jadis. Et quand ils redescendent tous, majestueux et mornes, avec des attitudes rigides, dans des fulgurations d'apothéose, la salle entière a éclaté en applaudissements. Oh ! ces fantômes ! Ce que j'aurai peur dans mon lit, cette nuit, ma chère !...

Une petite observation : Rip, qui paraît, au premier acte, un beau garçon d'une trentaine d'années, a dormi pendant vingt ans. Il a donc cinquante ans au troisième acte.

Or, on nous le montre avec une longue chevelure blanche et une barbe de patriarche, comme s'il avait tous les printemps de M. Chevreul. Il paraît que les années passées à la campagne comptent double.

Mlle Leriche (Nelly) a décidément, depuis le *Petit Poucet*, la spécialité des rôles d'Anglaises. Charmantes, Mlles Ilbert et Blanche Marie. Comme cette dernière ressemble à sa mère ! Mais quant aux petits prodiges... Petite River et petite Brehy, j'aimerais mieux qu'on les laissât dans leur petit dodo faire leur petite dodinette.

Au reste, les enfants ne manquent pas dans la pièce, M. et Mme Ichabod (Guyon fils et Leriche) en ayant eu vingt, fruits de vingt années d'efforts. Je crois que ce bon exemple sera excellent pour les actionnaires du Panama. Ça donnera confiance.

A la fin Rip est reconnu grâce au fameux refrain :

> C'est un rien, un souffle, un rien,
> Une blanche main qu'on a dans sa main.

Oh! cet air ! cet air !... Ça devient de l'obsession. Je saute en fiacre en le répétant, et, arrivé à ma porte, mon cocher, pour me rendre ma monnaie, m'étale sa large patte sur mon gant, et je fredonne encore :

> C'est un rien, un souffle, un rien,
> Une blanche main qu'on a dans sa main.

Il a été si flatté, si flatté... qu'il n'a jamais voulu accepter de pourboire.

en schapska et en spencer peuvent visiter les prisonniers, et où le service est fait par une petite bonne, Alexandrine (Biard), fort accorte. On se ferait incarcérer par plaisir. Entrée de Simon (Gellio) et de son ami Janiki (Marcelin). En qualité d'étudiants pauvres, ils ont des vestes brunes à quarante-neuf francs, des brandebourgs défraichis et des toques fourrées en simple lapin de Pologne... qu'il ne faut pas confondre avec le chat de Russie. Ils sont fourrés au bloc pour avoir crié : « Vive Stanislas ! » Mais, d'après le plan machiavélique du gouverneur Puffendorf (Bartel), ils sont immédiatement remis en liberté. Au passage, nous adressons un sourire gracieux au jeune Ernest (Mlle Valette), tout à fait exquise dans son travesti d'officier.

Changement à vue. Nous sommes en pleine kermesse polonaise, tréteaux d'hercules, boutiques, baraques de lutteurs. C'est étonnant comme une kermesse polonaise ressemble à une fête foraine à Montmartre. L'illusion est d'autant plus vraisemblable que voici le vieux Bogumil (Germain) qui s'efforce de faire signer une pétition pour l'abolition de la kermesse. C'est sa femme Eva qui récolte les signatures, et elle en récolte plus que son mari. Mais vite en voiture, place à la noblesse pannée ! Voilà la comtesse Palmatica (Durocher, la créatrice du rôle à Bruxelles) avec ses deux filles, Martha (Freder) et Laura (Lardinois). Mlle Freder a un nez que sa mère a fait trop petit, sans doute pour le faire mieux. Quant à Mlle Lardinois, elle est délicieuse sous la toque blanche d'astrakan à aigrette, avec sa taille ronde moulée dans la veste blanche, la jupe courte et les petites bottes. La voilà bien, la noblesse polo-

L'ÉTUDIANT PAUVRE

18 ja

L'*Étudiant pauvre* a déjà été représent
taines de fois à Bruxelles et à Vienr
princesse de Saxe-Cobourg, veuve du prir
s'intéressait d'une manière toute particu
vre du compositeur Millœcker, et c'est
grâce à sa haute influence que les airs
comique sont devenus populaires bien
tation française de MM. Milher et Nui

Ils vont bien, MM. Milher et Nui
concert, ils ont monté à Cluny. De C
aux Menus-Plaisirs.

On me dit qu'ils nourrissent le fol
au Théâtre-Lyrique national du Châ1
non ascendam ! C'était la devise
M. Eiffel et de Delphine Delizy.

Au *premier acte*, nous nous trouv
à mur élevé qui représente une p
polonaise, un petit Clichy qui sera
vallois. Agréable prison, d'ailleurs

naise ! On mange des pommes de terre, et l'on veut avoir l'air de déguster des faisans aux truffes.

Après la présentation de Simon, gros succès pour l'air du carillon de Lardinois, si enlevé, si rythmé, et à la fin de l'acte, entrée de la fanfare — sans doute celle des *Beni-Buffe Toujours-Ski*, conduite par Bogumil en homme-orchestre. J'envoie à ce propos un souvenir attendri à l'amusant Moncavrel.

Deuxième acte. — Chez la comtesse Palmatica. — Au lever du rideau ses deux filles procèdent au détail de leur toilette. Hé ! hé ! et la comtesse se fait lacer par son Suisse. J'ai connu une colonelle qui se faisait habiller ainsi par son sapeur. Tout arrive. Bogumil a un nouveau dada. Il veut fonder une société d'assurances avec prime pour les maris trompés. Plus on sera trompé, plus la prime sera forte. L'idée est drôle... seulement est-ce qu'il n'y avait pas jadis à l'Athénée une certaine pièce qui s'appelait le *Cabinet Piperlin*... Mais, pardon, je suis peut-être indiscret. Je note au passage le joli air à boire que chante Gellio en buvant dans le soulier de sa future. Le soulier de Lardinois, vous pensez. C'est un rien, un souffle, un rien...

> Le pied n'est pas grand,
> La coupe est petite;
> Mais l'on en est quitte
> Pour verser souvent.

Et à la fin, un pas de mazurka d'un grand effet, dansé par toute la troupe. Charmant l'effet produit par ces danseurs et ces danseuses, en schapska fourré, en talpack, en vestes de satin multicolores garnies de fourrures et de brandebourgs, et tapant le sol en cadence avec les talons sonores garnis d'éperons. Bravo, Lardinois! Bravo, Valette! Impossible d'être plus crâne et plus provocante sur cet air de musique madgyare qui peint si bien l'amour, la colère, l'espoir. Ce sont des coups de sabre, des rêveries entrecoupées de sanglots; c'est du vent dans les branches, ce sont les fières czardas!... Tout ce que vous voudrez... Non, non, la Pologne n'est pas morte! Et la preuve, c'est que la princesse de Saxe-Cobourg, présente dans la salle, envoie une ravissante broche à Lardinois.

Troisième acte. — Un jardin avec grille donnant sur une campagne polonaise et ensoleillée.

On fait un petit succès aux couplets de la gourmandise et aux aphorismes étonnants de Bogumil :

— On ne devrait jamais mettre d'argent dans ses propres affaires.

— Je n'ai pas de chance.

— Et pourtant tu devrais en avoir, lui répond Mme Bogumil.

Les plumets, les aigrettes, les brandebourgs, les torsades continuent à chatoyer devant moi sur un fond gris... gris comme un fond polonais et au grand finale si enlevé, si vibrant, si rythmé, que je me sens des envies folles de me lever, de me trémousser sur mon fauteuil et de faire mon petit tzigane.

En sortant des Menus-Plaisirs, je commence à comprendre que certain étudiant pauvre ait jadis crié :

— Vive la Pologne! monsieur.

Mais ce que j'ai moins compris, c'est que la censure ait coupé ce cri dans la pièce.

Finis Poloniæ!

AU THÉATRE D'APPLICATION

22 janvier 1889.

Rassurez-vous ! Nous n'allons pas entendre les filles de concierge en rupture de Conservatoire qui viennent s'exercer et s'*appliquer* sous les yeux d'un public bienveillant, mais il s'agissait d'une représentation unique organisée par des gens du monde, sous la haute direction de M. Lelubez, ce jeune ténor dont on a déjà célébré les notes perlées.

Dès huit heures et demie, je franchissais, pour arriver au théâtre, cette intéressante galerie de tableaux qui précède la salle de la rue Saint-Lazare. Que de souvenirs amusants à évoquer : des Dumas en 1847, des Alfred de Vigny, des Claretie, beaucoup de Claretie, souriant, écrivant, réfléchissant, etc., Déjazet sur son lit de mort, par Anatole Lionnet...; par le même, Frederick-Lemaître, puis sur le vieux Palais-Royal : Hyacinthe, Geoffroy, Lhéritier, etc., etc. ; tout serait à citer.

Arrachons-nous à ces attractions multiples et entrons. Salle admirablement garnie : j'aperçois dans l'unique avant-scène la duchesse de Bellune avec ses filles, puis un peu partout Mme Aubernon de Nerville, Madeleine Lemaire, princesse Louis de Bourbon, Mme Benardaky, Mme Beulé, M. et Mme Boissy-d'Anglas, comtesse d'Espies, Mme Carette, comtesse de Rancy, Mme Conneau, le consul des États-Unis, Mme de Kerven (notre confrère Camée) ; parmi les hommes, comte de Montlaur, baron de Saint-Amand, Dr Fauvel, comte d'Harcourt, comte d'Azevedo, Charcot, etc., etc. ; bref, une très belle chambrée.

La soirée a commencé par le *Neveu de son oncle*, comédie en un acte de M. Victor Leduc (lisez le duc de Bellune), interprétée par Mme Roosevelt, Mlle de Kerven (la fille de Camée), le comte Casy, Royer et Archambault. L'idée de la pièce est charmante. Il s'agit d'un colonel, marquis de Villiers, qui, tout en plaidant pour son neveu qu'il désire marier, finit sans s'en douter par inspirer une vive passion à une ingénue... un peu comme dans la *Souris*. Le contraste entre les idées chevaleresques et arriérées du colonel et celles pratiques d'un neveu très *dans le train* a fourni un dialogue étincelant de verve. Comme son oncle lui vante le prestige et l'honneur du métier militaire :

— Quel honneur, répond le neveu, y a-t-il à obéir à un capitaine qui obéit à un colonel qui obéit à un général qui obéit au ministre qui obéit à des députés qui obéissent à tout le monde.

Hélas! il y a bien un peu de vrai!...

La soirée s'est terminée par *Stratonice*, opéra-comique en un acte, paroles de M. Chardon, musique de M. Diet, premier prix du Conservatoire. Ce bijou musical avait jadis été joué aux Menus-Plaisirs, mais il n'avait jamais été si bien chanté que ce soir. Grand succès pour M. Lelubez, qui, dans le rôle d'Antiochus, a trouvé des accents de passion d'une douceur infinie, et pour M. Viterbo, auquel on a redemandé deux fois son air :

> Un seul regard de tes yeux
> Me fait entrevoir les cieux.

Du côté des femmes, on a beaucoup applaudi Mlle Doleka, élève du Conservatoire, et Mme Melodia (Stratonice). Melodia! J'ai demandé des renseignements, et l'on m'a affirmé que la cantatrice s'appelait réellement Melodia. Le vrai peut quelquefois n'être pas vraisemblable. C'est égal... je reste un peu sceptique, ce qui fera plaisir à Paul Bourget. Et maintenant, revenu du théâtre d'application, je réfléchis que noblesse oblige ; aussi, ce que je me suis appliqué à vous écrire cette soirée parisienne?... J'ai mis bien plus de virgules que d'habitude. Est-ce que ça se voit ?

LA VIE PARISIENNE

24 janvier 1889.

La Vie parisienne ! trois mots que je ne lis jamais sans émotion. On n'a pas impunément collaboré pendant près de vingt années consécutives à un journal sans que l'évocation de son titre ne vous cause comme un attendrissement rétrospectif... la *Vie parisienne*, qui depuis... mais alors elle était dirigée par ce délicat, ce lettré doublé d'un artiste qui s'appelait Marcelin.

Cette fois, il s'agissait d'une Vie parisienne en miniature, une pantomime à laquelle nous conviait le sympathique Charles Franconi dans ses immenses arènes du Cirque d'Hiver. Un peu loin, le Cirque d'Hiver ; mais la route est gaie, le boulevard tout le temps ; cependant, à partir de la place du Château-d'Eau, cela devient un peu province, et je crois qu'après le Cirque il n'y a plus que des steppes. Eh bien ! nous l'avouerons, nous n'avons pas regretté notre voyage, car le spectacle qu'on nous a montré est tout à fait charmant, très bien monté et étonnamment joué par une centaine de bambins des deux sexes.

Il y a trois tableaux : le *Bois de Boulogne* — le *Grand-Prix* — le *Jardin de Paris*.

Sur la piste, transformée par un décorateur de génie, avec des pelouses, des massifs, des corbeilles de fleurs, nous retrouvons notre bois de Boulogne du matin. Le soleil se lève, les arroseurs, armés de la lance, font leur service sous l'œil d'un surveillant grincheux ; les gardes s'en vont de-ci de-là d'un bon pas flâneur, et ne s'aperçoivent pas qu'un pauvre facteur est dévalisé par deux rôdeurs de barrière. Diable ! voici un duel à l'épée, avec toutes les péripéties les plus émouvantes. Charles, avouez que vous avez tripatouillé dans ce tableau-là. Défilé comique et très exact d'une noce échappée du restaurant Gillet, et enfin défilé des cavaliers, des amazones, des huit-ressorts — il y a même un mail-coach à quatre — tout cela se rendant aux courses.

2º *tableau. Les courses.* — D'un côté de la piste de nombreux équipages remplis de belles petites en toilettes catapultueuses ; de l'autre côté, les jockeys, paricurs, bookmakers et le public du pesage. Le signal du départ est donné : les chevaux partent comme une flèche et disparaissent... dans les écuries. On discute, on se passionne, on lorgne l'horizon dans la direction de l'orchestre, et bientôt, au milieu d'un brouhaha grandissant, les chevaux reparaissent, et on acclame le vainqueur.

3º *tableau. Le Jardin de Paris* avec ses candélabres, ses girandoles de feu, son théâtre. Là, on flirte, on écoute les couplets chantés par une ravissante divette, et l'on admire la belle Fatma dans son pas des écharpes. Enfin l'on danse. Là, je l'avoue, j'avais un peu peur, et je craignais que, par souci de la vérité, l'on ne fît exécuter à ces enfants quelque spécimen de notre grand cancan national. Mais cette écueil a été évité. On polke, on valse, on quadrille, mais avec une décence parfaite. Il faut voir l'aplomb imperturbable, les attitudes exactes, la grâce suprême et les coquetteries exquises déployées par toutes ces gamines. C'est véritablement exquis, et je crois que le Cirque d'Hiver tient un gros succès.

C'est fini. Je jette un dernier regard sur ce joli monde, vu par le petit bout de la lorgnette, sur ces copurchics de Lilliput et sur ces cocodettes réduction Collas, et je rentre très heureux de pouvoir mettre, jadis, sous ces quelques lignes consacrées à la *Vie parisienne*, la signature de Richard O'Monroy.

LA REINE MARGOT

26 janvier 1889.

Corne de bœuf! comme disait le roi Charles, nous vivons en une époque bien mauvaise pour les gens qui ont des palpitations de cœur. Ce ne sont qu'embûches, intrigues politiques, trahisons, duels, guet-apens, coups d'estoc et de taille. Aimez-vous le Dumas? On en a mis partout : à la Comédie-Française, à l'Odéon, à la Porte-Saint-Martin, on porte, messeigneurs, hautement la bannière de la maison père et fils. Le Gymnase prépare *Monsieur Alphonse*, le Palais-Royal médite une reprise de la *Jeunesse des Mousquetaires* avec Alice Lavigne dans le rôle de Porthos, et le Guignol des Champs-Élysées monte le *Demi-Monde*, à l'usage du petit monde.

Le Châtelet manquait à la liste. Par la Pasque-Dieu, cette lacune est comblée! On a repris hier au soir la *Reine Margot*, qui eut tant de succès en 1847... En ce temps, la Bourgogne et Cora Pearl étaient heureuses... et nous avouons que nous avons éprouvé à cette reprise un plaisir extrême. Quel style à panache, quel entrain, quelle fougue! Malgré moi, en entendant le brave Coconas (Laray), je retroussais mes moustaches et je serrais d'une main crispée la garde... de mon parapluie.

Au premier acte, le tableau du massacre dans la rue du vieux Paris à tourelles, tandis que le tocsin sonne et que les bandes catholiques circulent l'épée au poing ; et la grande scène de la reine Margot (Deschamps), cachant La Mole (Volny) dans sa chambre à coucher.

Au second acte, le cabinet du roi, au Louvre, celui-ci tirant sur les protestants par la grande fenêtre historique.

Au troisième acte, le Charnier des Innocents, planté d'une façon si pittoresque, avec l'imposante arrivée du cortège royal par le grand portique. Puis, dans la chambre de Catherine de Médicis (A. Laurent), l'épisode du livre empoisonné qui est lu par le roi. (A ce propos, je remarque que Charles IX lisait tout haut, sans doute comme les concierges, *pour mieux comprendre*, et qu'il mouillait son doigt pour tourner les pages, ce qui est plutôt commun.)

Au quatrième acte, la grande chasse avec les perspectives ombreuses de la forêt de Saint-Germain, son défilé de cavaliers au galop (Assis ! assis ! messieurs les rois, vous manquez d'assiette) ; ses chiens de chasse et sa curée, tandis que les trompes sonnent leurs fanfares ; enfin, pour finir, les tableaux si émouvants de la torture et de la mort de Charles IX ; tout cela est admirablement monté, fait papilloter devant nos yeux une orgie de couleurs, un méli-mélo de feutres, de panaches, de pourpoints, de hallebardes, de rapières luisant au soleil qui donnent l'idée la plus exacte de cette époque renaissance élégante, sensuelle, mais encore pleine d'ombre, de fanatisme et de terreur.

A ce propos, j'ai remarqué que Catherine de Médicis, si imposante et si terrible, avait dans sa chambre une cheminée au gaz — déjà ! — et que Blanche Miroir, — vous savez, la petite bonne des opérettes, — jouait le rôle de la soubrette Gillonne. Je n'ajoute pas : Déjà.

Mais le véritable charme de cette reprise, c'est la reine Margot elle-même (Mathilde Deschamps), la gracieuse pensionnaire du Vaudeville, prêtée par M. Raymond Deslandes. Soit qu'elle porte la robe de satin blanc fleurdelisée, avec la couronne, le triple collier de perles et la large fraise évasée ; soit qu'elle passe au galop comme une amazone d'Alfred Deveria en costume de chasse rouge et or, soit qu'elle se montre en velours noir garni de jais avec le voile de crêpe, impossible d'être plus majestueuse, plus touchante et surtout plus adorablement femme. Sa voix chaude, vibrante, passionnée, a des inflexions caressantes d'une douceur infinie ; ses grands yeux luisent à travers la frange veloutée des cils ; ses attitudes sont toujours nobles, toujours exactes, avec je ne sais quelle mélancolie voluptueuse, et lorsqu'elle repousse La Mole en un frisson de chasteté, il y a dans son geste de la pudeur et du regret. Comme elle le dit : « Il y a deux sortes de personnes auxquelles il ne faut rien refuser : les enfants et les malades. »

Mordieu ! A ce moment, dans la salle, tout le monde eût voulu être un enfant..., ou même légèrement malade.

Sur le coup d'une heure un quart du matin, le roi Charles IX meurt dans des souffrances atroces, Catherine fait tirer sur le capitaine Henriot, et s'écrie en le voyant caracoler sain et sauf avec sa barbe soyeuse, son cheval noir et son panache blanc : — Ah ! il régnera ! il régnera !...

Que d'émotions, mon Dieu ! Et nous sommes le 27 janvier ! Et Cora Pearl est morte ! Et la Bourgogne n'est plus heureuse ! Et dans quelques heures on va savoir si c'est LUI, l'homme au panache, qui va régner... ou l'autre avec sa belle tête de vieillard que j'ai revue bien souvent dans mes rêves.

LA VÉNUS D'ARLES

30 janvier 1889.

Il est toujours agréable d'être invité, après son dîner, à contempler une Vénus, — fût-elle d'Arles, — car moi, qui suis passé par le pays, je suis obligé d'avouer que les vraies Arlésiennes ont joliment changé depuis 1792.

Mais à cette époque-là, avant les chemins de fer, elles étaient peut-être encore très bien. J'arrive aux Nouveautés : çà et là, dans la salle, Jeanne Granier, Marguerite et Cécile Caron, Bepoix, Darlau, Aimée Martial, etc., etc. Nous aussi, à Paris, nous avons nos Vénus, mon bon !...

A neuf heures un quart — heure élégante — la toile se lève devant un parterre de cravates blanches et d'œillets. Paysage ensoleillé sur les bords du Rhône, une guinguette tenue par la jolie Yvonne Stella, très crâne en garde champêtre, et en face la municipalité où doivent avoir lieu deux noces. — Dans les opérettes habituelles il n'y en a qu'une, mais aux Nouveautés on fait bien les choses. On m'a

dit vaguement que la Vénus s'appelait Mathilde...
On annonce la mariée, la Vénus sans doute. Mon
cœur bat. Ciel ! je vois entrer la grosse Mathilde de
la Renaissance couronnée de fleurs d'orangers ; certainement Mathilde est très bien ; en Turquie elle aurait du succès, mais comme Vénus d'Arles :

Je l'avais pas rêvée comm' ça !

Heureusement, c'était une fausse alerte. Il y a une deuxième mariée (Maguelonne) et aussi une deuxième Mathilde Auguez. A son entrée, un éblouissement : blonde, fraîche, rose, minois éveillé, taille ronde et, quand elle chante, une bouche qui sourit en petit pointu ; elle avance vers le trou du souffleur et elle nous dit à tous — à moi comme aux autres :

J'aime qui m'aime.

Merci, Vénussse ! Eh ! mais, je la reconnais, la blonde enfant. C'est notre petit choriste du Cercle des Mirlitons, quand nous jouions les opérettes de Grisart. Elle travaillait alors au Conservatoire et, comme elle était la plus jolie, le régisseur Randouin la mettait toujours au premier rang... et, pour elle, tous les membres du Cercle étaient entrés dans les chœurs. Heureux temps. Depuis, elle a été à l'Opéra-Comique, où elle jouait une des petites Espagnoles de *Carmen*... et, aujourd'hui, la voilà aux Nouveautés, pour le plaisir de nos yeux.

A la fin de l'acte, il y a erreur et chassé-croisé dans les deux mariages. Vous vous en doutiez bien un peu.

Deuxième acte : au château de Saint-Chamas. — Chambre héraldique. Portraits d'ancêtres, ce qui permet à Mathilde (Léocadie) une amusante énumération comme dans *Hernani*. Là, j'ai à vous signaler les déshabillés de nuit étonnants de Saint-Chamas (Brasseur). Il a un certain caleçon de satin rose à faire rêver. Mais, par exemple, j'ai plaint de tout mon cœur le pauvre Camusot (Albert Brasseur) et la malheureuse Mme Bouscarin (J. Darcourt), obligés de revêtir une pesante armure de fer et de chanter ainsi accoutrés un grand air ponctué par des coups de gantelets sur les brassards et cuissards. Et avec cela une chaleur !... Ah ! on voit bien que nous sommes à Arles.

Troisième acte. — Un grange dans les environs d'Arles, où l'on apporte Camusot et Mme Bouscarin toujours dans leur armure. Et, à ce moment, la petite Yvonne Stella, ayant adorablement chanté son air du tambour, avec toutes sortes de roulements d'yeux, de mines futées et crânes, le public a d'abord bissé l'air, puis voyant que la pauvre Darcourt, qui étouffait sous sa cuirasse, était navrée, on a fait la gaminerie de redemander l'air une troisième fois et *tout entier !* Mais aussi quel effet lorsque les deux malheureuses victimes du public ont chanté leur duo :

> Pour éprouver de l'agrément
> Rien ne vaut la nature !

— Autre incident. L'instituteur colle une affiche sur la muraille, et dit cette simple phrase :
— « Ce que j'en ai collé tous ces jours-ci ! » Vous pensez si ça a porté.

— Pour finir, une délicieuse scène d'amour entre Maguelonne et Prosper. La Vénus se décide à nous montrer un coin d'épaule et même ses jambes, en grimpant à une échelle. Que voulez-vous donc de plus petit gourmand? Grâce au flagrant délit et au divorce inventé quatre-vingt-six ans avant M. Naquet, tout s'arrange sur le coup de onze heures trois quarts — heure élégante — et chacun rentre en possession de sa chacune. Merci, Vénussse!

— Et maintenant, je vais relire un vieux vaudeville du Palais-Royal qui s'appelait: *Les Noces de Bouche-en-cœur*. Avec seulement quelques costumes, un peu de musique, on pourrait très bien faire une deuxième *Vénus d'Arles*, à l'usage du Palais-Royal.

Quelle rentrée triomphale pour Mathilde la grosse — la seule, la vraie!

AU THÉATRE-LIBRE

31 janvier 1889.

Jamais je n'aurais cru qu'il arriverait une époque de ma vie où j'irais aussi souvent boulevard de Strasbourg. Grâce à M. Derenbourg pour les Menus-Plaisirs et à M. Antoine pour le Théâtre-Libre, ce quartier-là devient, pour moi, comme une seconde patrie. Tout le long de la route, les commerçants me connaissent et me saluent d'un air aimable. Je suis très bien avec l'épicière, et le boulanger me fait ses plus gracieux sourires, comme si j'étais le suffrage universel lui-même.

M. Antoine est, en effet, doué d'une activité dévorante ; après la *Reine Fiammette*, donnée il y a moins de quinze jours, voici ce soir deux pièces nouvelles : l'*Échéance*, de M. Jean Jullien — l'auteur de la *Sérénade*, donnée l'année dernière — et les *Résignés*, de M. Henri Céard. Ce n'est pas tout : il y a encore sur le chantier l'*Ancien*, de Léon Cladel ; *Madeleine*, de Zola ; *Riquet à la Houppe*, de Banville, sans oublier la *Patrie en danger*, que nous verrons seulement au retour d'Angleterre.

Car M. Antoine part samedi pour Londres. Il veut y voir Irving dans le rôle de Macbeth. Il jouera, en représentations publiques, le *Duc d'Enghien*, l'*Amante du Christ*, le *Pain du péché*; en représentations privées : *En famille*, *Jacques d'Arrau* et la *Fin de Lucie Pellegrin*... ceci à cause de la censure de la chaste Albion. Ils en ont une en Angleterre !

Et maintenant, me direz-vous, si nous parlions un peu de l'*Échéance* et des *Résignés*. Vous voulez en parler? Moi, je veux bien. Parler de ça ou parler d'autre chose... Seulement, je vous préviens que, pour le soiriste, ces deux pièces ne comportent pas grande description. Dans l'une comme dans l'autre, tout le monde est dans une dèche noire... si noire que j'ai pensé assister à une nouvelle représentation de l'*Étudiant pauvre*.

Dans la pièce de M. Jullien, j'ai admiré le cabinet exact de l'agent de change insolvable avec casier, bureau encombré, Dictionnaire Bottin, coffre-fort (un coffre-fort qui ne contient qu'un revolver), et à la muraille, admirez la conscience de la mise en scène ! — un calendrier portant la date exacte du jour. — Nous étions le 31 janvier. Eh bien! oui, monsieur, la feuille indiquait le 31 janvier. — La voilà bien, l'école nouvelle ! Malgré cette date, Mlle Dorsy (Valentine Tabard), la seule femme de la pièce, n'était pas, elle, sur son trente-et-un. Robe marron très simple et coiffure ébouriffée d'une femme... qui vient de se faire prêter cinquante mille francs par un ami de son mari. Chut ! sur la scène, les fauteuils sont placés à l'avance, de manière que M. Tabard (Antoine) puisse parler en tournant le dos au public.

Comme je m'étonnais de sa prédilection spéciale

pour sa pose plutôt mauvaise au point de vue acoustique, il m'a répondu : « Jamais je n'admettrai qu'il faille tout le temps parler dans la même direction. D'ailleurs, *un dos c'est très expressif.* »

La seconde pièce, les *Résignés*, se passe dans la même grande salle sombre et triste d'un vieux château. Tout le monde y est en deuil, depuis Mlle Henriette Laburange (Ducal), Mme Harquenier (Barny) jusqu'au libraire Laury Piétrequin (pour un libraire j'aurais mieux aimé Piètre-bouquin) jusqu'à Antoine (Bernaud), apéritif comme l'absinthe... du même nom et même l'ami Charmeretz, M. Mayer du Vaudeville, le jeune premier élégant qui éclaire la pièce de ses aperçus sceptiques. J'en ai noté plusieurs :

— « Si pauvre qu'on soit, on est toujours le Rothschild de quelqu'un. »

— « C'est drôle les gens qui vous prennent des choses qui cependant ne sont pas à vous. »

— « Certaines liaisons ressemblent à ces meubles qu'on achète à tempérament. On paye en un mois, en six mois, en dix ans. On paye et on s'embrasse. Un jour on a tant payé, tant embrassé, que les meubles et la femme sont à vous. Seulement, ce jour-là les meubles sont vieux... comme la femme... »

Tout cela, très bien lancé d'une voix fine, mordante, incisive. Il paraît que M. Mayer part pour l'Amérique afin d'y rejoindre Coquelin. Tant pis pour nous.

Bernaud (Antoine) raconte à Mlle Lalurange qu'il est amoureux d'une piqueuse de bottines qui gagne 40 francs par mois, et qu'il est employé à 1,200 francs au ministère. Et quand je songe que, cette année, il n'a pas reçu de gratification le 1er janvier, je comprends maintenant pourquoi M. Céard a appelé sa pièce : *les Résignés*.

En partant, je fus salué sur ma route par le patron du café de l'Eldorado et par le marchand de parapluies qui est à côté. Encore deux connaissances de plus! Si la Chambre rétablit le scrutin d'arrondissement, je me présenterai à la députation boulevard de Strasbourg.

A l'heure actuelle, je suis déjà bien plus connu que Jacques, ce *Résigné de l'Echéance*.

LE RETOUR D'ULYSSE

1ᵉʳ février 1889.

Évidemment on a besoin de s'y remettre. Les plaisanteries sur la mythologie, sur Mentor qui se paye des bosses, sur Télémaque qui passe son baccalauréat et sur Pénélope qui fait de la tapisserie, ça étonne un peu sur cette scène qui vit *Orphée aux Enfers* sous la tyrannie, à cette époque préhistorique où Mˡˡᵉ Silly joua Oreste dans la *Belle Hélène*. Tsim-là-là, tsim-là-là. Oia Kefalé ! Comme c'est loin tout ça.

Mais, insensiblement, on s'y fait. Dans le décor admirablement planté d'une place publique à Ithaque, nous avons vu, avec un vif plaisir, les amours du jeune Télémaque (J. Thibault), en tunique cuirasse vieux rose, et la ravissante Eucharis (Gilberte), jolie comme on ne l'est pas avec sa perruque rousse relevée par des bandelettes d'or, et sa robe verte forme empire, décolletée très bas et ouvrant sur le côté pour laisser voir les plus merveilleuses jambes qui aient jamais foulé le plancher des Bouffes.

D'ailleurs, voici Pénélope (Silly elle-même), qui

a la tradition... mais je n'aurais jamais cru qu'Ithaque fut aussi près de Chaint-Flour. Chette bonne Chilly! fouchtra, on la revoit tcuchours avec plaichir.

Mais où nous nous sommes tout à fait déridés, c'est au second acte, à l'île de Calypso qui, par parenthèse, ressemble terriblement à Bougival. Il faut voir Mily-Meyer, entourée de ses nymphes, chantant sur l'air de la *Boulange* :

> C'est Calypso qu'il nous faut
> Oh! oh! oh !

et lançant des aphorismes dans ce genre : « Ce ne sont pas les femmes splendides qui plaisent... ce sont les malignes. »

Le troisième acte nous ramène chez Pénélope, dans un intérieur grec vu au second acte de la *Belle Hélène*. Rien n'y manque : ni les murs chromo-byzantins, ni la chaise longue à peau de tigre, sur laquelle rêve la reine, chette bonne Chilly ; ni même le récit de la guerre de Troie, chanté *simplement* par Homère.

— Enfin je note le conseil donné à Ulysse pour reconquérir le cœur de Pénélope :

> Mets ta cuirasse et tes brassards,
> Monte sur ton cheval noir !...

Et le moyen réussit à Ithaque comme... ailleurs. Aussi j'entends Henri Rochefort dire à la sortie :

— Je crois que l'arrivée de l'œillet précédera le retour du lis.

Et maintenant, en rentrant sous une pluie battante, je songe que jadis un autre Grec, M. Damala, avait parfois en regardant Sarah-Bernhardt la nostalgie de la Grèce, et je me demande si le directeur des Bouffes n'a pas renouvelé ces souvenirs de la guerre de Troie pour avoir des recettes grasses. Chi lo sa? comme on dit à Rome.

Chi zo la, comme on dit à Ithaque.

AU CERCLE FUNAMBULESQUE

2 février 1889.

Je reviens enthousiasmé de la soirée que nous ont servie ce soir messieurs les membres du Cercle funambulesque ; un véritable régal de délicat.

Cela a commencé par le *Papillon*, paravent-pantomime de MM. Larcher frères et Paul Legrand — *Paravent-Pantomime*. Et, en effet, on ne saurait trouver une dénomination plus juste pour qualifier ce rêve japonais fait, en suivant à travers la fumée de sa cigarette, les méandres capricieux et les dessins fous d'un paravent. Pierrot en Japonais est amoureux d'une rose. Il lui récite un sonnet, lui joue une sérénade. Pendant ce temps, un papillon coquette autour de la belle et trouble Pierrot, qui le voit sortir tout à coup du sein de la rose en pâmoison. Jaloux, Pierrot tue le papillon et brise la fleur. Il veut fuir...

Des papillons viennent lui reprocher le meurtre de leur frère. Il demande grâce ; en expiation, il enterre les victimes ensemble avec des gestes d'un désespoir morne, et quitte ce lieu témoin de son rêve envolé.

Tout cela a été rendu avec une variété d'attitudes,

une poésie intense, qui ont fait acclamer M. Eugène Larcher.

Je passe sur les *Métamorphoses comiques*, un petit acte écrit dans le style banvillesque, qui a permis à M. G. Beer, dans le rôle du Matamore, de nous donner une copie étonnante de son maître Coquelin, — et sur *Lysic*, pantomime-aquarelle (?) de M. de Servigney, dans laquelle Mlle Mary Gillet nous a servi les étonnements d'une jeune Bretonne arrivant de son village pour servir chez la baronne de X...

Et si je passe aussi vite, c'est que je veux vous raconter *in extenso* un petit chef-d'œuvre — oui, un chef-d'œuvre, je ne m'en dédis pas, et qui s'appelle *Barbe-Bluette*, pantomime en un acte de M. Charles Lunel.

Colombine (Félicie Mallet) va sortir pour faire des emplettes ; mais, auparavant, elle fait jurer à Arlequin (Tarride) de ne pas ouvrir certain placard. Arlequin promet. Colombine n'a rien à craindre. Il attend simplement son ami Pierrot pour faire une partie de dominos. Entrée de Pierrot (Larcher). Colombine, rassurée, embrasse Arlequin ; mais ce dernier, dans le baiser d'adieux, a trouvé le moyen de subtiliser adroitement à sa femme le trousseau de clefs.

Il saura ce qu'il y a dans le placard...

La partie de dominos s'engage, mais sans entrain. Les deux partenaires ont des distractions. Arlequin songe au placard. Pierrot à Colombine si désirable, si jolie !... Enfin, Arlequin n'y tient plus. Il ouvre le placard, regarde et tombe pâmé. Pierrot regarde à son tour et recule d'horreur ! Dans le placard il y a quatre cadavres d'hommes décapités.

Colombine rentre. Avec un geste large, Pierrot se

recoiffe et sort dédaigneusement sans saluer, laissant Arlequin abîmé dans sa douleur.

Colombine, d'abord étonnée, voit le placard entr'ouvert. C'est bon! Arlequin y passera comme les autres. En vain, il implore, supplie, se jette à ses genoux. Colombine a décroché à la panoplie un immense yatagan... et bientôt il y a dans le placard un cinquième cadavre.

Ce nouveau crime accompli, Colombine essuie la lame rouge de sang, replace l'arme, puis, remettant tout en ordre, se remet à faire de la tapisserie comme une petite ménagère bien rangée.

A ce moment nous entrons dans la grande comédie.

Pierrot revient en justicier. Il veut demander à Colombine ce qu'elle a fait d'Arlequin.

— Arlequin, explique Colombine, il m'a rouée de coups avec les pincettes; il m'a tant battue, tant battue que j'ai perdu la tête. J'ai décroché ce sabre pour me défendre, et alors...

Pierrot réfléchit. En somme, cas de légitime défense, et avec un geste des plus comiques, il souhaite le bonsoir à son vieux camarade parti *ad patres*. Mais, si ce meurtre est excusable, il reste quatre autres cadavres. Et alors, avec une vérité étonnante, Colombine explique ses raisons. Le premier était vieux, gâteux, asthmatique, et la dégoûtait ; le second était ivrogne; le troisième était joueur et mangeait tout l'argent de la maison; le quatrième, un tambour major superbe, était libertin et volage. Et à chacune de ces raisons mimées, Pierrot opine du bonnet, approuve, et souhaite bonsoir au défunt, en se tournant vers le placard.

C'est désopilant.

Ainsi persuadé, son amour le reprend ; il sort une paire de gants blancs de sa poche pour faire sa demande en mariage. Cependant il hésite encore. Colombine est bien jolie, mais les cinq cadavres sont bien terrifiants... et le regard va de Colombine au placard... Mais enfin l'amour l'emporte. Pierrot, d'ailleurs, n'est ni ivrogne, ni libertin, ni vieux ; il se jette aux genoux de Colombine, lui demandant de l'épouser.

Alors celle-ci accepte et jette un regard atroce dans la direction du placard. Il y aura bientôt un sixième cadavre.

Hein ! Mlle Félicie Mallet ? Hein ! M. Larcher ? Ai-je bien tout compris ? Mais aussi comme c'est joué, comme c'est rendu. La pantomime, arrivée à ce point de perfection, c'est du grand art, ni plus ni moins.

FANFAN LA TULIPE

4 février 1889.

Samedi soir, à la porte du Château-d'Eau, je m'étais cassé mon pauvre nez, — accident d'autant plus regrettable que je n'en ai qu'un.

Aussi, bien que la première de *Fanfan la Tulipe* fût annoncée pour dimanche, pour plus de sûreté, je ne me suis mis en route que lundi.

D'ailleurs, on se défie toujours un tantinet du théâtre du Château-d'Eau. Personne n'a oublié ces mémorables soirées où pendant une représentation de *Soixante ans ou la Vie de deux joueurs* et de *César ou le Chien du château*, des charcuteries variées, des articles d'épicerie et des petits bancs souillés pleuvaient des galeries supérieures sur les crânes de l'orchestre.

Récemment encore, l'égrènement d'une grappe de lustre parmi les spectateurs des fauteuils inquiéta les habitués du théâtre. Aussi je fus bien surpris en constatant hier, dans les loges du Château-d'Eau, un nombre imposant de jolies toilettes et de frais chapeaux.

Demarsy, Darlaud, Colombier, Laus, B. Billy, Ludwig et toute la bande sonore de Marie Sasse, une série d'aimables personnes que l'on voyait encore avant-hier à la première de la *Vénus d'Arles* et que l'on appellerait le Royal-Varney, étaient montrées dans la salle parmi de braves gens en blouse ou en complet havane.

Le premier acte nous a semblé d'une décoration élémentaire; une table d'un mètre carré en constituait tout le mobilier. C'est là que Pimprenelle (le nom fleuri et printanier !) vint avouer son amour au grenadier Fanfan la Tulipe. Mlle Chassaing et ses compagnes portaient un amour de bonnet épinglé de deux cocardes, de celles que M. de Labruyère fit distribuer dans les rues avec le premier numéro de la *Cocarde*. Cette manière de célébrer le triomphe électoral du général Boulanger a paru fort inspirée.

Le second acte représente un camp avec tentes, soldats couchés, cantinières aussi, — avec les distances décentes. Le favori de Pimprenelle est si séduisant que deux demoiselles se joignent à elle, et, costumées en nouvelles recrues, viennent jouer *Trois Femmes pour un grenadier*. Elles cèdent bientôt la place à six dames qui esquissent un pas militaire; c'est là tout le corps de ballet du Château-d'Eau. Un incident a égayé ce ballabile ; une danseuse qui se fournit probablement de maillots chez le costumier d'Antoine a interpellé de sa jambe le public avec tant d'ardeur qu'un peu de chair rose éclaira le maillot décousu. Si le ballet avait duré dix minutes de plus, comme la déchirure s'élargissait à chaque pirouette de la ballerine, je n'aurais point regretté le voyage de la rue de Malte.

Après ce divertissement, des Circassiens russes accoururent au galop de leurs chevaux — des steppes et manœuvrèrent; l'un deux, tout comme un sultan, jetait le mouchoir et les autres le ramassaient en galopant. Ces scènes de Skobeleff, exécutées sur l'air de l'hymne national russe, ont paru insuffisantes à éclairer l'intrigue de *Fanfan la Tulipe*.

Le troisième acte représente le golfe de Zuiderzée où des fantassins (oui, monsieur, des fantassins!) attaquent un navire à la course! L'enthousiasme, déchaîné par la *Marseillaise* fanfarée à l'orchestre, a fait passer cela.

Mme Chassaing a mimé tout son rôle avec un tel art que je la recommande au président du Cercle funambulesque. Les autres artistes, M. Badiali, Mmes Balanqué et Bonheur, ont fait résonner de fort belles voix.

Le croiriez-vous? Je suis revenu sans contusion du Château-d'Eau; et il ne m'est, hélas! tombé sur la tête d'autre lustre que les deux séries de cinq années qui nous séparent de la première de *Fanfan la Tulipe*, en 1879.

A L'ÉDEN-THEATRE

5 février 1889.

Je me suis rendu un peu mélancoliquement, ce soir, à l'Éden-Théâtre. C'est toujours triste de voir disparaître une scène où l'on a admiré les splendeurs d'*Excelsior*, de *Sieba*, de *Messalina*, de la *Cour d'amour*, et, même avec la direction Bertrand, le *Petit Duc* avait encore été un spectacle luxueux et fort agréable à voir.

Enfin, M. Renard nous convie à un concert-promenade. Va pour le concert-promenade. Dès l'entrée, j'ai eu la chance de tomber sur l'architecte qui a été chargé de modifier l'ancienne salle, et il a bien voulu me donner quelques renseignements.

— Voyez-vous, monsieur, m'a-t-il dit, nous avons installé un grand escalier central qui descend du balcon et supprime la moitié des fauteuils d'orchestre.

— Mais alors, toutes les baignoires du fond ne voient plus rien?

— Cela n'a pas d'importance, puisqu'on vient pour se promener; de plus, une allée transversale coupe la salle après le quatrième rang des fauteuils, et, dans cette allée, le public pourra se tenir debout.

— Mais alors, les gens qui seront assis au cinquième rang?

— Ils ne verront rien non plus; mais puisqu'il s'agit d'un concert-promenade, ils n'ont pas besoin de voir, ils n'ont qu'à écouter le concert... et, d'ailleurs, ils peuvent aller se promener.

— C'est juste.

— Sur la scène, un paravent, et derrière ce paravent un manège de chevaux de bois.

— On ne le voit pas, non plus.

— A quoi bon, mais en revanche, grâce au paravent, les gens qui seront autour des chevaux de bois ne verront pas la salle, ni la scène.

— C'est très bien combiné. Personne ne voit rien.

— On se promène. Ce soir, vous ne pouvez pas juger, parce qu'il y a trop de monde et qu'on ne se promène pas, mais on se promènera; dans le Jardin d'hiver, j'ai installé un théâtre de nègres burlesques, et dans la salle d'audience un théâtre de marionnettes; seulement, comme l'électricité n'a pas marché, vous ne pouvez rien voir.

— Oui, oui, je sais, c'est un parti pris. Tout à la promenade. Mais il me semble que vous avez conservé quelques musiciens devant le paravent.

— C'est pour les chevaux de bois. D'habitude on a un orgue de Barbarie. Ne reculant devant aucun sacrifice, M. Renard a gardé un orchestre et même deux chefs d'orchestre, M. Alfred Fock...

— Celui qui dit papa?

— Non, vous confondez, c'est un autre... Et M. Fahrbach lui-même qui accompagne le grincement des chevaux de bois avec des valses viennoises.

— Alors il n'y aura plus de ballet ?
— Pardon, devant le paravent. Ce ne sera pas un grand ballet... un petit plumeau tout au plus. Une Folie Espagnole, une folie douce. Nous avions commencé par *Excelsior*... Celui-ci s'appelle, si vous voulez, *Inferior*. Enfin on terminera par un quadrille incohérent... Il est un peu leste, mais si peu de gens le verront, vous comprenez, on aura bien assez à faire de se promener.

— Monsieur l'architecte, lui dis-je avec reconnaissance, je vous remercie de ces renseignements qui vont me permettre de faire ma soirée, sans rester ici plus longtemps.

Et là-dessus, moi aussi, je suis allé me promener, en songeant à la jolie fable qu'on pourrait faire.

Une fable qui s'appellerait : *Bertrand et... Renard*.

LA CHANCE DE FRANÇOISE — MONSIEUR ALPHONSE

Février 1889.

La Chance de Françoise, qui doit être aussi, je crois, la chance de M. de Porto-Riche, a fait que le petit acte, joué dernièrement au Théâtre-Libre, a émigré au Gymnase. Nous avons déjà dit tout le bien que nous pensions de l'œuvre qui, bien entendu, n'a fait que gagner dans son nouveau cadre plus (Porto) riche. Il y avait dans le fond un store en satin blanc, que jamais M. Antoine n'aurait pu acheter sur ses économies ; M. P. Achard était encore plus élégant que M. Mayer, et, quant à Françoise, elle était personnifiée par Julia Depoix. C'est vous dire qu'on n'a plus du tout compris la phrase :

« Je ne suis pas jolie, et cependant je méritais de l'être. »

Pas jolie, Depoix ! Tout le monde a protesté, et c'est encore une nouvelle chance pour Françoise.

Pendant l'entr'acte, je constate également ma chance, — ma petite chance à moi, — d'avoir à lorgner dans l'avant-scène de droite Marie-Louise Marsy en chapeau de tulle rose, Darlaud avec une capote de velours noir garni d'acier et la sœur de Marsy (c'était gentil ; à chaque acte, elles changeaient de fauteuil pour se donner alternativement la bonne place — j'ai été touché); en dessous Marie Magnier avec Alice Lavigne; en face, la belle Rosa Bruck et miss de Cléry; Mlle Ludwig tout en rouge avec un chapeau *Pepa* garni de coquelicots et Julia de Cléry, et Vrignault... Ah! l'entr'acte a paru court.

Pan! Pan! Pan! Un grand silence; M. Alphonse, qui, en réalité, s'appelle Octave — cause dans un salon élégant que nous reverrons pendant trois actes. Très bien, M. Alphonse (Romain)! Une mise sobre avec seulement une cravate à carreaux d'un goût douteux pour indiquer les côtés... faibl s du personnage.

— Entrée d'un commandant de vaisseau — un officier en tunique gros bleu... Mais ce n'est pas l'*officier bleu*.

C'est M. de Montaiglin (Desvaux), un bien brave homme. Quant à sa femme, je vous présente Mlle Marie Brindeau, tout à fait charmante dans sa robe de surah blanc avec grande ceinture de moire blanche. Nous ne l'avions pas vue jouer depuis son retour de Russie... et c'est tout ce que la censure a bien voulu permettre de russe à M. Koning.

Au deuxième acte, nous avons versé les douces larmes de l'honnêteté — comme dit Georges Ohnet. — Tout le monde pleurait. Il faut voir Alice Lavigne pleurer! C'est fantastique. Hein! Mlle Brindeau, ces larmes françaises, ça vaut bien les larmes russes, n'est-ce pas? c'est plus salé.

J'oubliais une enfant prodige, la petite Duhamel. Si jeune et déjà de si beaux mollets!...

Mais la joie de la soirée a été Mme Guichard (Desclauzas), étonnante dans son manteau gris, garni de sicilienne, de torsades et de brandebourgs, sa robe de brocard bleu si rich traversée par une immense chaîne de montre; et quelle bizarre façon de porter son parapluie! Est-ce une lance? Est-ce un bouclier? On ne sait plus.

Et en rentrant, j'ai réfléchi que les pères de famille auraient désormais bien du mal à baptiser convenablement leurs enfants : Adolphe est rococo, Arthur est grotesque, Alphonse est ignoble, Jules est mal porté, Émile et Albert ont été ridiculisés par Élise Faure, comme Ernest par la pauvre Demay.

Qui voudrait désormais s'appeler Jacques!!

Je ne vois plus guère que Richard, un nom harmonieux, de bon augure, et qui, au théâtre, a toujours été dignement porté par M. Cœurdelion.

MARQUISE

12 février 1889.

Je ne crois pas que, depuis la soirée de la Patti à l'Opéra, on ait pu voir une plus belle chambrée que celle du Vaudeville hier au soir. Dans l'avant-scène de droite les deux Invernizzi, miss Clery; dans une baignoire, Théo, plus jolie que jamais, avec un habit en crêpe de Chine bleu ciel, fermé par un saphir gros comme une noix; avec elle Mme Samary; aux fauteuils, Magnier, Bianca, Baretta, en grand deuil; Julia de Clery, Defresnes, Lavigne, Pierson, Depoix; au balcon, Reichenberg, très entourée; Vrignault, Cerny, Marsy. Que vous dirai-je?... Toutes nos actrices les plus jolies et les plus aimées. Milton n'était pas dans la salle, sinon il se serait cru à l'Éden et aurait cru qu'il avait retrouvé son paradis.

On frappe un nombre incalculable de coups. Ça remplace l'ouverture que jouait jadis l'orchestre. Très joli décor. Vaste salon japonais avec une rosace vitrée qui ouvre sur un parc aux immenses perspectives; dans ce salon japonais, une marchande de sourires,

Lydie Garousse (Réjane). Robe d'intérieur à traîne sicilienne Ophélia; tunique de drap garnie d'un galon d'or à jour sur ruban bleu turquoise. Je note au passage les mots qui portent le plus.

Le père de Lydie, vieux paysan normand, dit en constatant le luxe de sa fille : « Tu es la joie et l'honneur de la maison. Jamais un garçon ne serait arrivé à ça. »

— « J'ai mangé quatre millions, dit le marquis Campanilla (Saint-Germain), j'ai dévoré un père, un frère et plusieurs sœurs. »

Il explique que sa famille a été ruinée par la fin tragique de Murat.

— Ah! oui, dans sa baignoire, dit Lydie.

Et une fois le marché du mariage conclu :

— Vrai, marquise, un Campanilla pour ce prix-là, c'est donné.

Impression du public après le premier acte : Ah! Ah!! Ah!!!

Deuxième acte. — Même décor, mais éclairé avec des lanternes vénitiennes. Illuminations dans le parc. Entrée du cortège nuptial. Cette fois Réjane nous montre une admirable robe de dîner, — une merveille que le public accueille par des applaudissements. Traîne de velours vert tendre sur un jupon satin rose pâle, garni de broderies japonaises mordorées. Sur la tête des plumes noires maintenues par une broche en diamant.

A signaler aussi la robe de velours mauve brodée d'argent de M{}^{lle} Verneuil.

Gros succès pour l'entrée de la rosière accompagnée de pompiers. Cheveux rares et roux, profil faubourien, bras rouges, gants en fil blanc, yeux baissés, mine en même temps hypocrite et futée. C'est parfait. On a fait là une véritable trouvaille.

— Mademoiselle, lui dit le marquis dans son discours, la vertu vous sera facile.

Autre mot : Si je suis le beau-père d'un marquis, dit le père de Lydie, alors je suis quasiment un duc.

Et cette classification des femmes agréables : *sémillantes*, comme disaient nos pères, *capiteuses*, comme on disait hier, *aphrodisiaques*, comme on dit aujourd'hui.

A la fin de l'acte, effet de feu d'artifice, pétarades, illuminations multicolores; on a le bruit, la lumière, même l'odeur! Édouard Philippe s'est surpassé.

Impression du public après la fin du second acte : Heu! Heu!...

Troisième acte. — Une chambre à coucher toute garnie de cretonne à dessins gais. Troisième costume de Réjane. Un déshabillé exquis en crêpe de Chine rose; chaîne-ceinture formant corset; vieilles guipures dites saut-du-lit (sic), et par là-dessus, une robe de chambre japonaise fond crème doublée de satin orange et garnie de plumes blanches. Ce que c'est froufroutant et joli! Comme je comprends que le marquis ne veuille pas s'en aller!

Les mots du 3ᵉ acte — ???...

Impression du public après le 3ᵉ acte : Hum! Hum!...

Et maintenant je vais étudier dans Molière les dix-neuf façons différentes de dire :

Marquise vos beaux yeux me font mourir d'amour.

LES JOCRISSES DE L'AMOUR

13 février 1889.

— Quand je sers un salon au public, nous disait un jour M. Bertrand, je sens immédiatement un froid dans la salle.

Et le fait est qu'habitués aux vastes mises en scène des grandes opérettes, nous sommes quelque temps à nous habituer à ces perspectives restreintes. Cependant, quand il s'agit d'un salon où il se passe des choses aussi drôles que chez César Moulinier et Léontine Crochard, nous sommes bien vite déridés.

Intérieurs simples et bourgeois ; le luxe est remplacé par des traits d'esprit. Moulinier (Dupuis) a courageusement arboré les perruques frisées et les grands cols de Geoffroy. On ne peut toujours être Pâris. Baron nous a montré un inénarrable Marocain, avec une veste de page vert pomme — un rêve. Les deux petites Mlles Bouvenot ont été trouvées très gentilles, surtout dans le déshabillé du troisième acte et Mme Bouvenot (D. Grassot) nous a exhibé une robe à volants taillée dans un vieux rideau en cretonne qui est tout un poème. Les deux neveux, Théophile et Armand Goulu

(Raimond et Lassouche) sont élégants à souhait, mais pourquoi ce parti pris de ne jamais porter de moustache? Je crois bien me rappeler que Priston arborait dans ce rôle une fine moustache blonde; or, aujourd'hui, plus que jamais, tous les jeunes gens sont moustachus. Ces deux figures glabres constituaient la seule invraisemblance de la pièce.

J'ai gardé pour la bonne bouche Mlle Lender, séduisante en diable dans sa robe crème brodée d'or, laissant apercevoir les rondeurs du bras par un crevé fermé par un nœud de satin, le tout rehaussé par une merveilleuse parure de turquoises et de diamants. On dit que ça porte bonheur. Nous l'avons constaté ce soir.

Et elles étaient là toutes dans la salle nos belles petites les plus aimées, nous regardant avec un sourire ironique, pendant que nous applaudissions à tout rompre, ne nous reconnaissant pas dans ces photographies si justes, et, — ô Jocrisses de l'amour que nous sommes — approuvant Marocain disant au sujet de ces tempêtes du cœur:

> J'ai vu ceux de la femme et j'ai vu ceux des flots,
> Et j'ai plaint les amants plus que les matelots.

Moi, j'ai vu les tourbillons de neige, et j'ai surtout plaint les gens qui rentrent à minuit.

FANNY LEAR

14 février 1889.

Non, vraiment, MM. Meilhac et Halévy, ce n'est pas bien ! Ce n'est pas une raison parce que M. Victorien Sardou a été parfois accusé — bien à tort — de prendre les *pommes du voisin*, pour que vous vous soyez cru autorisés à lui enlever à deux jours de date son sujet de *Marquise*.

Car je l'ai reconnue, votre Fanny Lear, ou plutôt votre Lydie Garousse. Ennuyée de faire rire sur la rive droite, au Vaudeville, elle a voulu faire pleurer à l'Odéon. Aussi le profil de Gavroche gouailleur et spirituel de Réjane a été remplacé par le masque sévère et tragique de Tessandier, — l'accent faubourien a cédé la place à l'accent anglais (la voilà bien la dissimulation, la voilà bien!) et les jupes fraise-écrasée et vieil or aux robes de dentelle noire — sombres et garnies de jais comme celle de Catherine de Médicis.

Le joyeux marquis de Campanilla a fait place au marquis de Noriolis (on aurait pu changer au moins le titre) qui, en passant à l'Odéon est devenu fou, — influence de l'air, et a pris une magnifique tête de vieillard, que je reverrai souvent dans mes rêves.

Pour détourner nos soupçons, tout le monde a copié une personnalité connue. De Fondreville (Dumény) a pris, je ne sais pourquoi, les traits de Caran d'Ache, lorgnon compris. Birnheim (Colombey) nous a montré un Noblet à la ville, c'est-à-dire un Noblet chauve ; Callières (Candé) a reproduit, à s'y méprendre, Henri Gervex, et quand le docteur Risley est entré, il n'y a eu qu'un cri dans la salle : C'est Wilson ! En effet, même barbe, même cheveux en brosse, même œil atone et vague... Ça en fait un de plus à ajouter aux vingt qu'avait découverts M. Numa Gilly. Ah ! comme on voit bien que nous n'avons plus de ministère !...

Mme Sisos avec sa robe mauve garnie de dentelles, la jolie Mlle Dheurs, la ravissante Mlle Panot, jusqu'à la bonne Leturc, si accorte, toutes ces dames ont copié la grâce, l'élégance et le chic des artistes du Vaudeville. La chambre du marquis de Noriolis, aux Charmettes, a une pendule comme celle du château de Lydie Garousse, et le parc de Frondeville a les mêmes perspectives que celui du Vaudeville. Il est vrai qu'on ne tire pas de feu d'artifice ; mais cela ne saurait constituer une différence que pour Édouard Philippe.

Vraiment, se dépouiller ainsi entre académiciens du même sexe, ça n'est pas bien. Il y avait déjà *Marquise*, la *Petite marquise*, les *Marquises de la Fourchette*. Etait-il bien nécessaire d'inventer une *Marquise de la rive gauche ?*

P.-S. — On m'affirme sur l'honneur que la représentation de *Fanny Lear* a eu lieu antérieurement à celle de *Marquise*.

Alors ce serait donc au contraire M. Sardou qui...

Oh! ce serait trop invraisemblable!

DE LA RUE ROCHECHOUART A L'AMBIGU

20 février 1889.

Mercredi dernier, pour cause de première aux Variétés, nous n'avions pu nous rendre à l'invitation de M. le commandant Vallée nous conviant à l'inauguration de son *Théâtre libre ancien*. Ce soir, nous étions relativement libre, sinon ancien... et cependant il y avait l'Ambigu..., l'Ambigu qui organisait une représentation de gala de la *Porteuse de pain* pour les boulangers et les meuniers..., c'était bien tentant.

Alors, j'ai été héroïque, et comme il pleuvait, je me suis décidé à aller aux deux endroits.

D'abord, rue Rochechouart, aux Fantaisies-Parisiennes; cela commence par *Deux lettres très pressées*, une simple parade jouée devant le rideau, comme Tabarin devait en représenter sur le Pont-Neuf. C'est primitif et curieux. J'ai seulement noté un Gille qui, payant sa lettre au facteur, lui donne cinquante *centimes*. Déjà!... Ce doit être des centimes additionnels. Ensuite, la *Jalousie de Barbouillé*, dans laquelle l'ami Galipaux en docteur a fait preuve d'une faconde bien amusante. Les *Deux diables ou la Surprise surprenante* nous ont fait applaudir une très jolie femme, Mlle Vernock, dans le rôle d'Isabelle. Il m'est juste resté le temps de savourer les vers de Catulle Mendès : *Avertissement au public*, récités par une ravissante Gillette, mais quant à *Isabelle grosse par vertu*, je constaterai son accouchement une autre fois.

A dix heures et demie, j'arrive à l'Ambigu. Tout le monde est en fête. Les contrôleurs ont des bouquets. La salle est bondée de dames élégantes, d'hommes en frac et en cravate blanche. Ah çà ! où sont mes meuniers et nos boulangers ? Jadis M. Bertrand, aux Variétés, avait eu une idée semblable pour les *Charbonniers* de Costé, mais il avait exigé que tous les fouchtras vinssent en tenue de travail, si bien que certain soir, on aperçut une galerie noire de charbonniers. Ah ! bougri de bougri !

Mais ce soir, rien de tel. Au balcon, j'aperçois le président du syndicat de la boulangerie, M. Cornet, puis le chef des prudhommes avec ses insignes et son grand cordon de moire noire. Partout règne une suprême élégance. Talma jouait devant un parterre de rois, — je suis sûr qu'ils étaient moins *pschutts* que mes boulangers de ce soir. — 800 bouquets ont été distribués. Sur la scène, le vin de Champagne coule à flots afin d'arroser un gâteau dit *Maman Louison* pour cent personnes. Dans la salle circule un jeune mitron porteur d'un véritable pétrin avec des petits fours qu'il offre gracieusement au public. On en remplit le chapeau de Sarcey... C'est le châtiment. Bref, la fête est complète. Et les mots portent, et l'on applaudit Fugère et Pougaud dans leurs rôles de Cricri et de Tête-en-Buis !

Electrisés par cet exemple, les artistes de l'Ambigu hurlent plus que jamais, et je crois que jamais le traître Montal n'avait crié aussi fort.

Allons! encore une illusion qui s'en va. J'avais jadis chanté comme tout le monde :

> Les charbonniers sont tout noirs,
> Tout noirs,
> Et les fariniers sont tout blancs,
> Tout blancs.

Eh bien! c'est une erreur. Les charbonniers sont noirs, — ça, je l'ai constaté chez Bertrand, — mais les meuniers et les boulangers sont en frac et en gants gris-perle.

LES FILLES DE MARBRE

23 février 1889.

Depuis quelque temps, M. Derembourg, directeur des Menus-Plaisirs, restait rêveur en regardant le C et le P entrelacés au fronton de son théâtre. — Qu'est-ce que cela veut dire C. P. ? avait-il demandé un jour.

— *Crime du Pecq !* lui avait répondu Serpette, une vieille pièce jouée ici jadis.

Informations prises d'une manière plus sérieuse, cela signifiait *Comédie Parisienne*.

— Et je ne joue que des opérettes ! s'écria M. Derembourg dans un grand mouvement d'indignation. — J'ai trouvé mon chemin de Damas. A moi le grand art !

C'est à ce remords tardif que nous devons l'apparition des *Filles de marbre* sur cette scène encore toute retentissante de la musique viennoise. D'ailleurs, grâce au prologue qui se passe en Grèce, dans l'atelier de Phidias, M. Lagoanère, le chef d'orchestre, a pu encore glisser un chœur et un air à boire. Comme cela, la transition est ménagée.

Très gentille l'esclave grecque Thea qui, par son air martial, n'a pas d'égal. Phidias (Linache) est aussi un sculpteur grec très décadent; quant à Alcibiade (Marcelin), il a un peplum vert épinard qui le ferait remarquer à la ronde même s'il n'avait pas coupé la queue de son chien.

Grand mouvement d'attention quand on nous annonce qu'on va nous montrer les statues de Vénus, d'Aspasie et de Phryné. Par Plutus, je ne me les figurais pas comme ça! On avait d'abord songé à demander trois *dames sculpturales* (sic) aux Folies-Bergère, mais ces dames demandaient cinq louis par soirée — nuit comprise. Alors on a pris de simples figurantes à deux francs vingt-cinq. Tout s'explique.

Et Diogène de s'écrier en les regardant :

— Je vous reconnais bien, courtisanes du passé, courtisanes de l'avenir !

De la Grèce nous passons à Madrid, — pas en Espagne, — au bois de Boulogne. Il y a là une société choisie. Josepha (Luce Colas) en amazone, Fœdora (Delpré), notre bonne Zizi, en robe blanche, et Marco (Renée de Pontry) en amazone. Tout cela boit du *vrai* champagne, — j'ai vu sauter le bouchon, et cause avec des messieurs très élégants, ayant sans doute épuisé le stock des *laissés-pour-compte* des grands tailleurs. Phidias est devenu Raphaël, un sculpteur orné d'une mèche très moderne. Diogène est devenu Desgenais, un journaliste qui défend la corporation comme M. Claretie lui-même; Alcibiade a troqué son peplum épinard contre un complet pointillé (49 francs), et la jolie Martial est tombée dans la misère et demande l'aumône. Avec cette figure-là, c'est bien invraisemblable !

C'est à cet acte que Marcelin chante la fameuse chanson avec laquelle on a bercé notre enfance :

Marco ! Marco ! qu'aimes-tu donc ?

Un vieux monsieur qui hoche de la tête avec attendrissement, émet l'avis que la pièce aurait dû être jouée en costume 1854. Il est dans le vrai, le vieux monsieur. Ça l'aurait rajeuni... et la pièce aussi.

Au tableau suivant, l'atelier de Raphaël, et apparition de sa mère, madame Didier. — Le rôle avait d'abord été donné à Sarah Rambert qui l'a refusé, — puis à Fanny Génat, qui est tombée malade, — puis enfin est échu à France, qui a tout sauvé. Vive la France ! monsieur !

Martial reparaît en mendiante. Elle est immédiatement adoptée, rien que sur sa bonne mine, et sans doute Raphaël l'aimerait s'il ne recevait une lettre de Marco. Il change d'idée comme de veston, et se précipite chez la courtisane.

Et maintenant chez la courtisane ! Intérieur catapultueux et japonais comme chez Lydie Garousse. On commence à s'amuser un brin, et à trouver Raphaël un peu raseur. Vice en voiture, place à la vertu à pied !... Grande scène finale entre Marco et Raphaël qui lui arrache des fleurs du corsage. Le théâtre devient un champ de bataille. C'est *l'arène Marco*.

Dernier acte — Contre-partie de la *Dame aux Camélias*.

Raphaël ne meurt pas. Il est devenu seulement un peu gaga. Il revient à lui entre sa mère et la mendiante, qu'il épousera sans doute ; quant à Marco, elle est expulsée comme une simple Sombreuil et en profite pour faire à la sortie un bel effet de manteau en cachemire de l'Inde.

Je me suis bien amusé à ce drame, c'est très gai. Raphaël pourra aller rejoindre Raymond et Lassouche aux Variétés. Cela fera un *Jocrisse de l'amour* de plus.

Entendu à la sortie :
— Ah ! si toutes les filles étaient de marbre... on pourrait encore s'estimer heureux.

LE CERCLE PIGALLE. — LES MATHURINS

24 février 1889.

... Et mon fiacre montait, montait toujours !... et j'arrivai bientôt 48, boulevard de Clichy, devant la boutique d'un pharmacien. Si grande que soit la boutique d'un pharmacien, il est invraisemblable qu'on y joue une revue.

— Monsieur, je ne suis pas malade. Je demande seulement le Cercle Pigalle.

— Dans le passage du Midi, monsieur, à votre droite.

— Merci.

Je regrimpe encore, mais sans fiacre, le long d'un raidillon obscur, et j'arrive devant une guérite rouge brillamment illuminée. C'est là. En me faufilant un peu de côté j'entre dans une petite salle, très coquettement décorée ; dans le fond une toile signée Eugène Chapron — un Chapron rouge — et au fronton du théâtre : 1850. C'est en effet à cette date qu'une bande de jeunes gens a eu l'idée de se réunir pour jouer la comédie avec des jolies filles désireuses de se montrer et des élèves du Conservatoire. Aujourd'hui ce ne sont plus ceux-ci ni celles de la fondation — heureusement! — mais l'institution s'est perpétuée à travers les âges et les gouvernements divers.

Tous les ans on donne une revue. Celle de cette année s'appelle : *Saint-Lazare, tout le monde descend.* Elle est due à la plume spirituelle de MM. Adrien Vely et Adrien Moch — les deux Adriens.

Arcades ambo. — La salle, qui peut tenir environ cent cinquante personnes, est bondée. A neuf heures, Francisque Sarcey arrive demandant une petite place. Il se glisse à notre rang. Ouf, le voilà casé, je respire... ou plutôt je ne respire plus.

Premier tableau. — A l'hôtel Terminus. Devant un garçon d'hôtel chargé par la police de noter les malfaiteurs au passage, nous voyons défiler un Zola décoré, flirtant avec l'Académie :

> Mademoiselle, écoutez-moi donc,
> Je voudrais entrer dans votre giron.

Bientôt Alphonse Daudet lui chante le même air, sans plus de succès. Sur ces entrefaites, grande arrivée de voyageurs et entrée de M. Sadi Carnot lui-même (M. Henryot), très ressemblant avec le frac irréprochable, le grand cordon et les gants gris-perle. Il apporte avec lui de son voyage à Fontainebleau une superbe carpe (Mlle Marcus). On lui propose de servir de compère à la Revue du Cercle Pigalle. Et comme il hésite : — Boulanger, lui dit-on, a été notre compère il y a deux ans. — Ah! s'écrie Sadi, si Boulanger a accepté — j'accepte!

Le *deuxième tableau* nous transporte aux Montagnes-Russes. Rien de comique comme de voir l'arrivée du président raide et impassible sur son wagonnet avec la carpe comme commère. Il descend au milieu des jolies filles qui chantent, je ne sais trop pourquoi, l'air national russe. Grand succès pour la scène dans la salle. A la tribune de la droite, le général Boulanger, lisant un discours où l'on retrouve les clichés connus sur « l'épée qu'on a arrachée ».

De temps en temps, il s'interrompt... Ce sacré Laguerre, écrit-il mal! — Mais à la tribune de gauche surgit Floquet, très ressemblant : « Fils de 89, 89 moi-même... A votre âge, Bonaparte était mort... le manteau troué de la dictature. Vous ne serez que le Morny d'une Constitution dont Bonaparte n'aurait pas voulu être le Sieyès, etc. » Et pendant ce temps-là, M. Carnot, sur la scène, dit, de temps en temps : — Je voudrais bien placer un mot. — Succès de fou rire.

Nous voyons encore dans une salade fraternelle Crispi, le Mahdi, Allmayer. A ce dernier le président accorde sa grâce, en disant :

— Allez, mon ami..., et tâchez de bien voter dimanche.

Il y a aussi une lutte homérique entre deux colleurs jacquistes et boulangistes finissant leur produit jusque sur le dos des personnes qui lisent les affiches.

— Mais, dit-on à M. Carnot qui préside à tous ces divertissements avec un tact exquis, vous allez faire attendre madame.

— Elle n'y perdra rien pour attendre, répond dignement le président.

Tout cela est très gai, très bon enfant, avec des couplets charmants sur les airs populaires.

Le *troisième tableau* nous transporte en police

correctionnelle. Monsieur Carnot s'est nommé avocat général, pour avoir au moins un magistrat pas soupçonné. Devant lui défilent des demoiselles de magasin, demandant à s'asseoir.

— C'est cela, dit le président ; dans la journée vous serez assises et, le soir, vous serez levées.

Saluons au passage l'apparition de la belle Boris, en billet de cinq cents francs. Sapristi, les jolies jambes ! Et toute la troupe se rend à la Banque de France sur l'air du *Père la Victoire*.

Enfin, le *quatrième acte* représente une scène dramatique à l'Elysée. Il y a là une parodie de *Henri III* dont je ris encore. Sarcey étouffe. La salle se tord. Bref, immense succès. Mon Dieu ! que c'est donc commode pour les auteurs d'une revue de pouvoir tout dire, tout oser... et comme c'est amusant pour nous !

J'avais été également invité au cercle des Mathurins, un autre petit cercle d'amateurs qui se fonde dans le même but que le cercle Pigalle, 40, rue des Mathurins. Pour cause d'ubiquité insuffisante, je ne suis arrivé que pour la *Lettre de cachet*, un charmant opéra-comique inédit de M. Maurice Bouchard et Jules Oudot, musique de Gaston Lemaire. J'ai encore pu applaudir Mlle Theven dans le rôle d'Horace, et j'ai trouvé qu'elle avait du cachet même avant la lettre.

Enfin, l'on m'annonce qu'il y a une troisième revue : l'*Année Joyeuse*, donnée au Continental par les anciens élèves de l'Ecole centrale... Si j'y allais ?... Non ! Modérons-nous ! Ce doit être très mauvais de s'amuser autant que cela dans la même soirée.

LE ROYAUME DES FEMMES

Février 1889.

Un joli titre : *le Royaume des femmes*, et un programme affriolant. Sur l'affiche, rien que trois hommes : Brasseur, Albert Brasseur, et Guy — puis au moins une quarantaine de femmes, et parmi elles Marguerite Ugalde, Pierson, Darcourt, Stella... et une foule d'autres inconnues, mais qui n'en sont que plus intéressantes à connaître.

On arrive donc admirablement disposé, et toutes les lorgnettes sont en main lorsque le rideau se lève sur un décor de forêt. Deux chasseurs dorment, comme la plupart des chasseurs — Guy et Darcourt — cette dernière en élégant travesti; mais notre vue est bientôt distraite par l'arrivée de la reine Picrny en robe de velours bleu retroussée sur le côté, cartouchières au corsage, et avec elle une suite de petites chasseresses en toque verte et fusil en bandoulière.

Longs applaudissements saluant l'entrée de Marguerite Ugalde, en costume de velours rouge bordé d'argent — sans oublier le petit retroussis qui montre des jambes adorables. Il y avait longtemps que nous ne l'avions vue, notre Marguerite, aussi jugez quel plaisir elle nous a causé en chantant :

Les hommes! les hommes! il n'y a que ça!

Deuxième tableau. — Nous sommes sur une grande place de la ville, une manière de place du Châtelet, mais plus ensoleillée. Là, c'est le monde renversé. Il y a des femmes cireurs de bottes, des femmes facteurs, des femmes tailleurs pour hommes, tandis que ces derniers sont fleuristes, modistes et même nourrices. On crie : « Venez voir le beau Fatma, visible pour les hommes seulement. »

Succès de fou rire à l'entrée de Brasseur, en petit pantalon brodé, un peu le costume de Mily-Meyer dans *Joséphine*, et chantant l'air de *Jenny l'ouvrière* avec sa machine à coudre. Ce chaste jeune homme est enlevé par Joveline (Ugalde), qui l'entraîne dans une petite maison. Oh! le bon pays!

Deuxième acte. — Le petit hôtel. Salle brillamment illuminée. On y donne une soirée bizarre : les hommes, en satin blanc, sont assis, tandis que les femmes, debout, leur font la cour. Celles-ci ont un frac rouge, sans manches, avec de longs gants crème, culotte courte noire, apparaissant sous le retroussis (toujours) très court. C'est très élégant. Le tout se termine par un petit quadrille folichon, où les femmes exécutent le cavalier seul. Jeremia (Mme Macé-Montrouge) danse un petit pas qui est une véritable trouvaille.

Troisième acte. — La réaction commence à se faire

sentir. Oh! comme les auteurs ont raison, et comme la satiété arriverait vite si les femmes étaient aussi faciles que ça. Ce sentiment se traduit en acclamant le duo d'amour entre Darcourt et la reine, Darcourt réclamant un peu de résistance!!

Deuxième tableau. — La chambre nuptiale. Brasseur reparaît en jeune marié, veste de satin blanc, fleur d'oranger à l'habit. Ugalde, la mariée, a un tricorne blanc, un habit brodé d'argent et l'épée. Après les conseils d'usage, c'est elle qui va arracher la fleur d'oranger à son mari. Elle a revêtu à cette intention un petit complet de chambre rayé blanc et bleu, qui est exquis. Enfin seuls! Mais cette scène d'amour est interrompue par la grande révolte des hommes trop aimés, — les ingrats! — et ceci nous conduit au dernier tableau, — le grand clou de la soirée.

Revue et défilé de l'armée des femmes. — Sur une grande place rappelant celle de la *Fille du tambour-major*, nous voyons d'abord arriver la reine, couronne en tête, robe pourpre, sceptre en main, — puis l'état-major écarlate et or avec aiguillettes, puis les sapeurs avec le bonnet à poil blanc, un superbe tambour-major (Mme Maresca) en satin jaune. Saperlipopette! Puis les grenadiers violets et jaunes, les zouaves en veste rouge, les lanciers jaune et argent, les hussards bleu de ciel avec une toque empanachée, les marins, les artilleurs en satin, tous roulant un canon... comme à la Gaîté, et surtout, surtout!... les cuirassiers, — tous superbes filles, avec la cuirasse d'argent et le casque à crinière rose, conduits par une splendide créature, Mlle Van der Kelm, qui ressemble à Alice Regnault... jeune. Le défilé se termine par la vieille garde, où Mme Montrouge tient un emploi honorable.

Les costumes dessinés par Job sont ravissants ; c'est une orgie de couleur merveilleuse ; gros, gros, gros succès.

Et maintenant cela m'a mis en goût. Moi aussi je veux passer une revue, et malgré l'heure avancée je file à la Scala. Il est minuit un quart, mais on recommencera rien que pour moi.

L'ENFER DES REVUES

Certain bohème bien connu du quartier Latin avait coutume de dire : — « Papa, c'était quelqu'un dans le genre de Napoléon Ier..., mais moins crétin. »

Sans vouloir me comparer à l'illustre capitaine, je suis certain d'avoir assisté, cette année, à plus de revues qu'il n'en a passé dans toute sa vie, et je ne suis pas fâché, en passant, de constater cette petite supériorité.

Donc, après les *Joyeusetés de l'année*, les *Tripatouillages de l'année*, *Paris-Boulevard*, *Tout autour de la Tour*, *Tout Paris à l'Eldorado*, etc., etc., la Scala nous a donné ce soir : l'*Enfer des Revues*, de MM. L. Bataille et J. Sermet, qui pourrait aussi bien s'appeler la *Revue des Revues*. Il n'y a pas de raison pour que ça finisse.

Hâtons-nous de dire que nous ne nous plaindrions

pas si toutes les revues étaient aussi gaies que celle de ce soir.

Cela se passe aux enfers, je ne sais trop pourquoi ; peut-être afin de permettre à l'acteur-auteur Bataille de revêtir dans le rôle de Satan un beau costume de satin-feu et d'écouter sans broncher les calembours de son fidèle John Styx Henriot.

Bien entendu, les revues sont personnifiées par les plus jolies jambes de l'établissement, celles de Mmes Vetti, Blocketti, Davis, Alexandrine Eckerl, Lambertiny, etc. J'en passe, et des plus galbeuses.

Parmi les scènes les plus applaudies choisies dans les revues antérieures, citons les fameux couplets des Nouveautés : A. E. I. O. U., accommodés à la mode du jour :

> S'il arriv' chef de l'Etat,
> E. I. A.
> Pour sûr je n'serai plus cam'lot.
> E. I. O.
> J' s'rai préfet, c'est entendu.
> A. E. I. O. U.

Et quant à LUI, la veille :

> On l'appell' Tropmann, Prado,
> E. I. O.
> Et l' lendemain il est élu.
> A. E. I. O. U.

Voici maintenant Libert en Pierrot des *Tripatouillages de l'amour*, puis la grosse Bloch en cocher extraordinaire, puis l'invasion des peintres luministes, impressionnistes ; et de là le prétexte pour nous montrer sur une superbe toile de fond le beau tableau de Detaille : le *Rêve*, tandis que l'orchestre joue : « Mourir pour la patrie » — gros effet.

Après ce premier clou, deuxième clou patriotique (est-ce qu'on dit clou patriotique?) grâce à l'officier cosaque qui fait défiler devant lui des petites femmes en costume de l'armée russe. Voici le chevalier-garde, le grenadier, le lancier, l'artilleur. O. Valti en officier de cadets russes! Tout cela exécute devant nos yeux charmés une manœuvre difficile, on acclame le drapeau russe — bien entendu — surtout quand vient se joindre à lui Mlle Paula Brebion, portant le drapeau français. Je n'ai pas du tout compris, mais ça m'a fait plaisir tout de même. Peut-être pourrais-je trouver que cette alliance franco-russe a été un peu empruntée à *En selle pour la revue*, la seule revue pas nommée, mais je constate seulement l'émotion indiscutable éprouvée par le public à la vue des deux étendards côte à côte.

Il aurait fallu en rester là, et ne pas finir par les exercices forains de M. Reval, un peu trop connus.

Mais, quoi qu'il en soit, une très bonne nuit. Les costumes de Landolff sont charmants et les consommations excellentes.

Encore une supériorité sur Napoléon. Il passait des revues, mais il ne prenait pas en même temps, comme moi, des cerises à l'eau-de-vie.

ROBERT MACAIRE

1er mars 1889.

— Ah! monsieur, si vous aviez vu Frédérick-Lemaître!...

Je n'ai pas vu Frédérick-Lemaître, et j'en suis bien aise; mais cela ne m'a pas empêché de m'amuser beaucoup, ce soir, au *drame burlesque* (sic) que nous a donné la Porte-Saint-Martin. Au fait, peut-être n'aimons-nous les drames que burlesques, comme les chauds-froids et la République conservatrice. Evidemment, si nous nous en rapportons aux gravures de Daumier publiées dans les *Cent et un Robert Macaire*, le héros de cette épopée, en dépit de ses haillons, de son pantalon de soldat et de son chapeau bossué, avait peut-être plus grand air que M. Léon Noël.

De son côté, le famélique Bertrand, cet être hâve, chétif, qui dînait si rarement, n'avait peut-être pas la mine réjouie et l'obésité triomphante de Dailly. Mais quelle gaieté large, exubérante, quelle amusante crainte des gendarmes, ce commencement de la sagesse. Quelle science pour faire les foulards, subtiliser les bagues, décrocher les montres, et voler les louis. C'est de la physique amusante, de la prestidigitation de salon. Enfoncé Dicksonn !

L'*Auberge des Adrets*, la *Réunion électorale*, les *Noces de Robert*, la *Foire de Neuilly*, ont chaque fois provoqué les rires de l'assistance égayée. Il faut voir Bertrand avec ses poches pleines d'objets dérobés, son trottinement à l'appel de son maître, dans ses divers costumes de domestique, de marquis, d'huissier. Maintenant, à quelle époque se passe la pièce ?

D'après le décor de la *réunion électorale*, ce serait sous Louis-Philippe, et cependant nous avons vu des modes Restauration, des femmes en toque et panache, et même des hommes avec la cadenette. Charmante Mme Evans dans son rôle d'Eloa de Wormspire, et la grande scène d'amour avec Robert a été chargée dans la note romantique.

Un peu longuette la partie d'écarté. Macaire et Wormspire trichent; c'est entendu, mais pourquoi les faire tricher pendant neuf parties de suite, avec le même effet de roi retourné ?

Sur l'affiche j'ai découvert le nom de Mme Pot-de-Vin, jouée par cette bonne Mme France, qui est décidément de toutes les premières. Mme Pot-de-Vin ! Déjà, sous Louis-Philippe ! Une ancêtre sans doute de Mme Limousin.

En somme, une très bonne soirée. Je sais bien que nous n'avons pas vu Frédérick-Lemaître ; mais il faut nous en consoler en nous disant que nous avons échappé aux années de corruption, de tyrannie et de Mme Pot-de-Vin. Contentons-nous simplement d'être du siècle de Judic, de Théo et de Granier.

GIROFLÉ-GIROFLA

5 mars 1889.

Certainement j'aurais bien repris des crêpes — et chaudes ! et dorées ! et succulentes. Mais la Renaissance avait annoncé *Giroflé-Girofla* pour huit heures et demie, et sublime, héroïque, je me suis levé de table et n'ai pas repris de crêpes.

A neuf heures le rideau n'était pas encore levé ; à neuf heures un quart le public commençait à trépigner avec ses cannes sur l'air des *Lampions !* tra la la ! tra la la ! Enfin, la toile se lève. Germain (Bolero) arrive sur le devant de la scène — tiens ! du temps de Joly, Bolero portait deux pots de fleurs. Germain ne porte rien, et il ne nous chante pas

Je vous présente un père, un père, un père, un père.

Non, il nous dit simplement, avec cet organe doucement voilé qui est si caressant à l'oreille : « Mme Mathilde étant indisposée, prie le public de l'excuser si elle n'est pas ce soir à la hauteur de son rôle. » Là-dessus, le rideau tombe, et nous attendons encore un quart d'heure. Sapristi, que je regrette de ne pas avoir repris des crêpes !...

Enfin, à neuf heures et demie, au moment où le tintamarre des cannes devient inquiétant, la toile se lève sur le paysage espagnol avec *mer immense* que nous connaissons.

Le public est d'ailleurs bien vite calmé par la gracieuse apparition de Giroflé Lardinois ou de Girofla re-Lardinois. En robe de chambre bleue, ou en robe de chambre rose, puisque c'est la seule nuance qui distingue ces deux jumelles, elle est toujours exquise. Par exemple un incident amusant : Pour donner plus de temps à Giroflé de changer de costume et de redevenir Girofla, elle doit être rappelée par Aurore (Mathilde), qui doit lui dire : « Et toi, ma fille, tu ne m'embrasses pas. » Une figurante doit alors venir, costumée comme Lardinois... en ne se montrant que de dos pendant cette accolade maternelle.

Or, la figurante s'est présentée de face... si bien que le public n'a pas très bien compris. Bah ! c'est bien plus drôle comme ça !

Chalmin, qui remplace le tonitruant Vauthier dans le rôle de Mourzouck, s'est fait une bonne tête d'Arabe épileptique, mais son ventre lui donne malgré tout l'air d'un bon enfant. Elle est bien pâle, la pauvre Mathilde, et dans le joyeux rôle d'Aurore ne pouvait dépenser sa fantaisie habituelle. Ce sera pour demain.

En revanche, nous avons admiré les petits cousins qui, dès aujourd'hui, avaient leurs jambes impeccables moulées dans le maillot gris perle. J'ai remarqué les deux gaillardes qui enlèvent Boléro sur leurs épaules. Je sais bien que Germain n'est pas Blowitz... mais c'est égal, il faut encore un joli biceps.

On redemande deux fois le *brindisi* à Lardinois. Oh oui ! la flamme du punch brille moins que ses yeux, mais quelle drôle de prose !

> Le punch *scintille* en reflets bleus (?)
> Sa flamme brille plus que nos yeux (!!!)

Plus loin, je note encore ce distique :

> On aperçut la bottine
> Et puis le mollet *cambré*.

Qu'est-ce que ça peut bien être qu'un mollet cambré ?

A ce moment, la salle présente un aspect bizarre. Le calorifère n'ayant pas marché, tous les spectateurs transis ont repris, qui leur paletot, qui leur fourrure ; les femmes sont emmitouflées dans leur boa.

— Ah ! monsieur ! m'a dit l'ouvreuse avec élan. Quelle chance ! A dix heures tous nos manteaux sont rendus. Je vais pouvoir aller retrouver Ludovic !

D'ailleurs, au troisième acte, Lardinois reparaît et nous sommes bien vite dégelés.

Et maintenant je rentre à pied tout le long des boulevards, pour jouir de la vue des masques.

A hauteur de la rue Rougemont, j'ai vu un cocher qui jouait du cor de chasse, et, au coin de la rue Laffitte, j'ai rencontré un homme déguisé en femme, avec un vieux jupon et des bottines éculées.

Qui donc prétendait que le carnaval était mort, ainsi que cette vieille gaieté française ? O hé ! O hé !

L'ORAGE

8 mars 1889.

Donc déjà, par les saintes images, monsieur, nous sommes de plus en plus à la russe. Concert d'Annette Essipoff, Montagnes-Russes, défilé franco-russe dans les revues, etc., etc., et comme me le disait l'autre jour le prince Troubetzkoï : « Il est vraiment bien agréable pour le moment d'être Russe à Paris. »

M. Isaac Pavlovsky et notre sympathique confrère Oscar Méténierskoff, cédant au goût du jour, nous ont donné l'*Orage*, un drame traduit d'Ostrowski. C'est un peu loin, là-bas, là-bas, au théâtre Beaumarchais, mais pour voir des Russes que ne ferait-on pas !... Pour des Bulgares je ne dépasserais pas le Château-d'Eau.

Une fois arrivé, d'ailleurs, on est amplement récompensé de ses peines. Salle très bien composée, Sarcey, Zola, Porel avec de grosses moustaches russes. Du côté des femmes, Bépoix, Marni, Marguerite Caron, Rachel Beauvais, Noémie Vernon — celle qu'on appelait Mimi aux Mirlitons, Hadamard, etc. L'absence du prince Troubetzkoï étonne, mais on m'apprend qu'il est à l'Opéra. Pour Dieu ! le czar ! la patrie !

Tout va bien.

Si j'ai compris le drame l'*Orage*, il a pour but de nous faire voir un nouveau type de belle-mère. Au Vaudeville, Mme Bonnivard nous avait montré la belle-mère française ; à Beaumarchais, Mme Kabanowa nous dévoile la belle-mère russe, celle que les naturalistes ont qualifiée de « ferox ».

C'est elle qui dit à son fils : « Recommande à ta femme de ne pas être insolente envers sa belle-mère. » — « Ordonne-lui de ne pas mettre son nez à la fenêtre. » — « De ne pas regarder les jeunes gens. » — Et à la fin, pour qu'il n'oublie pas ses ordres, elle lui lance cette phrase qui m'a laissé rêveur : « Fais-toi une entaille sur le nez. »

Disons, d'ailleurs, que la scène est éclairée tout le temps par la présence de deux femmes ravissantes dans deux types différents : Katerina (Mme Mauri) et Warwara (Mme Eugénie Nau).

La première, blonde, mince, poétique, avec de grands yeux bleus et des cheveux à la vierge sous le kakochnik national tout garni de perles ; la seconde, brune, vive, pétulante, avec des nattes qui lui tombent jusqu'au milieu du dos et une tête frisée qu'elle agite en parlant comme la pauvre Isaac Menken.

Entre temps, j'ai perfectionné mon éducation russe. J'ai vu que les hommes portaient les cheveux longs comme Barbey d'Aurevilly, et se coiffaient de petits chapeaux bas à larges bords comme les médecins dans le vieux répertoire. J'ai vu que le signe de croix se faisait en commençant par la gauche, et qu'il y avait des vieilles toquées très laides pour prédire aux jolies femmes qu'elles seraient perdues dans leur beauté, et brûleraient dans les flammes éternelles. J'ai vu enfin que les amoureux comme Boris (M. Daniel) étaient vêtus comme vous et moi de jaquettes de façon mode; enfin j'ai appris — ce que j'ignorais absolument — que la ville de Kalinov est située sur les bords du Volga.

Ajoutez à cela un excellent sucre d'orge à la menthe pendant les entr'actes..... et vous voyez que je n'ai pas perdu ma soirée.

Et, maintenant, je me remets en route...

Et le fiacre roulait, roulait toujours, et, énervé par ce long voyage, je me disais, en pensant à Déroulède et au Cosaque Atchinoff :

— Ah! voir la perspective Newski... et mourir !

Le fiacre s'arrête donc déjà et, comme perspective, je n'ai que l'avenue de l'Opéra... C'est toujours ça.

AU CERCLE FUNAMBULESQUE

11 mars 1889.

Décidément, Pierrot redevient de plus en plus à la mode, et l'on ne comprend plus le mot de Mme Guichard qui, dans *Monsieur Alphonse*, frémit à l'idée d'avoir pu épouser « ce Pierrot-là ». La nouvelle soirée que vient de nous donner le Cercle funambulesque est pour Pierrot une réhabilitation comme le *Courrier de Lyon* pour Lesurques.

Cela a commencé par la *Fiancée de carton*, une pantomime qui avait été représentée pour la première fois aux Folies-Nouvelles en 1852. Pierrot (M. Eugène Larcher) est fabricant de poupées et, chose plus grave, il va se marier. En attendant l'heure de la cérémonie, il songe aux événements de la journée ; il mime l'entrée à l'église sur une marche triomphale jouée par les orgues, puis le repas de noce ; puis le bal, un menuet qui se termine en un rigodon échevelé puis... enfin seuls ! O joie... ô ivresse !

Mais, il faut se mettre à la besogne, et, comme pour travailler, il lui manque un outil, il sort. Colombine (Mlle Sanlaville) arrive et a la fantaisie de prendre la place d'une grande poupée. Pierrot revient et — je ne sais par quelle grâce d'État — ne reconnaît pas sa fiancée et la prend pour une véritable poupée. Nouveau Pygmalion, il fait une déclaration chaleureuse à sa Galathée de carton qui, indignée, gifle l'infidèle.

Rassurez-vous. Cela n'empêchera pas la noce, car, en somme, c'est une infidélité artistique et bien platonique. Et là-dessus ils partent se marier.

Diable ! un monsieur en habit noir. Une annonce ! J'ai froid dans le dos. M. Paul Legrand est malade. Il ne pourra pas jouer le *Rêve de Pierrot*. Patatras ! — Qu'est-ce qu'il a ? demande mon voisin. — Il a soixante-treize ans. — C'est une raison. Ensuite M. Beer a encore mal aux genoux — (tiens, je croyais qu'il n'y avait que les danseuses) — et il sera remplacé dans la *Danse de Saint-Guy* par son collaborateur M. Michel Carré. Tout va bien.

La Danse de Saint-Guy est une parade imitée de *l'Amant passif*, de Collé. Léandre se déguise en malade affligé de la danse de Saint-Guy pour détourner Cassandre de donner sa fille à M. Tropoil. Vous voyez que c'est simple ; mais Mlle Marty est exquise en Colombine, et les vers sont charmants. J'ai cependant noté une phrase qui a choqué mon oreille de puriste :

« Il faudrait que je *sache*. »

Et l'imparfait du subjonctif ! Je sais bien qu'il faut une rime à moustache, mais Banville trouverait lui-même la raison insuffisante.

Enfin le véritable clou de la soirée a été la *Lune*, fantaisie pantomime en huit tableaux, de M. Beissier, musique de M. E. Audran.

Le premier tableau, *sur la terre*, représente la terrasse d'un jardin. Dans le fond la lune. Pierrot (notre admirable Cadet) est amoureux de la lune. Il lui chante une sérénade, lui envoie des baisers, tant et tant qu'il en arrive à dédaigner les avances de Colombine (Invernizzi), ravissante dans son costume de satin rose, montrant la jambe galbeuse moulée dans le bas de soie noire. Celle-ci s'en va irritée, et Pierrot, prenant son élan, pique une tête et disparaît dans la lune. Gros effet.

Deuxième tableau. — Sur la Lune. — Un jardin lunaire. Dans le coin une auberge : *Au clair de la terre*, et dans le fond notre planète. Pierrot arrive ; le voyage lui a donné faim. Il frappe à l'auberge et Invernizzi fait son apparition. Il faut voir le costume de tulle gris diaphane, dessiné par Gerbault ; la taille guêpée et ployante, les jambes fines et bien arquées se devinent sous le tissu léger. Pierrot demande à manger... Mais dans la lune on ne mange pas. On se nourrit du parfum des fleurs ; on boit les gouttes de rosée. Sapristi ! mais alors si on ne peut manger, on peut au moins aimer ? — Turlututu. Dans la lune tout est platonique. On n'a que des ivresses chastes, et c'est ce que la délicieuse ballerine mime par un pas adorable, le *pas de la pudeur* si vous voulez.

Cadet est navré. Pas de cuisine. Pas de baisers ! Il prend à nouveau son élan, et flock ! il pique une nouvelle tête dans la terre.

Troisième tableau. — Sur la terre. — Pierrot revenu sur la terrasse y trouve bon souper, bon gîte et le reste en la personne de Colombine. Il a assez de la lune, et de sa poésie creuse, et avant de partir, il prend un pinceau et écrit en grosses lettres sur le large disque de celle qui fut sa bien-aimée : ZUT ! K. D. — K. D., voilà une signature suggestive, une signature mimée.

Et pendant tout ce temps, le violon de M. Planel, la flûte de M. Lefèvre et la basse de Mlle Cossas nous noient dans des flots d'harmonie. Tous nos bravos — ô Cadet ! Tous nos baisers, ô Invernizzi.

Oh oui, Pierrot a raison. On est décidément très bien sur cette terre. On y soupe, on y aime...

Allons nous coucher !

A L'ÉDEN-THÉATRE

13 mars 1889.

A la bonne heure ! l'Eden a repris sa physionomie de jadis. Voici de nouveau l'orchestre bien installé et la grande scène majestueuse, aux perspectives immenses, sur laquelle on nous redonne de jolis ballets en attendant *Excelsior* qu'on nous promet pour l'Exposition.

Le ballet de ce soir s'appelle le *Goujon téléphonique*. Je connaissais déjà la *Langouste atmosphérique*, inventée par Hervé. Cette fois, il s'agit d'un cabaret sur les bords d'une rivière quelconque, cabaret qui a pour enseigne un goujon. Un monsieur parle dans la bouche du goujon, et correspond ainsi avec une dame qui se fourre la queue du goujon dans l'oreille. Tous les goûts sont dans la nature et le téléphone excuse bien des bizarreries.

Autour de cette auberge vont, viennent, s'agitent et dansent deux joyeuses équipes de canotiers et de canotières, une équipe en jersey bleu, et une équipe en jersey rose. J'ai même retrouvé là en costume de ville la grosse Italienne — immuable, éternelle — qui n'a pas manqué un seul ballet depuis la fondation de l'Eden. Je la salue au passage avec un respectueux attendrissement.

Le clou de ce ballet est le navire, formé de drapeaux juxtaposés, par-dessus lesquels on rame en se balançant. L'illusion est complète : un peu plus, et j'avais le mal de mer (je crois que les danseuses appellent ça : avoir mal au genou).

Je dois vous dire un mot également des marionnettes du professeur Bamard. Ses petits bonshommes sont merveilleux, et la scène du lit enchanté est désopilante. Les *Escrimeuses* sont de belles filles qui donnent bien leur coup de sabre, et les *Musical Minstrels* ont des contorsions épiques. C'est ainsi que je comprends la musique.

Enfin la soirée s'est terminée sur l'air national russe par les exercices étonnants des Circassiens. Sur leurs petits chevaux rabougris, ces cavaliers chargent en ligne, doublent par deux, par quatre, sautent à terre et à cheval, ramassent des mouchoirs au galop, se tiennent sur leur selle la tête en bas et les pieds en l'air. C'est ainsi que je comprends l'équitation.

M. Milton nous avait donné le *Paradis perdu*. M. Renard nous a servi l'*Eden retrouvé*.

BELLE-MAMAN

15 mars 1889.

On avait prévenu ceux qui avaient trouvé *Marquise!* un peu trop raide, — nous n'étions pas du nombre, — que *Belle-Maman* serait à l'eau de rose.

> Blancheur suprême,
> Blancheur de fromage à la crème,

et que Marie Magnier égalerait en suavité l'*Abbé Constantin*. Si elle a été suave !... C'est-à-dire qu'après l'avoir vue, je me sens meilleur. Mais si je commençais par le commencement...

Premier acte. — Le salon de la rue des Petits-Champs. — Milieu austère et bourgeois. Meubles empire en velours rouge; pendule étonnante « tout un monde » comme dit Berard. Sur le mur le portrait de feu Noirel en maire, avec l'écharpe sur le ventre. La porte du fond s'entr'ouvre et, par le large escalier à rampe de fer ouvragé, voici le retour de la noce. D'abord Thévenot (Noblet), tout à fait blond et ressemblant de plus en plus au petit duc. Puis le défilé très amusant des amis et des amies conviés à la noce, sans oublier le parent éloigné qui ne sait si par ce mariage Thévenot devient son neveu ou son cousin. Nous notons au passage le commandant Poulot (Libert), belle figure de soldat; Mme Filoche (Grivot), passementière en gros, belle tenue de passementière, sa charmante fille, et enfin belle-maman elle-même, Magnier coiffée à la jolie femme, avec des bandeaux plats et des boucles dans le dos. C'est la première fois qu'elle joue un rôle de maman, — pardon, — de belle-maman; d'ailleurs si jeune et si belle que le vicomte de Bardac la prend pour la mariée.

Pour nos lectrices, nous ne résistons pas au plaisir de décrire sa toilette de mariage : traîne princesse longue en drap de soie glycine (c'est beau l'érudition !) Le devant en broché blanc avec guirlande de chrysanthèmes mauves, le tout agrémenté de passementeries légères. Ce que c'est distingué, et simple, et froufroutant !

Voici maintenant la mariée Suzanne (Mlle Darlaud) en costume de voyage mastic garni de broderies blanches. Scène des adieux touchants : — car les jeunes époux partent en voyage. « — J'avais parlé d'aller en Suisse, dit Magnier, ton père m'a menée à Montmorency. »

« Tu m'écriras si tout s'est bien passé », murmure-t-elle à sa fille dans un dernier baiser.

Hé? hé? M. Sardou! Est-ce que ce mot-là n'est pas un peu raide? Il doit être de Deslandes.

Deuxième acte. — Le cabinet de la rue Saint-Georges. — Là, nous admirons un cabinet de notaire, tel que l'a rêvé l'imagination fantaisiste de Mme Noirel. Mobilier doré en tapisseries de Beauvais; tentures en tapisseries de Gênes; tableaux de Lancret; *Daphnis et Chloé*, par Henner; sur la cheminée, l'*Arlequin* de Saint-Marceaux.

Et Thévenot de s'écrier douloureusement :

— Un Arlequin dans le cabinet d'un notaire.

Sur la table, il y a un téléphone et une sonnette électrique qui fait paraître sur un simple appel tous les domestiques.

Bien entendu, belle-maman a subi l'influence du cadre. Au lieu de bandeaux plats, elle a repris la tête frisée, et les cheveux relevés sur la nuque, et a revêtu une robe de dîner ainsi conçue : traîne en velours luciole repassant sur une jupe de satin recouverte de mousseline de soie brodée et frangée; le tout nuancé et gradué comme un pastel de Latour. Aux oreilles, des perles noires grosses comme des noisettes.

Réapparition du commandant Poulot, avec son fils, de maman Filoche avec sa fille : la *ménagerie*, comme dit le premier clerc; dernière scène très ahurie, très mouvementée qui fait comprendre le mot de la fin :

— Ce n'est pas une étude de notaire. C'est une maison de fous.

Troisième acte. — Même décor qu'au second. Je note au passage un mot bien féminin :

Mme Thévenot se désole à l'idée que son mari a pu être tué en duel, et que peut-être elle ne le reverra plus.

— Bah! dit belle-maman, c'est un mauvais sujet : il s'en tirera.

— Dans ce cas, je ne le reverrai de ma vie.

Gros effet pour Noblet dans la scène où l'acte de demande en divorce se termine insensiblement par une furieuse protestation d'amour, écrite sur papier timbré et arrosée de larmes.

On fait un succès à la robe de Darlaud, en jais brodé sur dessus vert d'eau; mais j'ai gardé pour la bonne bouche le troisième costume de belle-maman : robe de pékin capucines et noir formant deux robes : la première en perles multicolores et frangée de perles assorties et graduées; l'autre, dessus en pékin drapé en biais devant, dos légèrement à traîne. (Si je comprends un mot à ce que je vous raconte là!...)

Voulez-vous le mot de la fin? On parle du vicomte de Bardac, blessé grièvement en duel :

— Le docteur n'est pas venu.

— Alors, il est sauvé.

A la bonne heure! Voilà un mot pour les familles.

Il doit être de Sardou.

Et, maintenant, je m'en retourne tout édifié. Comme Zola, l'auteur de *Marquise* a voulu lui aussi, faire *un Rêve*.

Par exemple, c'est un rêve gai; mais c'est surtout un rêve agité.

LES ERINNYES

16 mars 1889.

Quand on ne possède sur la Grèce que les renseignements fournis par la *Belle Hélène* et le *Retour d'Ulysse*, sans compter quelques vers appris au collège :

Agathos, bon, brave à la guerre ;
Amis, pot qu'en chambre on demande, etc., etc.,

on ne saurait manquer une occasion de s'instruire, et la poésie de M. Leconte de Lisle m'offrait une occasion désespérée. Je me suis donc mis en route pour l'Odéon fredonnant :

Pars pour la Grèce,
Pars pour la Grèce ;

mais j'ai bien vite compris que je n'étais pas dans la note juste, et, une fois sur la rive gauche, j'ai pris un air sérieux.

J'entre dans la salle. On a rétabli l'orchestre; parmi les musiciens, j'aperçois deux jolies harpistes avec des chevelures inspirées et, au centre, trônant sur un piédestal, M. Lamoureux lui-même. Il est très bien, M. Lamoureux, pas aussi beau que M. Colonne, mais très bien tout de même. D'ailleurs, une fois la toile levée sur un air de Massenet, j'ai constaté qu'il y en avait — des colonnes — sur la scène. Dans le fond, une campagne grecque par un effet de nuit, et devant une demi-douzaine de vilaines dames mal peignées — ce sont les Erinnyes. Elles étendent le doigt dans la pose illustrée par Gambetta sur la place du Carrousel, et disparaissent. — C'est ça. — Allez vous peigner!

Entrée de vieillards très fatigués auxquels on reproche de manquer de cœur — ce qui fait que nous n'avons pas le chœur des vieillards.

Mais un frémissement dans la salle. C'est Klytaimnestra (Marie Laurent) très imposante sous le diadème, avec la grande robe blanche et le manteau rouge brodé d'or. Regardons-la bien, la créatrice de tant de drames, celle qui perdait si bien son enfant, car dix fois encore et nous ne la verrons plus.

A côté d'elle Kassandra (Tessandier) toujours très belle avec sa robe de tulle lilas, et sa chevelure noire crespelée sous les bandelettes blanches comme celle de Salomé.

Attention :

> Le roi barbu qui s'avance, bu qui s'avance,
> C'est Agamemnon, Aga Aga memnon.

J'oublie toujours que je ne suis pas aux Variétés! Celui-là est un Agamemnon sérieux, et la meilleure preuve, c'est qu'on le tue, — oui, monsieur, — et que Klytaimnestra revient nous voir, après le meurtre, avec sa robe blanche toute tachée de sang. Brrr! une robe toute neuve!...

Pendant l'entr'acte, on nous exécute la musique de ballet composée en 1876... mais cette fois sans ballet. Moi, j'aurais mieux aimé un petit ballet, même sans musique.

Deuxième partie. — Un mausolée simple et de bon goût, autour duquel des dames voilées viennent apporter des guirlandes de glycine. J'ai surtout remarqué Parthenis et Lœna, — Kallirohé et Ismena, la brune et la blonde, charmantes toutes deux. Elles entourent Elektra (Mme Segond-Weber), qui, avec sa tunique noire, brodée d'argent, et ses bandeaux plats, s'est fait, à s'y méprendre, la tête de Rachel. Elle nous explique la dernière pensée de Weber, et se jette dans les bras d'Oreste (Mounet).

> C'est avec ces dames qu'Oreste
> Fait danser l'argent à papa.
> T'sim là, là !

Non, ce n'est pas ça du tout. Cet Oreste la tue, sa mère, — un peu comme le Parlement supprimant le scrutin de liste, — sa mère Klytaimnestra, qui avait tué son père. Horreur !! Vois-tu bien ce poignard ? — Et quoi ? Il est teint ? Et de quoi ? Du sang ? Eh de qui ? — De ton père. — Ah ! ah ! ah !!

Tout cela en vers, bien entendu. Nous sommes bien loin de la *Belle Hélène;* mais, par les Dieux immortels, Mme Marie Laurent sait rudement bien mourir !

Et maintenant je connais la Grèce comme ma poche, si bien qu'avant de me coucher, je monterais sans terreur tailler un petit bac au Péloponèse.

NOS AIEUX

18 mars 1889.

Bon théâtre le Palais-Royal pour les soiristes!... Alors qu'on nous convoque ailleurs tous les quinze jours et quelquefois plus souvent, chez MM. Mussay et Boyer, on y met de la discrétion. Il y avait plus de trois mois que je n'avais gravi l'escalier de fer de la Montansier. Un moment j'ai cru que je me perdrais en route. Je ne savais plus le chemin!...

Le premier acte de *Mes aïeux* nous montre une salle de château avec les portraits des ancêtres, tous depuis le seigneur des Ardoises, chef des Incas, qui épousait sa femme sur une place publique, jusqu'à Enguerrand des Ardoises, couvert d'une armure qui faisait nuit et jour un bruit épouvantable..., ce qui ne l'empêchait pas d'être huit fois père.

Voici maintenant la châtelaine Marcelle (Davray), charmante dans sa robe de sicilienne grise garnie de franges de jais, et sa bonne figure si franche, si loyale, si honnête. Oh! non, ce n'est pas une femme comme cela qui tromperait son mari!

Je n'en dirais pas autant de son amie Lucy Beaucastel (Froment), une fine mouche, avec des yeux gigantesques et une frimousse éveillée qui a le don d'inspirer le jeune Adhémar (Galipaux). Très « dans le train » aussi ce dernier avec son paletot mastic laissant dépasser le pan d'habit, sa canne gigantesque, et son argot de joueur lorsque le seigneur des Ardoises lui demande :

— Savez-vous ce que c'est qu'un roi ? Il répond sans sourciller : Un roi, c'est une bûche.

Au fond, des Ardoises (Daubray) est le seul qui ait la tradition et le culte du passé. Il faut le voir avec son jabot et ses manchettes de dentelle, sa redingote à collet de velours, sa petite mèche teinte en noir et isolée sur une tête toute blanche, et surtout, surtout son melon gris argenté qui a mis toute la salle en joie. Et quelle noblesse quand, montrant la porte d'un geste noble à la comtesse, qu'il croit coupable, il lui dit ce beau vers :

Mes aïeux ont parlé. Je ne vous cognois plus.

Deuxième acte. — Un petit salon très élégant tout tendu en satin rose; portière en peluche, lustre de Venise et, dans le fond, deux tableaux : *Danaé* et *Vénus et Léda*.

Signalons aussi un certain *rideau-annonce* en satin riche mais couvert d'affiches « à l'usage des personnes qui reçoivent beaucoup ».

C'est à cet acte que nous voyons paraître sous les traits de Mme Leprince Mme Fournier, la nouvelle duègne du Palais-Royal. Elle vient de la Comédie-Française, s. v. p., et fait des révérences avec la grâce de Mme Arnould-Plessis. Mais c'est égal : O Mathilde, idole de notre âme, comme nous te regrettons ; et comme ta vraie place serait là, au milieu de ces comédiens qui t'ont tant aimée !...

Ne nous attendrissons pas, et notons plutôt pour nous distraire le mot de Chamberlan (Milher) fabricant de bœuf salé de l'Amérique du Sud :

— J'ai là-bas 30,000 chevaux. C'est avec ça que je fais du bœuf.

Il oblige Mme Leprince à une promenade à cheval.

— Je suis bien à plaindre, dit cette dernière (qui, par parenthèse, garde pour cet exercice une robe décolletée en peluche saumon !!!)

— Et le cheval! réplique Chamberlan.

Troisième acte. — Nous revenons au château et nous y admirons un menu catapultueux préparé par un maître d'hôtel. J'y note au passage des « salsifis cruelle énigme », qui feraient bien plaisir aux pessimistes.

Ce maître d'hôtel est pris pour un avocat.

— C'est un avocat... d'office, dit l'incorrigible Adhémar.

Inénarrable aussi la conversation d'Adhémar avec la jolie Louise Beaucastel.

— Mais si je trompais mon mari, dit celle-ci, j'aurais des remords.

— Parfait, riposte Adhémar. On se dit : j'ai des remords, et comme ça on est en règle avec sa conscience. Alors on marche.

— Ah! vous êtes une fière génération!

— Oui, une génération... spontanée.

Je ne puis pas vous raconter tous les mots, parce

que cela me ferait rire, et quand je ris j'écris encore plus mal que d'habitude.

Aussi je me contente pour finir de vous citer celui que j'ai entendu à la sortie, mais qui n'est pas de MM. Clairville et Depré.

Un monsieur très pressé descendait l'escalier en partant.

Il bouscule une vieille dame de ses amies :

— Quelle agilité! dit celle-ci avec aigreur. Cher monsieur, vous tenez du singe.

— Chère madame, vous dites vrai! dit le monsieur en serrant affectueusement la main de sa digne amie.

LA PATRIE EN DANGER

19 mars 1889.

On avait beaucoup parlé de cette *Patrie en danger*, comme une des nouvelles merveilles contenues dans le grenier Goncourt — le grenier inépuisable — aussi la salle était-elle très bien composée. Chaque parti avait envoyé ses représentants les plus autorisés.

Dans l'avant-scène, la princesse Mathilde représentait le parti impérialiste.

Aux fauteuils, le prince Henri d'Orléans représentait la monarchie.

Le docteur Clémenceau personnifiait une nuance du parti républicain, tandis que le parti national avait délégué M. Dugué de la Fauconnerie.

Enfin le parti des femmes aimables était représenté par Mmes Pepa Invernizzi, les sœurs Vrignault, Bépoix, Mathilde Deschamps, Depoix, Cigale, Odette Delpré, etc., etc.

Acte premier. — Le 14 juillet 1789. Salon Louis XV où nous assistons à une conversation intéressante entre le comte de Valjuzon (Laury), sa sœur la chanoinesse (Mlle Barny), Blanche de Valjuzon (J. Varly), charmante dans son costume du temps ; puis un précepteur Boussanel (Antoine), vu de dos.

Cette conversation est troublée par l'arrivée de Perrin (Mevisto), annonçant la prise de la Bastille... par Géraudel.

Deuxième acte. — La nuit du 9 août 1792. Nouvelle conversation dans une chambre moins bien meublée. Plus de poudre, plus de bas de soie. On voit que cela commence à aller mal. Le comte de Valjuzon a un mot assez joli :

— Je jouis d'une impopularité... populaire.

Pendant tout cet acte, on entend à la cantonade le bruit de la prise des Tuileries par la populace, mais la mousqueterie, je dois le dire, est bien mal imitée.

Édouard Philippe, qui s'y connaît, se penche vers moi et me dit avec un sourire de mépris :

— Ça des détonations !... J'ai cru qu'on battait des tapis.

Troisième acte. — Verdun. Effet de nuit et conseil de guerre comme dans le *Duc d'Enghien*. Le général Perrin ne veut pas capituler malgré l'invasion de la foule qui envahit avec une telle conviction que j'ai craint un moment que les figurants ne nous tombassent sur les genoux par-dessus la rampe.

Gros effet.

Au moment de la chute du rideau, une dizaine au moins de ces énergumènes se sont trouvés pris en dehors de la scène. N'importe ! comme Trochu, Perrin n'a pas capitulé.

Quelques personnes prennent à ce moment leur paletot et s'en vont en disant :

— Moi, je capitule.

Quatrième acte. — Fontaine près Lyon. Une auberge ressemblant à la plupart des auberges, mais où le comte de Valjuzon, déguisé, nous parle d'une âme sans culotte (!!!). Il y a aussi Mlle Blanche, qui dit à Madeleine : « Par ces temps de révolution, on ne reste pas longtemps jeune fille » (?).

Cinquième acte. — Le préau de Port-Libre. Cour carrée représentant l'intérieur d'une prison. Au centre, un gros chêne.

— Ce serait un bel arbre de la liberté... s'il était ailleurs qu'ici, dit le toujours farceur comte de Valjuzon.

A noter aussi ce mot, qui sent bien la crânerie élégante de l'époque : « Mais arrivez donc, mon cher chevalier, la société élégante diminuait ici chaque jour (joli euphémisme pour monter à la guillotine); grâce à vous, on va pouvoir reformer une coterie. »

Superbe aussi le mot de la vieille chanoinesse à la foule qui lui crie hurlante : « A la guillotine! »

— Eh bien, on y va, canaille !

En somme, tous les personnages de la pièce sont guillotinés. Je ne saurais trop indiquer ce dénouement radical aux auteurs qui ne savent que faire de leurs personnages au dernier acte.

En sortant, j'ai rencontré M. Antoine : il était triste :

— Comprenez-vous ça? m'a-t-il dit navré. Il y a

depuis quelques jours un nouveau « *monsieur Antoine* » dont tous les journaux parlent, et ce *monsieur Antoine* n'est pas moi ! C'est un Alsacien, un député du Reichstag, qui vient ainsi me voler ma popularité !

Puis il m'ajouta d'une voix sombre qui semblait sortir de son dos :

— Citoyen ! Le Théâtre-Libre est en danger !

MES ANCIENNES

22 mars 1889.

Nous connaissions déjà l'homme au masque de fer, le général Wellington dit le duc de fer, M. de Bismarck le chancelier de fer, etc..., mais nous ne connaissions pas la *troupe de fer*. Or, j'ai appris cette semaine, à ma grande surprise, qu'il y avait aux Variétés une troupe de fer... Oui, monsieur, une troupe de fer qui a pris le chemin du même nom dans la direction du Caire... et il ne nous reste plus qu'une troupe en chair et en os, en chair surtout si j'en juge par les aperçus appétissants de la gracieuse Rosine (Mme Lender).

Le premier acte nous montre un hôtel situé sur une plage inconnue..., quand je dis inconnue, j'ai déjà vu cette mer-là dans *Niniche*, mais elle ne m'en a pas moins fait plaisir.

— Les gens chic ne sont pas encore arrivés, dit le garçon de l'hôtel (Duplay), ce qui semble peu flatteur pour les autres voyageurs.

Comment, pas chic Crouzet, pas chic J. Cléry, qui

a le droit de s'appeler J. Cléry. Ah mais!... pas élégante Berthe Legrand, notre vraie Berthe Legrand, des Variétés ; pas élégante Lender, avec robe Pompadour à gros bouquets et son immense chapeau de paille !

Il n'y a pas jusqu'au baron de Boiscorbin (Raymond), qui n'ait aussi une certaine élégance, mais je persiste à réclamer des moustaches dans des rôles de barons modernes, et si je dis toujours la même chose, c'est que, hélas ! c'est toujours la même chose.

J'ai l'habitude de citer les mots d'esprit..., mais je me réserve pour le second acte.

Deuxième acte. — Un salon élégant. Nouvelle toilette extra-catapultueuse de Rosine. Robe bleu de ciel avec guirlandes de soie brodée vieil or ; volants de dentelles vieil or — et décolletée — et un croissant de diamants dans les cheveux. Oui, ma chère ! Et tout cela en plein jour ! Enfin, moi, je veux bien.

Cet acte est celui de l'imbroglio de l'état civil. Balzac lui-même s'y perdrait. Ce qu'il y a là dedans de frères qui deviennent les époux de leur tante, de gens qui sont les beaux-frères de leur cousine, sans compter Saint-Florent qui ressemble tellement à sa sœur que s'il s'habillait en femme, on l'appellerait Marguerite... Oh ! ma tête ! ma pauvre tête !... Au milieu de tout cela détonne de temps à autre le cri très drôle de Boiscorbin (Raymond) disant : « Elle se corse, ma famille. »

Très admiré le beau manteau de voyage marron garni de thibet arboré par Mme de Boiscorbin.

Et les mots d'esprit du deuxième acte ?... Heu ! heu !... si vous voulez, je réserverai mes citations pour le troisième.

Troisième acte. — Au château de Boiscorbin. Panoplies moyen âge ornées de revolvers (*sic*). Poursuite, pétards, fusillade; la salle s'emplit de fumée. C'est une pièce militaire. Quand la fumée se dissipe, j'aperçois Boiscorbin jouant une longue scène de folie. Est-ce Raymond? Est-ce Hamlet?... On ne sait plus.

Et les mots d'esprit du troisième acte? Il y en avait des masses et j'aurais bien voulu vous les citer, mais le bruit de la mousqueterie m'a empêché de les entendre... Ce sera pour la prochaine... pièce.

La foule s'écoule en commentant les péripéties de cette amusante soirée, et je constate que si la troupe de fer est partie, du moins le rideau de fer est resté.

LES POMMES DU VOISIN

3 avril 1889.

Le lendemain même de la première de *Belle-Maman*, M. Victorien Sardou arrivait au théâtre Cluny, avec ses fourrures, son cache-nez et son béret (lui aussi!) et surveillait les répétitions de cette pièce qui eut jadis tant de succès au Palais-Royal.

Oh! les souvenirs de Geoffroy, de Lhéritier, de Gil Perez, de Lassouche, sans oublier Honorine, la fameuse Honorine qui jouait le rôle de la terrible Paola! Pour des souvenirs écrasants, ce sont des souvenirs écrasants. Eh bien! l'auteur a été étonné et ravi des éléments qu'il a trouvés au théâtre Cluny. M. Veret, qui ressemble de plus en plus à Daubray, nous a montré un La Rosière bonhomme, rond, et ahuri à souhait. M. Dorgat est un mari très com... battu, comme dit Sonadieu, et M. Numas, bien que ressemblant moins à Ravel que d'habitude, à cause des moustaches, nous a montré un de Puyseu très élégant.

Du côté des dames, c'est Félicia Mallet, — vous savez la *Barbe-bleuette* si vibrante, si nerveuse, qui a hérité du rôle de Paola. Elle porte bien le travesti, parle espagnol comme si elle avait dîné à Madrid, et fume sans pâlir de gros cigares qu'elle allume avec des allumettes frottées préalablement sur sa manche. A Séville, c'est le dernier cri. Mais pourquoi des cheveux si longs ? Il n'y a plus que le maréchal Canrobert qui arbore une chevelure semblable, et encore c'est parce qu'elle appartient à l'histoire. N'oublions pas non plus la gentille Nancy Bertin, tout à fait exquise, sous le madras rouge de la servante Colinette.

Le troisième acte, sur les toits, a produit son effet de fou rire. Cette poursuite inénarrable, avec dégringolade sur les gouttières, bris de clôture, lutte avec marmitons, chute dans la rue et l'apparition finale du gendarme, glissant avec ses bottes et se prenant les pieds dans son sabre, est certainement un des spectacles les plus amusants qu'il soit possible de voir. A la rigueur, cela pourrait très bien se passer de paroles. Mais le rire est irrésistible. J'en pleure encore.

Aussi c'est avec des yeux mouillés de larmes que j'ai vu le dernier acte avec cet aubergiste étonnant qui veut à tout prix caser son morceau de veau. Et le veau cuisait toujours!... et La Rosine chantait d'une voix lugubre : gai ! gai ! toujours gai ! et l'accumulation des crimes allait en *crescendo*. Tout cela était bien drôle.

...Pourvu toutefois que nous ne venions pas à apprendre demain que la pièce est tirée d'une chronique de M. Raymond Deslandes !

LES MARIS SANS FEMMES

8 avril 1889.

Pas commode l'arrivée devant les Menus-Plaisirs. On est en train de bouleverser le boulevard de Strasbourg ; il y a des fossés, des talus, des barricades de pavés. Ça vous a un petit air émeute qui fait plaisir à voir... Mais ne parlons pas politique — le Sénat nous guette — et occupons-nous simplement des *Maris sans femmes*.

Une jolie salle ; dans les avant-scènes, Théo avec cousine Isabelle, la Laus, Valtesse retour de Nice avec son amie Miroy, çà et là Invernizzi, Depoix, Marguerite Caron, Marie Bergé, Devoyod, Angèle Renard, Marni, etc., etc. On a supprimé l'orchestre, ô Lagoanère, et où vous veniez si élégamment, apparaissent maintenant des spectateurs le cou tendu dans la pose des énervés de Jumièges.

Le premier acte nous montre une salle de mariage. C'est très simple : Vous prenez comme décor une église, une cathédrale, un vieux château, n'importe quoi ; vous y installez le fauteuil en cuir et le bureau du secrétaire du théâtre; en face, deux rangs de fauteuils et vous avez une salle de mariage.

Une des mariées (Félicie), c'est Mlle Freder. Vous savez, celle qui a ce fameux petit nez tourné à l'imprudence... enfin, ça n'avait pas d'inconvénients : il ne pleuvait pas dans la salle. O critiques de l'avenir, retenez bien ce nom : Mlle Freder, et vous verrez que petite étoile deviendra grande. Moi aussi j'ai du nez.

La seconde mariée (Clotilde), c'est Mlle Luce Colas souvent applaudie au Théâtre-Libre; elle a été libre de rester au théâtre, et ce n'a pas été pour nous un menu plaisir.

Un des mariés (Marjolet), M. René Dubos, vient de Cluny où sa moustache blonde accrochait tous les cœurs de la rive gauche; l'autre conjoint (Bonnard) n'est autre que Germain — jeune, et blond comme les blés.

Une veuve, Mme Bénévol, dit :

— Mon mari m'a rendue bien heureuse.

— Souvent?

— Pendant quatre ans.

Le deuxième acte a lieu dans une chambre à la campagne ornée de cretonne à bouquets gais. On s'y bat tout le temps. Sauf la poudre, j'ai cru que c'était une scène de la *Prise de Pékin*. A la fin de l'acte, pas très applaudi, dansé par Duclos et Germain; nous pourrions l'appeler : *le pas de la délivrance*.

Au troisième acte, tout le monde est en manches de chemise. Ne me demandez pas pourquoi. Je serais obligé de vous dire qu'on vient de chez la cocotte

Irma, et l'on sait que chez les cocottes on est toujours en manches de chemise. Cette fois, le mariage a lieu dans un simple salon. Un juriste me fait observer que le maire ne se transporte chez le particulier qu'*in extremis*. Oh! ces juristes.

Et maintenant que ces mariages sont recollés, je me demande pourquoi, — étant donné le sujet de la pièce, — on n'a pas donné le rôle du maire à Montrouge.

C'était indiqué.

RÉVOLTÉE

9 avril 1889.

Certainement j'aurais bien aimé que *Révoltée* fût reçue à la Comédie-Française; d'abord parce que j'aime beaucoup Jules Lemaître, un styliste des plus délicats... et ensuite parce que, par ce temps affreux, la route eût été bien moins longue que pour aller à l'Odéon. Il est si ennuyeux le boulevard Saint-Germain!... Enfin, puisque Claretie l'a voulu, embarquons-nous sous les rafales.

La tempête n'a pas empêché d'ailleurs un public très élégant — un public académique — de remplir la vaste salle. On sait, en effet, qu'il y aura du nanan. Voici dans l'avant-scène la comtesse de Martel; dans une baignoire, Mme Aubernon; la comtesse de Loynes très entourée; Mmes Lipmann, Maxime Dreyfus, Hochon Jolivet; çà et là Théodore de Banville, colonel Lichtenstein, prince Troubetzkoï, Lalou, etc., et la plupart des actrices en vacance.

Premier acte. — Chez la comtesse de Voves (Tessandier), salon élégant où nous voyons défiler les personnages dont quelques-uns sont de véritables portraits qui amusent beaucoup le public.

Voici d'abord cette bonne Mme Herbaut (Samary), vive, pétulante, bonne, enjouée, ne songeant qu'à ses comédies et à son salon littéraire. Et pendant qu'elle parlait, les initiés se retournaient vers une certaine baignoire où *la vraie* Mme Herbaut souriait de bonne grâce et applaudissait à tout rompre en femme exquise et intelligente qu'elle est. Voici Barillon (Cornaglia), sous la perruque de Renan, ce philosophe aimable qui a daigné trouver un jour que la beauté valait peut-être la vertu. M. de Brétigny (Calmettes) représentant « le Léotard des classes dirigeantes », défendant en style fleuri le Cirque Molier dont il est un des plus robustes clowns. Quant à la révoltée Hélène Rousseau, c'est Mlle Sisos, fine, élégante, parisienne jusqu'au bout des ongles dans sa jolie robe de satin vert d'eau à bandes noires.

— Vous êtes pessimiste, lui dit Barillon.

— Oui, mais ce qui m'ennuie c'est qu'il y a tant d'imbéciles qui le sont, répond Mme Rousseau.

Pendant l'entr'acte, vive altercation au foyer entre M. V., neveu d'un journaliste connu, et M. M., autre journaliste également très connu. Le second aurait dit dans son journal que l'oncle du premier était parti pour Bruxelles avec sa maîtresse... alors qu'il n'était accompagné que de sa nièce. Le neveu souligne sa réclamation de menaces de pugilat. On sépare les adversaires et on les calme. Tout est bien qui finit bien.

Deuxième acte. — Chez Mme Herbaut. Un salon de biais très bien planté, que j'avais admiré jadis — si ma mémoire est bonne — dans *Numa Roumestan*. Au fond, une vitrine remplie de bibelots et un paravent chinois façon riche. Gros succès pour le gommeux Gontran (Gauthier), très vrai, très nature... Mais qu'il me permette de lui dire que le monocle est un peu démodé. C'est empire.

— Ah! dit-il, l'auteur donne à son héros un tilbury, comme dans les romans de Balzac.

— Vous les avez lus ?

— Jamais de la vie. Rien d'absurde comme les littérateurs quand ils s'occupent des gens du monde.

— Rien de bête comme les gens du monde quand ils s'occupent de littérature, lui riposte Mme Rousseau.

Très imposante la robe de peluche vert-émeraude de la comtesse de Voves; très admirée aussi des femmes la robe de Mme Rousseau, rose avec garniture de pampilles sur une seule épaule; décolletage juste à point; on n'a pas donné de *coups de... Sisos* de trop.

Enfin, la scène d'altercation entre les deux hommes (Dumény et Calmettes), l'un si vibrant dans sa colère contenue; l'autre si correct dans sa froideur d'homme bien élevé, provoque une triple salve d'applaudissements.

Troisième acte. — Chez Mme Rousseau. Costume d'intérieur simple, mais élégant; robe tourterelle à parements brodés sur jupe blanche également brodée. A propos, si je vous présentais M. Rousseau, le mari « pas élégant », avec barbe inculte, cheveux à la diable et redingote achetée au coin du quai.

Quelle tendresse dans son explication avec sa

femme! Quelle dignité en se retirant. On lui fait une ovation, qui dure au moins trois minutes.

Quatrième acte. Le décor du premier acte. Dumény est très bien en blessé, très intéressant et sympathique. C'était mon frère ! C'était ma sœur! C'était ma mère! Et la révoltée se soumet avec une bonne grâce que nos gouvernants ne sauraient trop conseiller comme exemple à l'exilé de Bruxelles.

Entendu à la sortie :
— Quelle jolie langue! quel style, quel français! Jules Lemaître nous a parlé de Molier... Mais c'était pour nous faire songer à Molière.

Et, maintenant, à mon tour de faire amende honorable. J'ai parfois grinché à l'idée de me rendre à l'Odéon; le boulevard Saint-Germain est si long, si ennuyeux!... Mais si M. Porel me promet chaque fois de me servir une pièce comme celle de ce soir, je promets de ne plus être un *Révolté*.

MONSIEUR MA FEMME

13 avril 1884.

Je ne sais si l'année 1889 sera l'année du Centenaire, mais elle sera certainement pour les théâtres l'année des belles-mères. On a étudié les diverses classifications de la race au Vaudeville, à Beaumarchais, au Gymnase; le Palais-Royal apporte à son tour son document... féminin avec la *belle-mère-homme*, celle qui remplit le rôle du taureau vis-à-vis du gendre, chargé des fonctions de toréador, et, pendant ce temps-là, le mari, commodément assis dans la tribune, marque les points.

Je ne vous parlerai pas du salon du 1er et du 3e acte, vous les connaissez; ni des deux chambres à communication du 2e acte — déjà admirées dans les *Petites Voisines;* l'administration a seulement fait les frais d'une gravure représentant Hercule aux pieds d'Omphale, et comme dit Dailly « ça devait être sa belle-mère, puisqu'il a filé ».

Mais l'événement de la soirée était la rentrée du bon Pellerin (Bougival), qu'on revoit toujours avec plaisir, car il est le seul qui reste maintenant du vieux Palais-Royal, dont il a gardé toutes les bonnes traditions. Il y a bien encore Luguet, qu'on revoit de loin en loin, mais où sont ses camarades Geoffroy, Lhéritier, Hyacinthe, Priston, etc., etc.

Et puis, en même temps, nous avons eu la joie de revoir, sous les traits de Mme Malenbrèche, Mathilde, Mathilde elle-même — Mathilde idole de notre âme — qui refoulait enfin les planches de ce petit théâtre qu'elle n'aurait jamais dû quitter. La voilà revenue avec sa prestance imposante, ses robes flottantes et ce large sourire qui...

... Le secrétaire de rédaction me talonne, me disant qu'il est envahi par les annonces, et, se jetant à mes genoux, me supplie avec des larmes de remettre à demain la suite de mes impressions.

Je cède... Mais vous ne savez pas ce que vous y perdez!...

MAITRE GUÉRIN

15 avril 1889.

On nous avait dit : Vous savez, la pièce a eu un immense succès sous l'Empire. Alors, il y a si peu de pièces qui ont eu du succès sous la République que nous sommes mis en route pour la Comédie-Française avec une vraie joie.

Salle très *moderne* : tout le gouvernement et tout l'islamisme ; bref, ce que nous avons de mieux aujourd'hui comme tout Paris des premières.

Le premier acte est écouté un peu froidement. Cependant, longue ovation à Guérin (Got) lorsqu'il apparaît avec son gilet de satin noir, sa toque de velours et sa redingote de notaire vieille roche. La jambe traîne un peu, mais l'œil est bon ; la voix est restée tonitruante, et toujours ces hochements de tête d'une si terrible énergie.

Le deuxième acte nous montre un intérieur bien patriarcal : vases d'albâtre sous des globes. Mme Guérin (Pauline Granger), admirable de simplicité bourgeoise dans sa robe mauve. Cette femme-là doit admirablement réussir les soufflées à la vanille. D'ailleurs, peu de costumes à vous décrire. Mᵐᵉ Lecoutellier (Pierson) est charmante dans sa robe vieux rose avec écharpe de dentelle noire... Mais elle la garde pendant quatre actes. Francine (Baretta) n'a également, comme Musette, qu'une robe gris-sauterelle avec broderie blanche. Tout cela est d'une simplicité biblique.

A un moment donné, Arthur (Baillet) dit : « Le jour où tout le monde saurait lire, il n'y aurait plus de gouvernement possible. »

Il me semble que ce jour de gloire est arrivé.

A la fin de l'acte, le domestique annonce : « La soupe est sur la table. » Il paraît que c'est ainsi qu'on annonce dans le notariat.

Au troisième acte, dans la jolie maison de campagne si fleurie et si ensoleillée, le public dégèle un peu ; on fait un gros succès à Mᵐᵉ Granger, si simple, si vraie et si émouvante.

Au quatrième acte, au château de Villetaneuse, en dépit des éclats de voix du savant toqué (Laroche), je crois que la glace reprend un peu, mais heureusement que le cinquième acte nous cause de douces surprises. Et moi qui prétendais qu'il n'y avait pas de costume ! Nous avons eu inopinément l'apparition de Louis Guérin (Worms) en lieutenant-colonel d'artillerie de la garde impériale, grande tenue de service. Vous voyez cela d'ici : colback à flamme, spencer noir à tresses d'or, fourragère, etc., etc.

Ah ! mes enfants, ce que nous avons été surpris à

l'exhumation de cet uniforme antédiluvien ! Je sais bien que Louis Guérin va dîner chez le général, mais il n'était pas nécessaire pour cela de mettre sa jugulaire.

Le papa Guérin n'est pas, d'ailleurs, autrement étonné par cette quincaillerie, et dit : « Il croit m'effrayer avec ses moustaches ! J'en aurais plus que lui si je les laissais pousser ! »

A noter aussi le mot : « Je tourne la loi ; donc je la respecte. » La toile se baisse sur la gracieuse apparition de la bonne Françoise (Rachel Boyer). C'est elle qui aura désormais les clefs, et avec ses yeux-là ça ne m'étonne pas : la clef de la cave et la clef des cœurs.

Entendu à la sortie :
— C'est bizarre comme un sujet change quand on le transporte du livre au théâtre. J'avais lu *le Cas de M. Guérin*... Eh bien ! je n'ai plus du tout reconnu le roman.

LENA

16 avril 1889.

M. Francis Philipps (qu'il ne faut pas confondre avec notre Édouard Philippe) est un monsieur grand, maigre, un Clémenceau jeune qui, bien qu'à peine âgé de quarante ans, a déjà fait un peu de tout. Il a été à l'école militaire de Sandhurst; il a été lieutenant au 2ᵉ Queen's Royal Regiment; il a été avocat; enfin — et c'est ce qui nous intéresse — il a été romancier et a écrit un livre intitulé : *Comme dans un miroir*. Mᵐᵉ Van de Velde, fille de l'ambassadeur d'Italie à Berlin, en a tiré une pièce qui a été représentée plus de 180 fois à l'Opéra-Comique de Londres — théâtre ainsi appelé parce qu'on n'y joue que des comédies. L'actrice qui jouait en Angleterre le rôle de Léna s'appelait — et coïncidence assez curieuse — également Bernard : Miss Bernard Beere. Et maintenant que j'ai fait parade de ma petite érudition, je vais vous parler de l'adaptation faite par Pierre Berton, c'est-à-dire de la soirée des Variétés.

En entrant dans la coquette salle de M. Bertrand, nous sommes un peu dépaysés : plus d'orchestre !

Là où trônait depuis des années Marius Boulard, deux rangs de fauteuils. Çà et là, au balcon et dans les loges, ce je ne sais quoi de rastaquouère et d'exotique qui caractérise le pont d'un paquebot.

Au milieu de ces figures inconnues, j'arrive cependant à retrouver le prince de Sagan, le comte de Dion, Lozé, Paul de Rémusat, Georges Lebey, de la Charme, Meilhac, Halévy, Maurice Dreyfus, Gustave de Borda, Georges Legrand, Ganderax, prince Troubetskoï, Nicolopoulo, etc., etc.; du côté des artistes, Théo, Brandès, Marsy, Invernizzi, Linder, Malvau, Brindeau, qui porte sur la poitrine une petite montre retenue par un nœud en diamant, ce qui forme une décoration très originale; Depoix, Bianca, etc., etc.

Trois coups de bâton et un coup de sonnette : ça remplace les ouvertures de jadis, et la toile se lève sur un très joli décor. Une salle rappelant un peu l'ancien hôtel de Sarah, avenue de Villiers. Cheminée immense, avec landiers en fer portant de gigantesques bouquets roses et lilas; dans le fond un grand escalier avec vitraux de couleur. Ameublement, tapis, canapés en bois découpé, tout est strictement anglais. Y compris le domestique poudré et correct, avec livrée rose et aiguillettes. Dans ce milieu évoluent des jeunes gens en lawn-tennis jacket, flanelle blanche rayée, chemise de soie et pantalon retenu par la ceinture multicolore.

Entrée à sensation de Sarah en costume de visite du matin. Chapeau en dentelle blanche dite Kate-Greenaway, orné de bluets, robe longue en soie soufre formant blouse, avec taille dessinée sous le ventre par un simple ruban de satin blanc, noué négligemment. Longue ovation qui dure au moins trois minutes. Elle est toujours très bien, notre Sarah, un peu engraissée ; des cheveux moins crespelés que jadis et d'un blond plus naturel. A côté d'elle, en visite, lady Gage (Grandel), lady Daner (Vallot) — n'oublions pas que nous sommes en Angleterre — et enfin une Française, Lucie (la jolie Renée de Pontry), une camériste roublarde, fine et intelligente comme notre capitale seule sait en produire. Admirable le mouvement d'épaule en remontant l'escalier.

Acte deux. — Un salon : grande symphonie en rose majeur ; draperies de satin rose, fauteuils de peluche rose, chevalet garni de soie rose. Ah ! feu le duc de Brunswick serait bien content. Cette fois Sarah est en robe *at home* toujours forme blouse, faille sur vert d'eau, avec receinture byzantine formée de turquoises orientales juxtaposées. Est-ce que vous aimez beaucoup ces ceintures-là ? Enfin, c'est très suggestif. Mais, me direz-vous, vous ne nous parlez jamais que de Sarah. Que voulez-vous ! elle est toujours en scène ; il n'y a qu'elle. C'est à cet acte-là que Léna devait dire, à ce que m'a conté M. Philippe :

— J'ai fait sauter la banque et je vais payer tous mes créanciers.

Et Berton (Fortinbras) répondait :

— Ça va bien les étonner.

Le passage a été coupé, et je le regrette, car c'eût été un effet certain. On l'a remplacé par celui de la partie de cartes où Berton se taille un gros succès en faisant sauter la coupe.

Troisième acte. — Salon élégant, dans lequel je n'ai pas grand'chose à vous signaler, sinon d'immenses bouquets de lilas naturels, et un magnifique coq en bronze sur la table. Pourquoi ce coq ? Voulez-vous la troisième toilette de Sarah pendant que nous y sommes : Robe de damas rose broché, sur tablier de dentelle d'or, corsage à revers de velours rose. Ce que c'est joli et froufroutant !... Mais toujours la ceinture un peu bas et un peu lâche. Il y a à la fin un « Je t'adore ! » lancé d'une voix vibrante en se jetant au cou de lord Ramsay qui enlève la salle. Mon Dieu ! que j'aimerais donc être embrassé comme cela !

Quatrième acte. — Au château de Ramsay. Intérieur anglais : grande vitre couverte de neige donnant sur une campagne également toute blanche. Dehors il fait froid, mais ici il fait bon et l'on s'aime. Oh ! la figure de Sarah, tandis que Fortinbras explique qu'elle est à lord Ramsay ! Sur cette face convulsée aux yeux dilatés par l'épouvante, passe successivement la crainte folle, le désespoir, l'espérance, l'allégresse, toute la gamme des passions humaines. C'est merveilleux.

Mais, au fond, en spectateurs féroces que nous sommes, nous attendons tous la mort de Sarah. On nous a promis une belle mort, et nous ne pouvons pas aller nous coucher sans cela. Nous trouvons même qu'on nous fait un peu languir. Enfin, ça y est. Léna ferme les portes, avale un flacon de laudanum, s'essuie les lèvres le plus tranquillement du monde ; puis d'un pas lent, déjà titubant, va s'asseoir devant un album pour y écrire une suprême pensée ;

mais l'engourdissement arrive et sa tête tombe. Elle se raidit, se relève, se traîne jusqu'au portrait de lord Ramsay, le prend, l'embrasse, puis le portrait tombe sur le tapis, et Léna se renverse en arrière, la face immobile.

Lord Ramsay, qui a réussi à enfoncer la porte, se précipite, touche Léna, qui roule à terre, comme une masse, foudroyée. C'est simple, et cela produit un effet inouï. Tout Paris voudra voir cette mort-là.

Bravo! bravo! et encore bravo! notre grande Sarah enfin revenue. N'est-ce pas que nos applaudissements valent bien ceux des Américains et des Anglais?

D'ailleurs, à la fin de la pièce, nous n'avions plus l'air de Parisiens... Nous étions tous déguisés en... *romains.*

MENSONGES

18 avril 1889.

Pour des répétitions mouvementées, ç'a été des répétitions mouvementées. La pièce ne devait avoir que trois actes ; peu à peu elle en a eu cinq et dix tableaux, bientôt ramenés à six. Par suite de je ne sais quel phénomène, chaque jour le rôle de Suzanne Moraines augmentait, tandis que celui de Colette Rigaud diminuait ; celle-ci, qui devait paraître dans le sixième tableau, apprenait, les derniers jours, qu'elle cédait la place à sa camarade ; enfin, à la suite de la répétition générale, à deux heures du matin, les auteurs se décidèrent à couper complètement ce sixième tableau, un épilogue champêtre où René Vincy, revenu à la vie, laissait espérer qu'il épouserait la petite Offarel. Ouf ! Le tout entremêlé de scènes, de cris, de pleurs, de tempêtes et d'altercations qui, Dieu merci ! se sont arrangées à la satisfaction générale. Tout est bien qui finit bien.

Et maintenant au rideau. *Premier acte.* — Un salon chez la comtesse Komof. Bien entendu, les élégantes du Vaudeville ont profité de cette occasion pour faire assaut de toilettes. Voici la comtesse Komof (Debay) tout en tulle noir, avec guirlande roses brodées et, sur la tête, une aigrette noire retenue par un croissant en diamants. Mme de Sermoises (Darly) en rose ; Verneuil en jais émeraude. Du côté des hommes : Desforges (Dieudonné), qui a abordé pour la première fois les rôles marqués : le voilà tout blanc... O souvenirs du Gymnase ! Le poète René Vincy (Volny) avec une cravate à nœud Louis XIV (!) et en chemise trop décolletée. Pourrais-je insinuer timidement que les poètes portent du linge quand ils vont dans le monde ? Enfin, Claude Larcher, le pessimiste, avec la barbe rousse en pointe, l'air sarcastique, la voix vibrante. Volontiers, on lui lancerait le cri irrévérencieux de notre spirituel confrère Gyp : « Ohé ! les psychologues ! »

Grand mouvement d'attention. Entrée de Colette Rigaud (Mme Deschamps), adorable dans son costume de soie blanche brodé d'or, le corsage garni d'une frange de pampilles d'or, et aux épaules, à la taille, des petites plumes blanches qui forment comme le *crest* du prince de Galles. Qui reconnaîtrait dans cette fantasque et hautaine Colette la terrible milady, la poétique reine Margot ? Les rôles se suivent et ne se ressemblent pas. Je note au passage, pour ceux qui ne les auraient pas entendus, les jolis vers de Paul Bourget :

> Un papillon couleur de flamme,
> Ailes ouvertes, s'est posé
> Sur le frais calice rosé
> D'une fleur dont il suce l'âme.

Puis l'oublieux reprend son vol,
Et la pauvre fleur délaissée
Se penche et va mourir bercée
Par le chant du rossignol

Au second acte : Nous sommes chez Fresneau (Courtès). Intérieur simple de professeur de l'Université. Meubles bourgeois; dans la cheminée, un poêle Choubersky (est-ce une réclame?). Là, nous avons le plaisir de voir Mme Fresneau (Rolland), en robe grise de drap tout uni; Mme Offarel (Mme Grassot) nous présentant sa fille, la jolie Marguerite Caron : « Tout mon portrait, » dit-elle. Je proteste avec toute l'ardeur de ma conscience indignée. A un moment donné, Claude Larcher embrasse maman Offarel.

— Vous êtes donc un brave homme? dit-elle toute attendrie.

Moi, j'aurais plutôt compris « un homme brave ». Plus loin, elle dit encore : « Je vais me faire belle. »

— Alors nous manquerons le train, riposte Claude Larcher.

Oh! ces psychologues! tous sceptiques.

Troisième acte (premier tableau). La loge de Colette Rigaud, à la Comédie-Française. Tout au Japon. Sur les murs étoffes japonaises; dans le fond porte dorée, sur la cheminée un dieu Bouddha — pur Mikado — au plafond un lustre rose de fleurs de lotus éclairées à la lumière électrique. Enfin sur un divan une robe de chambre japonaise. Cette loge est envahie par quelques copurchics, tous avec des monocles. Avez-vous remarqué qu'au théâtre pour être élégant la myopie est de rigueur? L'un s'est fait la tête du marquis de M... a. Mais, par exemple, messieurs, pourquoi pas de cannes du soir? Desroches seul est correct avec sa pomme d'or; vous autres, vous avez des bambous qui ne se gardent pas à la main lorsqu'on est en frac.

Nouvelle entrée à sensation de Colette Rigaud, véritablement superbe en courtisane de Venise : costume moyen âge, en drap mousse, recouvert de broderies en velours vieux rouge et brodé de saphirs, de perles et de rubis; sur la chevelure rutilante, une petite cape de perles; on lui fait une ovation après sa magnifique empoignade avec RenéVincy.

Deuxième tableau : Le cabinet de travail de René Vincy. Rien à signaler que la scène terrible entre Vincy (Volny) et Claude Larcher (Duflos). C'est net, poignant et sec comme un coup de trique. Duflos a un certain : « Je mens, moi! » qui enlève la salle. On rappelle les deux artistes.

Quatrième acte : Le *five o'clock tea* chez Mme Moraines. Nouvelle apparition des élégantes du premier acte, mais cette fois en costume de ville. La palme est encore à Jane Debay avec sa robe de tulle blanc à larges pans de velours fauve. Sur la tête, un petit casque de plume ; deuxième prix à Verneuil avec sa robe de moire blanche à raies noires. La table à thé n'est pas mal installée avec ses deux tablettes, son vin d'Espagne, ses sandwiches... mais il faudrait un *samowar*. La vieille théière de nos pères n'est plus chic du tout. Mme de Sermoises a un petit bracelet à montre, et nous annonce qu'il est cinq heures vingt... Allons, c'est bien un *five o'clock*.

Gros succès pour le monologue de Desforges arrivant ensuite à persuader à Mme Moraines qu'il faut rester avec lui bon par amour, mais parce qu'il lui donnera beaucoup de patares.

La voilà bien la vraie psychologie; ah! que la voilà bien, et comme je reconnais la morale pratique de ce Claude Larcher qui disait dans la *Revue parisienne* qu'il préférait voir l'amour aller à l'argent plutôt qu'à la beauté, car on ne peut pas devenir beau, tandis que tout le monde peut aspirer à devenir riche.

Et, ce qu'on était de cet avis-là dans l'avant-scène de droite! Pas vrai, mesdemoiselles?

Je rentre. Mon cocher m'affirme qu'il est minuit trois quarts et que je dois la course de nuit. Et il n'est que minuit vingt.

Encore un mensonge! Il y a vraiment des heures dans la vie où l'on donnerait bien cher pour voir la vérité toute nue.

LE PÊCHEUR DE PERLES

RIQUET A LA HOUPPE. — LA CLOSERIE DES GENÊTS

Avril 1889.

Il y avait, ce soir, abondance de plaisirs; aussi, n'ayant pas le don d'ubiquité, je me suis contenté d'être à trois endroits. Dieu est grand et la vitesse des cabs est infinie. Commençons, si vous le voulez bien, par l'opéra italien.

La seule modification décorative du théâtre de la Gaîté consiste en un mince tapis du garde-meubles Bedel, qui monte de la droite du contrôle jusqu'à l'avant-scène présidentielle. Là, M. Carnot est venu s'asseoir, et Mme Carnot a remis à l'ouvreuse une hermine semblable à celle de M. Quesnay de Beaurepaire (je n'ose rien trop dire, puisque le procureur assigne aujourd'hui tous les journaux). Aux côtés du chef de l'Etat, on remarquait Mme et M. Tirard et M. Yves Guyot. Dans la salle, il y avait toutes nos plus massives cantatrices.

Je ne connais pas la langue italienne, mais j'ai admiré M. Talazac déguisé tantôt en masseur de balneum, tantôt en zouave, peu pontifical, d'ailleurs, si l'on écoute sa voix; puis M. Lhérie, costumé en Vénus Hottentote; puis Mme Calvé, voilée en première communiante, avec des blancheurs étoilées de perles dues certainement à ces braves pêcheurs; puis deux derviches à barbe noire que l'on a reconnus, quand ils ont ouvert la bouche, pour des derviches hurleurs.

Dans les couloirs, tout le monde s'interpellait en langue italienne; *dormi pure, della mia vita rosa assopita, Brahma gran Dio*, etc. Le ballet lui-même a été dansé en italien; ces ballerines qui traversent le bûcher où l'on enflamme Leïla sont d'aimables salamandres; le motif sur lequel elles battent leurs pas est fort gracieux; et, comme il y a beaucoup de jolis morceaux dans cette partition, il nous semble que les auditeurs qui le goûteront seront les vrais pêcheurs de perles.

Et maintenant, en route pour les Folies-Dramatiques. Quelques tours de roue, quelques mots dits en italien à mon cocher anglais du cab, et me voilà à *Riquet à la Houppe*. Comme on savait que j'allais venir, on avait retardé un peu le lever du rideau pour moi (?), si bien que je puis vous raconter même le prologue.

Prologue. — *Le tribunal de la destinée.* — Un tribunal avec de petites femmes en avocat, avec la robe noire, les juges avec la robe rouge, — encore plus jolies que M. Q de... chut, — les gendarmes avec des diamants aux oreilles. Devant ce tribunal comparaissent Alkokaz (Bellucci), qui veut divorcer avec la fée

Bichette (Vernon). J'ai vu tout de suite que c'était une Bichette sérieuse. De chaque côté on articule les griefs, qui se groupent à mesure sur la table du tribunal. Un soufflet... et un soufflet de cuisine apparaît. — Vous êtes un melon, une bûche, une cruche,... et le melon, la bûche, la cruche viennent se dresser devant les juges. A la fin, on pose tous ces griefs dans la balance. Manière très ingénieuse de juger. Il y a égalité dans le poids. Alors, les deux plaideurs sont renvoyés dos à dos, et à ce moment deux transparents apprennent au monde qu'un jeune prince vient de naître, ainsi qu'une jeune princesse.

Alkokaz décide que la princesse sera jolie mais idiote. Bichette décide que le prince sera intelligent mais affreux. Voilà comme nous sommes entre divorcés.

Premier acte. — Le palais du roi Girandol. — Très gracieux le costume des pages bleus avec crevés jaunes, et sur la tête la petite toque renaissance. Le roi Girandol, qui a le bedon qui convient à la puissance, essaye en vain de marier sa fille Bécassine (Blanche-Marie), très gentille dans sa robe vieux rose et argent, avec sur la tête un petit casque de perles forme Marie Stuart. On fait un succès à chacun de ses couplets dont d'ailleurs la musique est ravissante. Elle a pour écuyère Petunia (la joyeuse Leriche), et pour marchand de mouron (Guyon fils), toujours aussi populaire auprès des galeries supérieures.

La princesse, enfermée dans sa cage à serins par un père barbare, voit cette cage se transformer en char et fuit par la forêt.

2ᵉ *tableau*. — *La clairière*. — Armée de bossus et de boiteux commandés par Apollon (Gobin), dont la vue seule suffit pour mettre la salle en joie. Il y a surtout une certaine bosse qu'il se fait dans le dos, à volonté, en soufflant dans un tuyau... C'est irrésistible. En effet, tous ces gaillards-là sont de beaux gars, mais se métamorphosent ainsi pour ne pas mortifier le pauvre Riquet à la Houppe (Huguet), hideux, grêlé, avec des jambes cagneuses, trois cheveux laissés sur le front, comme le chancelier de fer. Il aime la princesse Bécassine, qui le trouve trop laid... et pourtant il chante si bien. Espérons que ça s'arrangera. Là-dessus les arbres se mettent à marcher, et il y a une déclaration désopilante entre Gobin et Leriche.

— Tiens! Vous n'êtes plus bossu! s'écria Leriche.
— Si. (*Plus bas.*) Je te dirai tout, répond Gobin.

Un peu léger, le mot, mais il faut bien rire. D'ailleurs une salle bonne enfant, qui s'esclaffe à chaque plaisanterie, si grosse qu'elle soit, ou à chaque nouvelle grimace.

3ᵉ *tableau*. — *Le Palais des Génies* nous montre une demi-douzaine de fées lilas et mauves, et parmi elles la la gracieuse Ilbert, la reine des fées.

Deuxième acte. — Je suis obligé de me condenser; je ne vous signalerai donc que les deux grands clous. Les *deux fontaines ;* l'une grossit les objets qu'on y plonge; l'autre les diminue. C'est ainsi que Gobin, en se lavant, ressort de l'eau deux mains énormes, et que la princesse Bécassine revient microscopique, ce qui donne aux auteurs l'occasion de nous montrer les *Comédiens de la princesse*. Devant une demi-douzaine de gammes adorablement costumées a lieu la représentation. Il faut voir Gobin en Guignol, et Guyon en mère Trinquefort avec dialogue extravagant, coups de bâton et déhanchements automatiques si exacts des acteurs. J'en pleure encore.

Ceci ne suffisant pas à distraire la princesse, on la mène au *Palais des Jeux*. Là, un défilé qui fera courir tout Paris. Voici d'abord les Chinois à la robe chatoyante, puis les Polichinelles roses et verts, puis les cartes animées, rois, dames, valets et atouts : les cœurs et les carreaux rouge et or; les piques et les trèfles noir et argent; puis les échecs, rouge et argent; les dominos, charmants avec leur loup de velours et leur mantille, en s'écartant, laissent apercevoir les numéros des dés, puis les bébés, une vingtaine de petits amours joufflus se tenant à la queue leu leu par le pan de chemise. Et tout cela se masse, s'agite, danse, se groupe dans des lueurs lilas d'apothéose. Deux cents personnes sur la scène. C'est superbe. Gros, gros succès !

Troisième acte. — Je vous signale seulement la *Cheminée magique*, truc à miroir très ingénieux, qui substitue à la petite princesse la vraie Bécassine. Tout s'arrange. Elle épousera Riquet redevenu jeune et beau, au milieu d'une joyeuse farandole de cuisiniers portant les plats destinés à ce repas de fiançailles.

Le prince et la princesse seront heureux, ils auront beaucoup d'enfants... et la pièce beaucoup de représentations.

Pendant les entr'actes, je ne m'ennuyais pas; je marchais une centaine de mètres sur le boulevard, je descendais le petit raidillon situé en face de l'auberge des Adrets et j'entrais à la Porte-Saint-Martin pour donner un coup d'œil à la *Closerie des Genêts*.

C'est ainsi que je puis vous dire que Mme Malvau est comme toujours charmante avec son costume rouge de paysanne bretonne. Avez-vous remarqué les narines de Mlle Malvau? C'est fendu comme celles d'un cheval de race : c'est vibrant! ça palpite! Moi... j'aime bien ces nez-là. Mlle Depoix (Lucile), en costume vert d'eau un peu défraîchi, est vraiment trop minuscule pour la scène de la Porte-Saint-Martin. Au Gymnase, cela va encore, mais là-bas, « c'est un rien, un souffle, un rien ». On a revu avec plaisir Antonine (Leona), qu'on n'avait pas applaudie depuis longtemps.

M. Romain (Montéclain) porte bien le costume de colonel de chasseurs d'Afrique, mais qu'il se méfie! une tendance au bedon, encore soulignée par un gilet blanc pas heureux. Maintenant, quand un colonel parle à un général même en retraite (d'Estève), il ne dit pas : « Général », mais « *mon* général ». N'oublions pas le vieux grenadier de la garde, Dominique (Léon Noël), superbe de prestance avec son bonnet de police, ses guêtres noires et sa redingote à la Déroulède. Je note au passage un proverbe qui ne manque pas de saveur : « Quand on secoue un pommier, il pleut des pommes; quand on secoue un Breton, il pleut des gifles! »

Maintenant, par quelle aberration les metteurs en scène ont-ils fait une salade aussi insensée de costumes et d'époque? A côté de ce grenadier du premier Empire, qui fait supposer la pièce se passant au plus tard sous Louis Philippe, M. Romain porte le dolman actuel des chasseurs d'Afrique, et non le spencer bleu; sa croix de la Légion d'honneur même à la couronne de chêne en usage depuis 1871 et non la couronne fermée, et tous les hommes ont la jaquette à la mode de 1889. Si le grenadier Dominique avait seulement dix-huit ans en 1815, il aurait donc maintenant quatre-vingt-six ans. C'est bien vieux pour jouer la comédie! Ah, j'oubliais Kérouan (Dumaine). Mais je n'ose pas m'en occuper ce soir... Un samedi saint!... J'aurais l'air de faire gras.

Ouf! Comme Titus, je n'ai pas perdu ma soirée, mais je ne voudrais pas m'amuser autant tous les soirs.

ORPHÉE AUX ENFERS

25 avril 1889.

— Il y a trente-deux ans que la pièce a été donnée pour la première fois aux Bouffes, me disait tout bas Hector Crémieux. Seulement ne le dites pas... à cause de ces dames.
— Alors que désirez-vous que je dise de la pièce ?
— Dites simplement que... c'est charmant.

Son vœu est exaucé. Et le fait est que la pièce n'a pas pris une ride, ni un cheveu blanc. Remontée dans les splendides décors du théâtre de la Bourse, à Bruxelles, qui peuvent se développer à l'aise sur la vaste salle de l'Eden, elle s'est seulement augmentée des plaisanteries que les différents papas Piter — depuis Désiré jusqu'à Christian — ont intercalées dans la pièce. Je note au passage les nouvelles additions de ce soir :

— A quelle heure est-tu rentré? demande Jupiter à Cupidon.
— A cinq heures, papa.
— Je te crois, bien que la cuisinière *Catherine m'ait dit six!*

— On entend les bruits de la terre.

— Je crois bien, répond encore Christian-Jupiter; depuis qu'on a construit la tour Eiffel, on n'est plus chez soi nulle part.

A un autre moment, Junon appelle Jupiter Ernest.

— Chut! dit ce dernier tout effrayé, tu vas faire faire chez moi des perquisitions.

On a conservé, bien entendu, la belle mise en scène de la Gaîté. Au premier acte, les membres du Conseil municipal, armés de balais d'argent et suivant l'Opinion publique. C'est, d'ailleurs, la première fois qu'on a vu l'Opinion publique avec le Conseil municipal. Le public a paru étonné.

Premier ballet. — Bergers et bergères coiffés de vastes chapeaux de paille ornés de touffes de coquelicots, portant des houlettes enrubannées et dansant autour de bottes de blé qui ressemblent à ces bouchons de paille qu'on met autour des bouteilles pour les faire voyager. Au théâtre, cela représente la moisson. Réapparition très applaudie de la jolie Rivolta, avec sa tunique bleu de ciel, garnie de guirlande de coquelicots et de roses.

Deuxième ballet. — Le ballet des Heures. Costumes sombres des heures de nuit arrivant par des gradations successives aux tonalités éclatantes des heures de jour. Cette fois, Rivolta est tout en gaze blanche. Mais pourquoi le cadran d'où surgissent les différentes heures marque-t-il toujours six heures et demie? Mystère et économie.

Troisième ballet. — Le ballet des Mouches avec

quatre quadrilles : or et émeraude, bleu et argent, marron et or, blanc avec ceintures de perles. Sans oublier l'étoile, la gracieuse Virginie Milani et un gros frelon, seul de son espèce, qui doit avoir bien mauvais caractère, car il passe son temps à prendre la mouche.

A ce moment, on me prie de bien affirmer que Rivolta n'est pas à l'Odéon, et n'est pas l'œuvre de M. Jules Lemaître. Il me semble aussi qu'il n'y avait qu'une ressemblance vague.

Quatrième ballet. — Le menuet dansé aux enfers par Pluton, Jupiter, Vénus et Eurydice :

> Le menuet est vraiment charmant
> Quand c'est Jupiter qui le danse
> From ! From !

Nous nos compliments à la sveltesse et à la légèreté de Pluton (Alexandre). Non seulement une jolie voix, mais un art chorégraphique qui fera pâlir de jalousie Valentin le Désossé. Et après, le grand quadrille épileptique sur lequel des générations nombreuses ont dansé le chahut national. Quelle musique cantharidée ! Nous étions tous obligés de nous cramponner à notre fauteuil pour ne pas, nous aussi, exécuter des pas fantaisistes. J'ai vu le moment où M. de Blowitz lui-même allait pincer un cavalier seul... mais il s'est rappelé le *cant* britannique, et il est retombé de tout son poids sur son siège qui a rendu un gémissement plaintif.

Charmante et toujours très acclamée, Jeanne Granier, dans ses diverses apparitions d'Eurydice. Quelle verve ! quel entrain ! Et quelle merveilleuse Bacchante! Je ne crois pas que l'Evohé puisse être lancé avec plus de chaleur diabolique. La séduisante diva se plaint seulement de rester tout l'acte de l'Olympe sans chanter. Cela fait un grand temps d'arrêt pendant lequel sa voix se refroidit.

— Voilà, dit-elle ; pendant cet acte, j'installerai un rang de chaises dans ma loge, et je donnerai des auditions payantes. Je ferai mon petit Choufleury.

Vénus, c'est maintenant la jolie Demarsy. Certes le rôle est admirablement distribué, mais il nous semble qu'Angèle et Fanny Robert le jouaient moins... habillées. Demarsy est en robe de bal. Jupe de taffetas rose garnie d'une ruche rose, son tablier brodé d'argent. Aux épaules trois magnifiques broches de diamant, et au cou un quintuple rang de perles. A lorgner encore avec ravissement Cupidon (Gélabert), Minerve (Sorel, très suggestive), Diane (Saulier) (qui a le tort de mal se maquiller et de jouer le rôle en blonde, d'ailleurs charmante quand même), et enfin l'Opinion publique (Maury), une splendide créature qui ferait dire à Chérubin : « Qu'elle est belle, mais qu'elle est majestueuse! » J'ajouterais volontiers : « *Potius Maury quam Jules Ferry.* »

J'ai déjà parlé d'Aristée (Alexandre) jeune, gai et élégant à souhait; mais j'ai gardé pour la bonne bouche Christian, toujours solide sur la brèche et étourdissant de fantaisie. Que d'improvisations folles! que de cascades! que de calembours, comme seul Orphée ose en faire. Il y avait bien longtemps que je n'avais lu Chateaubriand... mais ce soir j'ai compris le *génie du Christianisme.*

Tiens, moi aussi. Ça se gagne!

AU THÉATRE-LIBRE

2 mai 1889.

M. Antoine vient de publier son manifeste. Plus heureux que d'autres, il a pu le dater de Paris.

Avant de m'embarquer pour le boulevard de Strasbourg, j'ai lu avec un vif intérêt ce petit plaidoyer *pro domo*. J'y ai vu que, depuis sa fondation, c'est-à-dire depuis le 30 mars 1887, le Théâtre-Libre a joué 64 actes en prose et 21 actes en vers. Le chiffre total des dépenses de l'année s'est élevé à environ 45,000 francs, et le montant de l'abonnement a été de 42,700 francs, soit un léger déficit qui a été couvert par le produit des représentations publiques, qui ont rapporté environ 4,000 francs.

Le résultat de tant de peines et de tant d'efforts a donc été simplement de joindre les deux bouts. J'avoue qu'à notre époque prosaïque et positive, il m'est impossible de ne pas admirer cette foi robuste et ce désintéressement absolu.

Mais ne nous attendrissons pas, car le scepticisme convient mieux à notre genre de beauté.

Vers les huit heures et demie (déjà !) la toile s'est

levée sur l'*Ancien*, drame en un acte et en vers de M. Léon Cladel. La pièce date d'une vingtaine d'années, et elle avait été refusée un peu partout. M. Antoine l'a montée en la rognant un peu, mais les morceaux en sont bons. Le décor représente un intérieur de ferme, avec de la vraie paille sur les toits et de vrais lilas blancs après un arbuste. Là dedans deux *vrais* paysans, Pierre (M. Philipon, élève du Conservatoire), et Jean, son fils (Boularan), également élève du Conservatoire, même que le Conservatoire n'est pas content. Ils ont tous les deux des perruques, parce que, quand les acteurs parisiens veulent avoir autant de cheveux que les paysans, ils sont obligés de s'affubler d'un faux toupet. Il y a aussi deux *vraies* paysannes. une vieille Jeanne (Barny) et une jeune Seconde (Mlle Dorsy).

Je ne vous dirai pas que le langage de ces gens-là est exactement celui des paysans de Zola. Ils n'ont pas le souffle comme Jésus-Christ. Pierre parle de « filer à l'anglaise ». Jean appelle Seconde « ma chatte ». J'ai noté deux beaux vers qui ont fait sensation :

> Il se fout bien de ça, là-haut, ton empereur !
> Et notre soupe vaut la soupe du monarque.

Pour finir, le père se jette dans une mare afin que son fils, devenu soutien de veuve, ne parte pas pour la guerre. Dans le texte primitif on repêchait le macchabée... et la pièce recommençait.

M. Antoine a laissé Pierre mijoter dans la mare... et il a bien fait.

La seconde pièce, *Madeleine*, drame de M. Zola, date également de vingt-deux ans. Il avait aussi été refusé un peu partout. C'est comme ça que M. Antoine aime les drames. Quoi qu'il en soit, il l'a bien monté, et il a fait donner l'élite de sa troupe. D'abord, Mme Marie Defresne (Madeleine), très touchante dans son rôle d'épouse repentie. Antonia Laurent (Véronique), impeccable sous le serre-tête et la robe noire de la servante austère et dévote. Son teint ambré a la paleur de ces cierges « qui n'ont jamais été bénis », comme a dit Alfred de Musset. Puis H. Mayer (Jacques Gauthier), revenu enfin d'Amérique et qui a dû apprendre le rôle en huit jours ; et enfin, Louise France (Laurence), véritablement merveilleuse dans son rôle de fille de trottoir. Avec ses cheveux dénoués dans le dos, son vieux cache-nez en corde et son casaquin de velours élimé, elle a composé un type qui lui a valu une ovation. Quant à Francis Hubert, c'est Antoine lui-même, affublé pour la circonstance d'une bien vilaine barbe... mais il fallait bien se vieillir Doit-on le dire ? Si j'ai bien compris la morale de la pièce, on ne doit pas le dire, mais surtout il ne faut pas descendre dans les hôtels où l'on a habité jadis. Ceci serait-il, par hasard, une adroite réclame pour l'hôtel Terminus, qui vient seulement d'être achevé.

Dans celui-là, au moins, pas de souvenirs à craindre.

Pour cette pièce, on a essayé pour la première fois des décors de papier peint, — innovation très heureuse et très décorative, — et aussi un système de verres rouges dans le foyer qui produit à l'œil une lueur encore plus agréable que celle du choubersky.

C'est dûment préparé par ces émotions tristes que nous avons enfin entendu un peu tard *les Inséparables*, la désopilante pièce de M. Georges Ancey, l'auteur déjà applaudi de *Monsieur Lamblin*. Trois petits actes, sans entr'actes, ponctués par des éclats de rire. Impossible de débiner ses amis avec plus de tact que M. de Courtial (Mayer); d'être plus gauche, plus timide, plus ahuri que Gaston (Antoine), et d'être plus solennellement bête dans son faux col que M. Leroy (Philipon). Tous les mots seraient à citer, depuis celui de Mme Leroy :

On cite un homme du monde qui a triché au jeu :

— « Que c'est triste pour sa mère ! »

Jusqu'à celui qui a provoqué la note gaie finale. Leroy voulant dire quelque chose d'aimable à Gaston, qui lui revient comme gendre, s'écrie :

— Il a grandi !

Bref, nous nous en allons en riant, ce qui ne nous arrive pas souvent en sortant du Théâtre-Libre, et l'un de mes amis, relisant une dernière fois son programme, me dit :

— J'avais une maîtresse qui s'appelait *Madeleine*, dont j'étais l'*ancien*, et nous étions les *inséparables*.

J'ai voulu flatter sa douce manie, et je lui ai dit que c'était charmant.

ORFEO

9 mai 1889.

*A Madame Caroline Perrichon, rentière,
à Trépigny-les-Ormeaux.*

Ma chère Caroline,

Je suis à Paris depuis l'ouverture de l'Exposition, et je te prie de croire que je ne m'ennuie pas. Fidèle à ma promesse, je viens te narrer mes faits et gestes par le menu. Tu te rappelles à notre dernier voyage comme nous nous sommes amusés à la Gaité — un théâtre bien nommé ! On jouait : *Orphée aux enfers*, Avions-nous ri, mon Dieu ! avions-nous ri !...

Aussi, quand j'ai appris qu'on reprenait la pièce précisément à la Gaîté, tu penses si je me suis empressé de retenir mon fauteuil. La salle est devenue beaucoup plus élégante qu'autrefois. Toutes les femmes sont décolletées, avec des fleurs, des diamants au corsage; tous les hommes en frac et en cravate blanche. C'est un bel effet. Par exemple, forcément, beaucoup d'étrangers, — c'est le Centenaire qui veut cela. On m'a montré le prince Troubetzkoï encore tout radieux du succès qu'il avait remporté dans la journée à l'*Épatant*, avec son fragment de *Mélusine* ; l'ambassade d'Italie au grand complet, la baronne Legoux, Mme Viardot, Rosine Bloch, Calvé, etc. Beaucoup d'Italiens. On n'entendait que : *Bona sera, cara! Esta. Caro mio. Cara mia.* Et patati, et patata. J'ai trouvé cela bien prétentieux.

Enfin le rideau s'est levé sur le *tombeau d'Eurydice*. On a respecté les costumes grecs que tu connais. J'ai retrouvé Orphée (Hastreiter) avec le péplum violet, le manteau d'argent et sur la tête les lauriers d'or. Mais, par exemple, il a repris la lyre au lieu du violon... ce qui est bien plus conforme à la tradition. Tu te rappelles les couplets :

> J'ai perdu mon Eurydice,
> Rien n'égale ma douleur.

A la Gaîté, on dit *dolor*. C'est la mode, et ça n'empêche pas de comprendre. J'ai retrouvé aussi avec plaisir l'amour (Mlle Jeansein), costumée comme Gélabert, tout en blanc, avec des ailes dans le dos.

> Je suis Cupidon, mon amour
> A fait l'école buissonnière.

Maintenant on dit : *Amor*, mais on comprend tout de même. D'ailleurs, il est très heureux pour moi que je me sois rappelé les paroles du livret ; c'est sans doute à cause de la musique, mais beaucoup de mots m'échappent. Par exemple, un rude orchestre mené militairement et fouetté par l'archet de son chef. On applaudit, et celui-ci se lève, se retourne, et salue la main sur son cœur. Ça ne se faisait pas dans le temps, mais j'ai trouvé ça très émouvant.

Après, on a interverti l'ordre des tableaux. L'enfer, qui était jadis au troisième acte, est passé au deuxième tableau ; d'ailleurs, mêmes flammes rouges, mêmes diablotins rouges et or, même ballet, des diablesses noires avec la casaque rouge, et des jambes... infernales. Le cancan si inconvenant de la fin a été remplacé par une farandole que je trouve infiniment plus convenable.

Dans le fond, des rochers tournant en spirale et des nuages produits par la vapeur qui font un effet magique. Gros succès.

Troisième acte. Celui de l'Olympe (jadis 2ᵉ tableau). J'ai retrouvé sur les gradins, étagés dans des poses nobles, les dieux et déesses de ta connaissance. Tout cela casqué, cuirassé et étincelant. J'ai surtout remarqué le casque des femmes à plumes blanches, comme le *crest* du prince de Galles, sur le cimier et sur les épaules la crinière blanche comme les cent-gardes de notre jeunesse. Très joli ballet avec guirlandes de fleurs, couronnes de papier et poses plastiques.

Enfin on a ajouté deux nouveaux tableaux, *le Labyrinthe* et *le Temple de l'Amour*. Ça m'a un peu désorienté ; mais sans doute l'auteur a voulu rajeunir un peu sa pièce pour l'Exposition. Par exemple, tu sais le vieux monsieur qui faisait tout le temps des calembours ? On a supprimé son rôle, et quant aux calembours, si l'on en a fait ce soir, je n'en ai pas compris un seul. Cela m'a étonné, car je suis d'une jolie force à ce noble jeu.

Adieu, ma Louloute. Je continuerai à te renseigner toujours aussi exactement.

Ton PERRICHON.

ESCLARMONDE

LES ADIEUX DE COQUELIN

15 mai 1889.

Dès la fin de l'ouverture, une surprise. On éteint toutes les lumières électriques, et nous nous trouvons plongés dans la nuit la plus profonde. Je dois constater, à la louange du public de l'Opéra-Comique, que la tenue a été très convenable. Personne n'a songé à essayer la fumisterie qui consiste à s'embrasser la main et à y allonger ensuite une tape bruyante pour simuler la gifle d'une femme qui se venge. Donnons tous un bon point.

Quand la lumière a reparu, la toile était levée, et nous étions éblouis par *l'intérieur de la basilique de Byzance*. Les évêques avec la mitre dorée et les ornements sacerdotaux ; les guerriers cuirassés, casqués, et portant le bouclier orné de l'aigle impériale ; les femmes avec les vêtements constellés de pierreries ; les enfants de chœur avec l'encensoir : tout cela étincelle sur un décor byzantin tout autour de l'empereur Phorcas (Taskin), assis sur son trône, est très beau avec son casque garni de perles, et ce vêtement violet qui fait paraître encore plus pâle le visage d'une étrange majesté. Dans le fond, le saint Iconastase tout doré. La porte s'ouvre aux sons de l'orgue, et rayonnante sur un nimbe, à peine cachée sous un voile léger, apparaît toute droite la belle Esclarmonde (Sibyl-Sanderson), tiare en tête et couverte de bijoux comme une idole. Frémissement dans la salle. On essuie les lorgnettes. Belle, Américaine, riche, chantant pour son plaisir... et pour le nôtre, découverte par Massenet, dont elle est l'élève. Tout cela est très intéressant. Elle descend lentement, et soulève son voile un instant pour laisser voir son radieux visage à son père. Nous aussi nous avons vu — comme Phorcas — des yeux admirables, une bouche fraîche, jeune, qui rit en carré, un visage d'un ovale parfait, des cheveux blonds à reflets d'or. Puis le voile retombe, et la jeune impératrice remonte vers l'Iconastase au milieu des acclamations de la foule.

*Acte I*er*. Une terrasse du palais d'Esclarmonde, à Byzance.* — Sur une peau de tigre est étendue Esclarmonde, cette fois coiffée d'un petit casque formé de pointes hérissées terminées par des perles. Elle donne la réplique à sa sœur Parseïs (Nardi), charmante aussi dans son costume vert d'eau tout brodé d'argent.

Esclarmonde évoque les esprits de l'air, les esprits de l'onde, les esprits du feu... Il n'y a que l'esprit de Scholl qu'elle n'évoque pas. Et alors apparaît dans la lune comme dans un miroir Roland qui, en ce moment, chasse dans la forêt des Ardennes. Puis la figure s'efface, et Roland apparaît au bord de la mer. Nouvelle éclipse et Roland s'embarque pour l'île enchantée. Entre chacune des apparitions sur le transparent lumineux je m'attendais à voir, comme sur les boulevards, une affiche : « Allez ce soir aux Montagnes-Russes! » On ne l'a pas fait, et c'est mieux ainsi.

Acte II. L'île enchantée. — Le beau Roland (Gibert) apparaît. Ce n'est pas le chanteur de chansonnettes que nous connaissons. Celui-là arrive de Rouen, et il n'imite pas du tout Paulus. Il débarque au milieu d'une danse des esprits — charmant petit ballet de seize danseuses. J'ai remarqué surtout les esprits bleus, portant dans le dos des ailes de plume qui remontent au-dessus des épaules et entourent le cou d'une collerette Marie-Stuart ; puis les esprits blancs, avec une espèce de robe de bal en gaz transparente — saperlipopette! — qui laisse voir le maillot couleur chair et brodé de bouquets de roses. Ce que c'est joli !

Malgré tous ces esprits qui admirent le corps et le cor de Roland, ce dernier s'endort et se réveille sous un baiser d'Esclarmonde. Voilà comment j'aimerais à me réveiller le matin. Et alors un arbre gigantesque abaisse ses rameaux, des buissons de fleurs avancent à droite et à gauche pour masquer la vue des amants extasiés, et un rideau de roses brodées sur tulle descend du cintre pour cacher à nos yeux la vue de la nuit nuptiale. Rassurons-nous d'ailleurs ; nous ne voyons pas, mais nous entendons. Grâce à la musique de M. Massenet, tous les détails de ces moments adorables nous sont contés. Cela commence doux comme un effleurement, puis le mouvement va en s'accentuant jusqu'au déchaînement des cuivres, et un grand coup de cymbale final qui exprime le cri de la passion triomphante et assouvie. Tous les spectateurs sont surexcités jusqu'au paroxysme. Oh! cet air!... cet air! Les hommes clignent de l'œil, ravis; les femmes se cachent derrière leur éventail. On crie *bis* avec une frénésie érotique. Et dire qu'on conduira les petites filles entendre cette hymne à l'amour sensuel pour les entrevues avant leur mariage. L'orchestre recommence. Et Roland?... Diable, il va être bien fatigué.

Une chambre dans un palais magique. — Les deux amants reparaissent étendus sur une fourrure soyeuse, près d'un lit à colonne d'or. Les trépieds fument avec l'encens. Roland ne semble pas du tout éreinté. C'est un gaillard. Comme il va partir pour la guerre, deux anges avec de gigantesques ailes roses viennent lui apporter l'épée de saint Georges, — de saint Georges!! Serait-ce l'épée du général? C'est égal, elle est enrichie des pierres les plus précieuses, et je n'aurais jamais cru Roland capable d'accepter ainsi un objet de valeur de la part d'une dame. Je sais maintenant d'où vient l'argent!

Acte III. A Blois. La place publique. — C'est Blois, mais ça pourrait aussi bien être Périgueux. Dans le fond une forteresse en mauvais état, et sur le devant vingt guerriers gémissants et consternés. En vain l'évêque de Blois (Bouvet) excite à la résistance contre Sarwegur. Allons, tant mieux. Je n'aurai plus à écrire son nom. Gros effet produit par la procession, les cierges allumés, les cagoules et le tabernacle d'or.

Une chambre dans le palais de Cléomer. — Pas un

seul meuble! C'est bien peu confortable. Après cela on a peut-être saisi la veille. L'évêque revient en petite tenue, un *suit* de velours noir très confortable, et veut confesser Roland. — « Ah! mon gaillard, vous recevez une femme voilée tous les soirs, mais c'est très inconvenant. A genoux, pécheur! » Il disparaît comme un homme qui a son idée. Et alors une voix surnaturelle se fait entendre au loin — des notes perlées, suraiguës qui vous entre dans le tympan comme une vrille. On applaudit ce tour de force et Esclarmonde paraît, mais les portes s'ouvrent avec fracas et l'évêque entre sans frapper — gêneur, va! en grande tenue, avec une escorte de vieux moines très laids. Il soulève le voile de la charmeresse, et veut la faire saisir par les bourreaux, mais elle disparaît par un truc très ingénieux dans le mur devenu soudain lumineux, et les esprits du feu l'emportent.

Acte IV. La forêt des Ardennes. — Expliquez-moi pourquoi un empereur qui a abdiqué à Byzance se retire dans une grotte et dans la forêt des Ardennes. Enfin, Phorcas s'est retiré là ; il a revêtu un habit orné d'hiéroglyphes, qui lui donne une vague ressemblance avec l'obélisque de Louqsor. Nouveau petit ballet dansé par des faunes bleus et des sylphes roses, très gentils. Phorcas ne doit pas s'ennuyer. Il déclare à sa fille Esclarmonde qu'elle ne doit plus aimer Roland. Celui-ci arrive : Long duo d'amour, chaud, passionné, vibrant :

Eh! bien, non, je ne veux plus t'aimer!

Pauvre Roland! Esclarmonde lui fait Charlemagne.

Épilogue. La Basilique de Byzance. — Tiens, la pièce recommence. Même décor, même Iconostase doré, mêmes évêques et guerriers. Certainement je me suis bien amusé, mais il est un peu tard... Non, c'était une fausse crainte. Roland apparaît cuirassé, avec un casque à visière fermée ; on le dirait en scaphandre. Il est le vainqueur du tournoi, et il épousera Esclarmonde. Ce dénouement n'est pas neuf ; mais, à une heure du matin, il fait toujours plaisir. Longue ovation à Gibert et à Sibyl Sanderson, dont les yeux dans leur allégresse brillent comme des... Esclarmondes.

P.-S. — Très belle salle pour les adieux de Coquelin à la Comédie-Française. Le duc d'Aumale a repris sa baignoire de gauche, avec le prince de Joinville ; çà et là, la marquise de Massa, Mme Cahen, Anvers, la comtesse Brochowska, Mme Thorre, Mme Santerre ; côté des artistes, Angèle et Lina Munte, retour de Russie ; Manvel, Bianca, les sœurs Vrignault, etc., etc.

Succès étourdissant pour Coquelin dans les *Précieuses ridicules* ; plus de froideur pour *Tartufe* et pour le *Legs* ; le frère Cadet se taille aussi sa part d'applaudissements avec le *Chirurgien du Roi s'amuse* et l'*Amateur de peinture ;* on redemande un supplément et il dit en plus le *Cantinier*.

Enfin, la soirée se termine par l'*Étourdi*. Je ris du merveilleux Mascarille, mais mes yeux ont une larme — une perle. Adieu ! adieu !... Dire que, quand nous voudrons le revoir, il faudra aller à Nicaragua... ou à la Porte-Saint-Martin.

AU BAL DES ARTISTES

2 heures du matin.

Croyez si vous voulez que je m'arrache aux douceurs d'une valse entraînante avec les plus adorables artistes de Paris pour venir vous raconter la première de ce soir. Oui, une première. Que dis-je! Deux premières. D'abord Sarah, notre grande Sarah débutait comme chef d'orchestre. A une heure du matin, sans hésiter, elle prenait d'une main ferme le bâton d'Olivier Métra attendri, et par deux petits coups frappés sur le pupitre elle commandait : Garde à vous ! à ses 120 musiciens. Ah! mes enfants, quel entrain! On ne dansait déjà pas beaucoup au bal des artistes ; maintenant, grâce aux idées géniales de M. Halanzier, on ne danse plus du tout. On se presse, on se masse devant l'orchestre regardant de tous ses yeux. Valtesse, dans l'avant-scène de droite, se penche, émue et ravie.

Et la polka de Théodora commence !

Tudieu ! Quel feu ! Quelle autorité ! Quelle énergie !

Sarah, le front haut, le sourcil froncé, enlève sa mesure à trois temps avec une verve endiablée. —

Tra la la ! Tra la la ! vous voyez cela d'ici. — Et un sourire aux petites flûtes, et une approbation aux violons, et un regard de flamme aux cuivres. Il y en a pour tout le monde.

>Ah ! ah ! ah !
>Théodora !
>Joué par Sarah !
>Et tsim la la !

Immense succès ! *Bis !* Pluie de fleurs. Ovations prolongées. La France compte un chef d'orchestre de plus.

Après, ç'a été le tour de Cadet qui nous a conduit la *Vague*. Gestes flous, onduleux, main endormante.

Nous sommes en plein rêve, nous nous baignons dans des flots d'harmonie, c'est un bain de son (pardon !) et, de fait, Coquelin cadet finit par nager pour de bon, en faisant des brasses et des coupes savantes à la grande joie de la galerie.

Mais le triomphe a été le quadrille infernal. Oui, monsieur... inferrrrnal ! Dzing ! Cette fois, les cheveux (?) épars, l'air sarcastique, Cadet a saisi un violon. C'est Paganini, c'est Hofmann, c'est le diable. Il va, vient, s'agite, se penche, exécutant avec ses doigts agités fébrilement des trémolos merveilleux, des arpèges fous. Entre temps, il bat la mesure avec son archet — il casse son archet ! il bat la mesure avec son violon, et à la dernière figure, dans son enthousiasme, il broie l'instrument sur le crâne de son camarade Falconnier qui — le pauvre ! — est en train de faire là sa partie de petite flûte.

On acclame en se tordant ; on se tord en acclamant. Si la Comédie-Française périclite, Cadet a maintenant un emploi tout trouvé pour ses vieux jours.

Et maintenant que, esclave du devoir, je suis venu vous narrer ces événements dont l'importance n'échappera à personne, je retourne me replonger dans le tourbillon des ivresses folles.

Et me voilà parti à trois temps — toujours gracieux...

Tournez ! tournez !
Que la valse vous en-i-i-vre.

Non, décidément, j'aime mieux aller me coucher.

PREMIER BAISER. — ALAIN CHARTIER. LE KLEPHTE

20 mai 1889.

Ce soir, à la Comédie-Française, spectacle panaché où l'élément moderne se joint à l'élément moyen âge ; salle bigarrée où l'élément civil se joint à l'élément militaire. Le capitaine de Borrelli compte en effet dans l'armée beaucoup d'amis, et le cercle de l'avenue de l'Opéra est dignement représenté. Je note au hasard de la lorgnette le duc d'Aumale, le duc de Montpensier, le prince de Joinville, le général marquis de Galliffet, le commandant marquis de Massa, le colonel Lichtenstein, le colonel prince Troubetzkoï, le lieutenant Déroulède, colonel Dominé, — puis le comte d'Haussonville, MM. d'Orgeval, Coppée, Ganderax, Dumas, Ricipon, Oudet, Arnaud de l'Ariège, etc., etc. ; parmi les spectatrices : la marquise de Massa, Mmes de Borrelli, Maxime Dreyfus, Mme Hochon avec Mme Hervé, Cahen d'Anvers, Ménard-Dorian, etc. Enfin : Rachel Boyer, Bianca, Blanche Delabarre, miss de Clery avec un merveilleux collier de perles... et puis voilà, je change ma lorgnette de direction.

Premier baiser. — Un joli salon à la campagne, meubles Louis XV, parc à perte de vue ; et, dans ce salon des Yvettes (Leclère) en chasseur diligent ; Henri de Mortagne (Laroche) en vieux beau, Alban (Le Bargy) en neveu élégant et svelte, Amélie de Razbel (Pierson) en robe grise de deux tons avec plastron de satin blanc, et enfin Violette (Reichenberg), toujours adorablement et merveilleusement jeune. Dix-sept ans au plus dans sa robe de fillette avec ceinture blanche et catogan tout simple noué par un nœud de satin blanc. La toile tombe sur des applaudissements qui nous font d'autant plus de plaisir qu'ils s'adressent à un de nos plus spirituels confrères du *Gil Blas*, et Laroche revient annoncer le nom de l'auteur en saluant trois fois et très bien. Ça doit être rudement difficile ces trois saluts-là, et ça doit s'apprendre au Conservatoire.

Avec *Alain Chartier*, il s'agit encore d'un premier baiser, mais cette fois d'un baiser donné par la dauphine Marguerite (Bartet) au poète Alain Chartier. Nous sommes en plein moyen âge. Ce que Bartet est jolie avec sa robe de brocard blanc brodé de fleurs de lis d'argent, son corsage de velours garni de fourrures noires avec ceinture d'or constellée de rubis, et sur la tête une immense coiffure du temps, haute, haute ! toute garnie de mousseline blanche. Difficile à porter, mais rudement réussie.

A côté d'elle, Agnès Sorel (Legault) est aussi très bien avec sa jupe rouge brodée d'or. Mais, par exemple, gros effet d'étonnement à l'entrée d'Alain Chartier (Mounet-Sully). *Il a coupé sa barbe !!!* Oui, cette

11.

barbe qu'il n'avait jamais voulu couper, même pour jouer Néron, il l'a sacrifiée à M. de Borrelli. Il en a été récompensé par l'enthousiasme qui a soulevé la foule à chacune de ses tirades patriotiques, lancées avec cette verve et cette chaleur de cœur qu'il possède à un si haut point. Il nous a parlé du drapeau, de la France « plus reine que les reines », de la défaite, de la revanche, et, ma foi ! nous avons été émus aux larmes, et nous avons eu le gosier serré. C'est une revanche pour la poésie. Quelle gracieuse silhouette présentée par Bartet tendant un lis au poète ; cela forme un tableau exquis. Le duc d'Aumale a beaucoup applaudi la tirade sur le rôle providentiel des courtisanes qui aiment les grands de la terre, et on l'a beaucoup regardé au fameux vers :

Trois fois sacré par Dieu, l'amour et la victoire.

Tambours, ouvrez le ban ! Une vigoureuse aubade d'honneur pour la première œuvre dramatique et le premier gros succès du capitaine de Borrelli.

Enfin, la soirée s'est terminée par des éclats de rire, grâce au *Klephte*, ce désopilant petit acte joué à l'Odéon... et dans pas mal de salons particuliers. J'y ai constaté que Philippe (Samary) savait toujours aussi bien imiter le chien dans la coulisse comme au temps où tout enfant il aboyait dans l'*Etincelle* (ç'a été son premier rôle). J'y ai aussi retenu une définition du grec, assez drôle : « Un homme qui porte une jupe. »

Et maintenant nous rentrons chez nous très satisfait de notre soirée. Un directeur farouche disait jadis que ce qui était coupé n'était jamais sifflé ». Je crois bien ! Voilà un spectacle coupé qui a été très applaudi.

LE CHIEN DE GARDE

21 mai 1889.

Il y avait bien longtemps que nous ne l'avions pas vu, ce brave grenadier, ce vieux grognard de notre enfance, avec sa grosse moustache, ses guêtres noires et sa grande capote sur laquelle brille l'étoile des braves.

Dis-moi, soldat, dis-moi, t'en souviens-tu ?

Oui, nous nous en souvenions, mais c'était un souvenir vague, lointain ; il nous manquait avec sa franchise brutale, son caractère grognard et ses vantardises ; avec son culte pour le *petit caporal*, *l'ancien*, *l'autre*, celui « qui pourrait encore se mettre à notre tête pour voir si les capitales de l'Europe sont encore à leur place ». Grâce à Richepin, ce type éminemment populaire et sympathique, nous est rendu. Merci, Richepin !

Au premier acte nous assistons à un dialogue de conscrits devant leur tente. C'est le soir d'une bataille ; le canon chante dans le crépuscule sa chanson sourde, et les soldats affamés s'attristent de la guerre éternisée. Peut-être sont-ils peu étoffés les trois petits grenadiers, mais ils sont grandis, transfigurés par l'admirable prose qu'ils déclament. C'est dans ce décor que le général Renaud (Rochambeau) vient mourir et confier son fils — un enfant de troupe — au sergent Férou (Taillade).

Au deuxième acte, nous sommes dans un salon restauration. Taillade, superbe d'ampleur et d'autorité dans la grande redingote de brigand de la Loire (ô Déroulède !) où saigne la seule note rouge du ruban d'honneur. Le jeune Renaud (Berton fils) n'est plus enfant de troupe. Il porte un élégant habit bleu de ciel à revers de velours qui fera fureur dans les bals de ce printemps ; son ami Verdet porte également les modes et le toupet du temps ; mais qu'il se méfie d'imiter la désinvolture douteuse de Le Bargy.

Ces messieurs sont accompagnés de Mlle Julia (de Fehl), comédienne au grand cœur, une belle fille brune avec des yeux superbes, et de Mlle Constance (Gérard), une ondulée du temps. O souvenir du vieux Palais-Royal. Dans ce temps-là, on ne s'appelait pas Gérard, et l'on était grasse comme une petite caille. C'est égal, en 1820, les marchandes de sourires étaient autrement aimables qu'aujourd'hui... du moins c'est Richepin qui l'affirme.

Troisième acte. — Une auberge où Petit nous apparaît sous les traits d'un garçon très porté sur sa bouche. Fi que c'est vilain d'être gourmand comme cela, et de finir les écuelles laissées par les voyageurs en y fourrant un nez interminable.

Gros succès pour Jacqueline (Marthold), exquise de simplicité, de bonhomie et de sensibilité vraie. On fait aussi une ovation à l'entrée de Taillade sous les loques d'un forçat échappé. Ce que ce diable d'homme sait faire pleurer. Ah ! l'incendie n'est pas à craindre aux Menus-Plaisirs.

Quatrième acte. — L'appartement de Julia. Mlle Fehl y porte une robe crème qui tient du peignoir fastueux et de la robe de concours. Entrée d'un policier qui parle d'attentat, de complot contre la sécurité de l'État, de la cour de justice et même de la « nuit historique ». Ces petites choses-là sont toujours d'actualité.

Puis Taillade, devant Marthold, qui décidément a égalé ce soir Pauline Granger, clame à plusieurs reprises un beau cri de : « Vive l'Empereur ! » avec l'exaltation d'un Polyeucte criant : « Je suis chrétien ! » Enthousiasme frénétique dans la salle. Est-ce le cri ? Est-ce l'auteur ?

On applaudit, on acclame. Dugué de la Fauconnerie se penche vers moi, et me dit : « Hein ! ce cri-là ! Quel écho ! Si le petit vivait encore !... »

Le dernier acte nous montre un grenier où l'on serait bien mal à vingt ans, mais où Taillade se hausse jusqu'à la comparaison possible avec le grand Frédérick.

Je ne sais pas si nous aurons le schah à Paris ; mais, grâce à M. Richepin, nous avons une pièce qui ne manque pas de chien, et le *Chien de garde* a trouvé, boulevard de Strasbourg, une niche où il sera longtemps fêté.

LE DROIT DU SEIGNEUR — MA CAMARADE

27 mai 1889.

Depuis que M. Derenbourg a abandonné la musique pour le grand art, M. de Lagoanère ne pouvait se consoler de ne plus monter tous les soirs à son pupitre de chef d'orchestre. La mise en vente du théâtre des Bouffes lui a fourni une occasion non seulement de reprendre le sceptre directorial, mais de rebrandir d'une main ferme le bâton du commandement.

Hier soir, gai, souriant, heureux comme un homme qui rentre dans son élément, il tapait à neuf heures moins le quart trois petits coups secs sur son pupitre, et nous servait l'ouverture du *Droit du Seigneur*. Pour son début, il ne pouvait avoir la main plus heureuse. Il a trouvé pour monter cette pièce, qui fit les plus beaux jours de Beaumarchais et de la Gaîté, un Ribolais (Piccaluga), faisant un sort à chacun de ses couplets. Le baron, c'est Montrouge, qui n'avait jamais chanté une partition aussi complète et qui me disait avec modestie qu'il avait des notes de ténor, et que, quant aux autres..., il les passait sous silence.

(Il m'a donné du mal! m'avouait M. de Lagoanère.) Le duc, c'est Désiré, un nom qui doit faire retentir joyeusement les échos des Bouffes; enfin Berzelius, c'est Janin, qui porte avec élégance le frac de capitaine.

Du côté des femmes, ç'a été un peu plus difficile. On a essayé et renvoyé successivement cinq duègnes pour le rôle de la baronne. Enfin, Mme Maurel a appris le rôle en chemin de fer et a joué ce soir avec sa verve habituelle après deux répétitions. Voyez-vous la petite folle! Catissou, c'est maintenant la belle Saint-Laurent qui chante avec crânerie et soutient avec énergie la bannière des droits de la femme. Enfin Lucinette, ce rôle où s'illustrèrent Humberta et Jane Caylus, c'est Théo, Théo elle-même, adorable comme toujours dans son costume de paysanne sortant du bain, Vénus sortant de l'onde avec cheveux blonds épars et chemisette décolletée; en mariée avec costume court de crêpe de Chine blanc, tout garni de dentelles; et enfin en robe de drap vert d'eau et mauve, complété par un petit bonnet qui ressemble à une tête d'oiseau.

Il faut la voir chanter l'air du *Coquelicot*, un coquelicot qu'elle a sur l'épaule. Tout le monde voulait voir, — moi aussi, — mais j'avais devant moi un gros monsieur!... Et la valse, la fameuse valse!... Ah! mes enfants, en voyant Théo, je vous le dis sans ambages, je comprends joliment que le baron ait rétabli le droit du seigneur :

<small>Sans ambages. . mais avec jambage.</small>

Le même soir, le Palais-Royal reprenait *Ma cama-*

rade avec les acteurs de la création, et la rentrée de Réjane dans ce délicieux rôle de Parisienne intelligente et perverse qui convient si bien au genre un peu gavroche de la fine comédienne. Je n'aurais pas mieux demandé que d'applaudir Daubray-Cotentin et Galipaux-des-Platanes, de lorgner la jolie Bonnet qui devrait à l'occasion du Centenaire entrer au Panthéon par-déssus... Desmoulins, mais, sapristi, quelle chaleur!

Et je me suis rappelé l'heureuse époque où les balustrades de fer de ce petit théâtre portaient l'écriteau : Prière de ne pas ouvrir, « vu la température ». Hier soir, on avait ouvert « vu la température », et la brise de la rue Montpensier arrivait tiède et peu parfumée.

Ah! comme je me rends compte du succès de la tour Eiffel!

COLIBRI. — UN BEAU-PÈRE EN HUSSARD. UN TOUR D'ARLEQUIN.

12 juin 1889.

Grâce à Mlle Camille Clermont, le Vaudeville ce soir rouvrait ses portes. On en revient toujours à ses premières amours, n'est-ce pas, Fanfan? On sait, en effet, que cette vaillante et sympathique comédienne s'est mise à la tête de l'*Association artistique*. Cette œuvre a pour but d'ouvrir aux jeunes artistes et aux élèves en état de débuter l'accès du théâtre, ce qui leur permettra de se faire entendre du public et juger par la critique, ainsi que par les directeurs de théâtre. L'Association doit donner chaque mois une représentation dans un théâtre de Paris, et pour nous allécher sans doute et pour débuter, on nous a servi ce soir trois actes inédits, s. v. p., et qui ont été aux nues.

Colibri, pièce en un acte et en vers de M. Louis Legendre, est un petit bijou finement ciselé qui avait jadis été reçu par l'Odéon, mais comme M. Porel ne le jouait pas, l'auteur a préféré nous le faire entendre au Vaudeville. Elle est tout à fait charmante la danseuse Colibri (M*lle* Clermont) en robe Louis XIII vert d'eau et satin rose, décolletée en carré avec large collerette, et l'on comprend qu'elle enflamme les cœurs de Loretto et d'Asdrubal. Superbe ce dernier (Marcel) dans son riche costume de fat et de matamore, et comme il le dit, on entend à sa voix vibrante que la nature l'a fait *d'un métal résistant*. Loretto (Henri Kerdal) est un amoureux blond, verveux et convaincu, ce qui ne m'étonne pas ; quant au vieux Perruchio (Mondos), il ne nous a pas montré le sien... comme Antoine, mais en revanche un nez qui vaut une fortune.

Grand succès pour la sérénade chantée dans la coulisse sur l'adorable musique de M. André Messager :

> On dit qu'un barbon te propose
> Sa vieille âme et sa vieille main.
> L'amour a bien ri de la chose
> Il t'aura prise avant demain.

Après venait le *Beau-père en hussard,* de votre serviteur Richard O'Monroy, et de M. Paul Sipière. M. Richard O'Monroy avait écrit ce petit acte pour le Cercle des Mirlitons, mais l'œuvre joyeuse n'a pu que gagner à l'agrandissement du cadre. M. André Michel, l'excellent acteur du Vaudeville, avait bien voulu mettre sa vieille expérience au service du beau-père Radigeau. Il faut le voir ficelé dans un dolman trop étroit pour lui, coiffé d'un shako à plumes de coq, courir pâle, ahuri, poursuivi par son gendre. C'est irrésistible. Très élégant M. Marcel en capitaine Letambly ; impossible de mieux porter l'uniforme. M*lle* Dangeville nous a représenté une Henriette fière, spirituelle et bien moderne. On a fait aussi un succès de rire à un petit bonhomme qui ressemble fabuleusement à Grassot, et qui, sur l'affiche, porte le nom de Chimène. Espérons que pour lui tout Paris aura les yeux de Rodrigue.

Enfin, la soirée s'est terminée par un *Tour d'Arlequin*, pièce en vers de MM. Piazza et Ribaud, musique de M. Paulin, où le public a revu avec plaisir Polichinelle, Arlequin, Pierrot et Colombine, ces charmants héros de la comédie italienne. Nous avons noté au passage quelques rimes d'une richesse... banvillesque.

> ... Serait-il trop payé par cette bagatelle
> La feinte de lui mettre au doigt la bague a-t-elle...
>   Mon sang bout;
> J'ai beau chercher, je suis dans un chemin sans bout.

Si l'Association artistique nous donne souvent des soirées semblables, elle sera bientôt aussi riche que les rimes de M. Piazza.

LA TEMPÊTE

26 juin 1889.

On oublie trop que l'Opéra est l'Académie nationale de la musique... et de la danse, et d'ailleurs il faut bien faire quelque chose pour les vieux abonnés; aussi, pour contenter tout le monde, M. Ambroise Thomas nous a donné la *Tempête*, un ballet dans lequel il y a non seulement de la musique, non seulement de la danse, mais même du chant. Tous les bonheurs à la fois.

A neuf heures moins le quart, le rideau se lève devant une salle incomplètement garnie et qui se remplit peu à peu; d'ailleurs, j'aime mieux cela, et je serai moins distrait pour regarder le ballet.

Acte premier. — Premier tableau de M. Lavastre, « l'Espace ». Pas commode à rendre. L'Espace est représenté par une série de nuages lilas et roses. On entend au loin la voix de la mère de Miranda, en réalité la voix de Mlle Pack, une jeune et jolie cantatrice qui s'exerce ainsi dans la coulisse avant de faire apprécier par les abonnés son soprano et son gracieux visage.

Mais le décor change immédiatement, et nous voilà dans l'« île des Génies ». Palais de verdure superbe, arbres gigantesques dont les branches forment sur le sol ensoleillé de grands losanges mi-partie ombre et lumière. Les libellules, une soixantaine de fillettes de neuf à douze ans — celles que le marquis de X... trouve déjà un peu marquées — évoluent autour de Caliban endormi.

Le Caliban de l'Opéra — (M. Hansen) — est un monstre verdâtre comme la plupart des monstres, et qui veut arracher les ailes à l'une des libellules. Heureusement qu'Ariel intervient. Ariel, c'est Mlle Laus qui faisait ses débuts à l'Opéra. Elle a de grandes sympathies parmi les fauteuils d'orchestre.

Impossible, d'ailleurs, de porter mieux la tunique courte avec guirlande de pampres qui laisse voir la jambe arquée et fière.

Une barque de pêcheurs napolitains, dirigée par Stefano (le bon Pluque) apporte un enfant qui est adopté par Ariel. Pourquoi? C'est ce que je suis heureux de ne pas avoir à vous expliquer; mais, en revanche, je puis vous dire que les mousses napolitains ont des cuisses que j'ai comprises à première vue.

Pendant l'entr'acte, je monte un peu sur la scène. On tend des bandes de toile bleue, et derrière ces bandes doivent se cacher quatre rangs de jeunes personnes vêtues de gaze diamantée et portant sur la tête un très gracieux casque formé d'une couronne de comtesse fermée par deux grandes plumes bleues. M. Gailhard se promène avec un grand bâton et jure :

— Allons, mesdemoiselles, couchez-vous, on voit

vos plumes! Sacrebleu, couchez-vous donc! ce n'est pourtant pas malin de se coucher!

Ces demoiselles rient, obéissent... et se couchent. Touchante docilité!

Retournons vite dans la salle pour l'*acte deuxième*.

La toile se lève sur la « Grotte d'azur ». Ravissante la perspective de ce grand lac bleu lamé d'argent, avec, au fond, la grotte éclairée à la lumière électrique. Les demoiselles couchées se lèvent graduellement, — déjà! et se mettent en état de distraire Miranda, l'enfant du premier acte, qui a grandi et est devenue l'exquise Rosita Mauri, avec la traditionnelle robe blanche des étoiles. On entend au loin une barcarole, et en l'entendant tout le monde s'enfuit sans que je sache au juste pourquoi. Si je l'avais chantée, ce serait une raison.

Deuxième tableau. — La Tempête. — Nous voici revenus à l'île des Génies : une galère passe au loin, et comme Miranda voudrait en connaître les hôtes, Ariel déchaîne les éléments. Le ciel devient tout noir, le tonnerre gronde, les éclairs sillonnent l'espace et se reflètent éblouissants dans les flots agités — ce qu'on doit s'amuser là-dessous! — Enfin, après la pluie vient le beau temps, et l'un des naufragés (M. Vazquez) apparaît. C'est le prince Ferdinand. Il est très beau, ressemble à notre confrère Paul Ferrier, et tous les génies ont envie de lui chanter :

O Ferdinand!
T'as gagné le lapin blanc.

Le lapin, cette fois, c'est Miranda. Ils se voient et s'aiment à première vue, et, après quelques entrechats bien en situation, Ariel met des fers aux poignets de Ferdinand pour prouver sans doute cette idée neuve que l'amour est un esclavage. Mais Ariel, pour conserver Miranda, évoque les esprits de la Nuit, et elle a joliment raison, car ces trois génies sont : Mmes Invernizzi, Monnier et Torri. Il faut les voir en chauves-souris, relevant avec leurs bras nus des ailes de peluche brune, leurs jolies têtes entourées de collerettes en plumes de hibou et coiffées en chat-huant avec des yeux lumineux. C'est ravissant, et Invernizzi a des attitudes et un sourire adorables. Grâce à ces esprits de la Nuit, tout le monde s'endort, les génies, Ferdinand..., et peut-être aussi les abonnés.

Pendant l'entr'acte, un peu longuet, je lorgne la salle. C'est un beau mercredi. Dans l'avant-scène, Mme Cahen, d'Anvers, la baronne Levavasseur, plus jolie que jamais avec son diadème Henri II et sa robe lacée d'or, la duchesse de Conegliano, la duchesse de Bojano, Mme Porgès, la marquise de Massa avec sa cousine, la comtesse de Meffray, la baronne Hottinguer, la duchesse de La Rochefoucauld-Doudeauville, les baronnes Gustave et Alphonse de Rothschid, le Jockey-Club au complet dans son avant-scène. Un peu partout aux fauteuils : le prince Troubetzkoï, le comte Robert de Fitz-James, le prince de la Tour-d'Auvergne, le baron de Saint-Amand, M. Charles Bocher, le vicomte de Tredern, Henri Ribot, baron de Kœnigswarter, etc. J'ai noté une dernière fois ce pimpant personnel — pour la clôture — car la fête nationale nous menace, et l'on prépare ses malles.

Acte troisième. — Jardin enchanté, habité par de

jolies abeilles en jupes de satin jaune à bandes noires, conduites par l'appétissante Ottolini. — C'est un Rubens!... Elles enferment Caliban dans un arbre tout noueux, et alors nous assistons à une grande scène d'amour entre Ferdinand et Miranda (fichus noms, décidément). Cette fois, Mauri a une jupe de crépon de Chine rose, avec ceinture d'argent. Corsage assez chaste devant, mais pas du tout de corsage derrière; l'échancrure descend jusqu'aux reins et s'arrête seulement aux environs de... Shaffhouse.

Ariel, jaloux, évoque les esprits des bois, affreux avec leur visage informe et le costume chocolat qui passe par toutes les couleurs des fontaines lumineuses; mais Ferdinand les met en fuite après un beau combat à la z-hache. Il embrasse alors Rosita Mauri qui, d'abord furieuse sans raison, en est ensuite ravie sans cause. Ariel les chasse, la clairière s'ouvre, et nous apercevons la pleine mer resplendissante au soleil.

Dernier tableau. Le clou de la soirée. Apparition de la galère superbement pavoisée et garnie de fleurs. Les passagers sont en casque d'or et en tunique de lin blanc. Il y en a au moins une cinquantaine dans des groupes sympathiques. A la proue une splendide créature rousse couronnée d'algues marines (Mlle Lecouvey), dont le corps se replie dans l'avant du navire. Sur chaque flanc de la galère des femmes couchées simulant les flots animés. L'embarcation arrive par le fond, vire de bord, et glisse jusqu'à 2 mètres du trou du souffleur. Gros effet.

Ferdinand et Miranda s'assoient respectivement sur un ressort en fer qui les hisse dans le bateau. Ils partent heureux, glorieux dans des lueurs d'apothéoses, et ils auront beaucoup d'enfants.

O Tramblay, ô Violat, ô Ricotti, ô Chabot, ô Doucet, ô Lecouvey, ô Roumier, je vous ai admirées toutes, toutes pendant cette *Tempête*, et, en songeant aux orages que vous faites naître, je me suis rappelé le mot mélancolique de Marocain dans les *Diables roses* :

J'ai vu ceux de la femme et j'ai vu ceux des flots.
Et j'ai plaint les amants plus que les matelots.

LE PRINCE SOLEIL

11 juillet 1889.

Oui, Parisiens, mes frères, 11 juillet 1889, et nous avons une première, une vraie première à laquelle le devoir m'oblige de consacrer une soirée. Ah! comme on voit bien que nous sommes en temps d'Exposition! Ce soir, il s'agit du *Prince Soleil*, un prince que nous connaissons depuis bientôt trois mois et qui nous a obligés bien souvent à nous éponger le front.

Soyons courtois, et allons lui rendre sa visite, avec le doux espoir que, vu la circonstance, le Châtelet voudra bien remplacer l'ardent Phœbus par la lumière électrique.

PREMIER TABLEAU. — *Chez le professeur Piperboom, en Suède.* — Simple toile d'intérieur, nous permettant de revoir avec plaisir le bon Francès avec ses jambes toujours écartées (pourquoi?), son épouse (Toudouze) plus plantureuse et exubérante que jamais et leur fille Ellena — Mlle Aga, qui, en dépit de son nom bizarre, nous paraît une fort jolie personne

toute blanche et toute rose. On en mangerait. Agaga !
Bon nanan !

Deuxième tableau. — *Réception au palais du gouvernement à Stockholm.* — Superbe salle dorée envahie par une foule grouillante d'officiers et de diplomates appartenant à tous les pays. J'ai noté les deux attachés français, un fantassin et un hussard, dont la tenue m'a paru beaucoup plus exacte que d'habitude ; je ferai seulement observer que les attachés ont la bande or ou argent au pantalon, et que les sabres n'ont plus qu'une bélière depuis au moins cinq ans. Devant chaque porte, de magnifiques gardes, hauts de six pieds, avec casque, tunique blanche et plastron noir. Puis une musique bleu de ciel qui, sans raison apparente, traverse la salle des fêtes toutes les cinq minutes. Peut-être est-ce la fanfare des *Beni-Bouffe-Toujours*.

Mouvement d'attention : entrée du prince Soleil (Lantelme) en costume indien, satin bleu et broderies argent. Sur la tête une petite toque surmontée d'un panache. Au cou, un triple collier de perles. Toujours bien jolie, Lantelme, mais un peu engraissée. Le moment est venu de supprimer les farineux. Promettez-le-moi, ô Altesse !

La fête se termine par une entrée du peuple dans la salle des fêtes, — exemple démocratique que nous ne saurions trop recommander à M. Carnot, et l'on chante un chœur très applaudi :

Nous sommes les enfants du pays scandidave.

Pourquoi ne pas nous dire simplement qu'ils sont

Suédois. A la fin du tableau, feu d'artifice, à l'instar du Jardin de Paris. Pssssschhht!! (ça, c'est pour vous imiter la fusée).

Troisième tableau. — *Posada à l'embouchure du Tage.* — Maison à deux étages permettant aux étonnants Lauris de commencer leurs exercices. Poursuites, coups de pied, armoires renversées, culbutes, plafonds défoncés, sièges soutenus à coups de briques contre la gendarmerie : vous connaissez le programme habituel de ces petites fêtes. Cette fois, les amusants clowns sont habillés en Chinois, Écossais, Indien, Espagnol, sans oublier un Hottentot. Ils font un bruit épouvantable, et Peterboom doit trouver que les Lauris empêchent de dormir. Finalement, tout le monde est emmené chez le regedor.

Quatrième tableau. — *Cabinet du regedor* (Chameroy). — La voilà bien, la bonne justice à laquelle personne ne comprend rien — ni les spectateurs ni les auteurs. — Mais j'ai très bien compris le minois futé de l'hôtesse (Blanche Miroir), tout à fait charmante sous le grand feutre des filles de Buffalo-Bill.

Cinquième talbeau. — *La galerie des canons,* ou l'usine Cail au temps du colonel de Bange. — Les canons ne partent pas, mais Peterboom part afin de voir un ballet de singes. J'aime les situations motivées.

Sixième tableau. — *Le mont aux Singes à Gibraltar.* — Très beau décor, avec perspectives immenses, arbres gigantesques, et dans le fond la rade. Entrée de l'armée anglaise, avec tambours, fifres, général et soldats avec le casque blanc et la tunique rouge. L'arrière-garde est formée de highlanders en satin, portant des étendards multicolores. Ces troupes se forment en bataille sur les quatre côtés du théâtre. Amener des troupes en grande tenue pour voir danser des singes! Je ne reconnais pas là la dignité de l'Angleterre.

Heureusement qu'il y a aussi des Espagnoles, et de très jolies Espagnoles, avec costume de satin jaune et rouge, le bas noir terminé par une jarretière à gros pompon jaune et rouge, laissant voir une main de cuisse rose. Tais-toi, mon cœur!... Il y en a d'autres qui ont des corsages de velours violet sur jupe lilas très réussies, et parmi elles, je note Mlle Laviolette, qui doit être de Parme malgré sa modestie. L'étoile Mlle Zanfretta est une grande fille brune, admirablement découplée, qui se coiffe avec deux raies horizontales au-dessus de chaque oreille, et qui est vraiment ravissante. Et à côté d'elle une délicate blonde, Mlle Desprez, est charmante de grâce et de souple légèreté.

Et les singes? Ils sont venus à la fin, sans raison, à moins que par comparaison ces singes n'aient voulu nous montrer la Lantelme magique.

SIXIÈME TABLEAU. — *A bord du « prince Albert »*. — Le fameux bateau du *Tour du monde*. Les Lauris s'y livrent à de nouvelles facéties, passent dans les cadres, grimpent dans le tuyau de la machine, et disparaissent dans la chaudière. Le bateau s'abîme dans les flots, avec difficulté, et les Lauris nagent dans la joie et dans la mer immense.

Je passe sur une ou deux scènes sans importance, — le dialogue et les mots d'esprit ne me regardant pas, ce dont je suis bien aise !! et j'arrive au clou de la soirée.

Dans le Soleil. — Là, un véritable éblouissement. Tout est doré. Le Soleil porte un costume qui doit bien faire rager Louis XIV, les femmes étincellent d'or et d'argent et ont sur la tête des casques avec rayons en zigzag; des soleils dans les mains, des soleils au bout des piques; des cuirasses, des brassards, et sur tout ce métal le rayonnement de la lumière électrique. A l'apothéose, le soleil se lève dans le fond, en forme d'éventail. Je ne crois pas qu'on ait jamais fait plus beau. Gros effet.

Je commence à être un peu fatigué; aussi je me borne à citer encore, avant la chute du rideau, le jardin des fleurs à Yokohama, où M. Fleury nous a servi toute la poésie et tout le charme capiteux du cadre cher aux marchandes de sourires.

Ouf! voilà une pièce qui plaira beaucoup aux étrangers, surtout à ceux qui ne savent pas un mot de français; et quant à nous, après avoir applaudi le prince Soleil, nous avons eu un certain plaisir, en sortant, à contempler la lune.

...Sans comparaison avec Mlle Lantelme, elle était superbe !

LES GITANAS DE GRENADE

13 juillet 1889.

Là-bas, à l'Exposition, un coquet petit théâtre à 100 mètres du pilier sud de la tour Eiffel.

Au fond, un décor représentant une grotte des environs de Grenade, et devant ce décor une vingtaine de gitanas des deux sexes, assis en demi-cercle ; au centre leur capitan, un superbe gaillard en veste de velours, pantalon gris-perle, grand chapeau de velours : il joue de la guitare tout en fumant des cigarettes avec un suprême dédain.

Le capitan, en effet, est le roi de la troupe gitane ; il est vénéré, obéi à l'œil ; il a toujours sur lui son revolver. Ces jours derniers un amoureux voulait lutiner une des gitanes :

— Je vais vous brûler la gueule, dit le capitan.

— Et moi, je vais vous dresser procès-verbal pour port d'arme illégal.

— Je vous en défie.

Ce qu'il y a de plus joli, c'est que le galant était un commissaire de police.

A côté de lui les types les plus curieux de cette

race, croisement espagnol et maure, qui conserva à travers les âges son type, ses chansons, ses habitudes. Les femmes ont des cheveux noir-bleu plaqués en virgules sur le front, de magnifiques teints oranges, des dents éblouissantes ; sauf deux, pas régulièrement jolies si l'on veut, mais une souplesse, une grâce, un piment tout particulier.

L'histoire de leur engagement est des plus amusantes. Mme de Montaut avait vu cette troupe à Grenade ; elle en parle avec enthousiasme à M. Sari qui, séance tenante, fait partir à sa recherche M. Grasset. On les prend tels quels, presque en guenille ; en route, on leur donne de l'argent ; ils achètent des étoffes, et tout en voyageant, ils se taillent ces étonnants costumes bariolés, jaunes, rouges, verts, brodés des couleurs les plus crues, aveuglantes... et superbes. Et une gaieté et une joie d'aller à Paris. Après quatre jours de voyage, dans l'omnibus de la gare qui menait à l'Exposition, on dansait déjà. Ollé ! Ollé ! en se trémoussant et en tapant dans les mains.

Depuis on n'a pas cessé.

Ce soir, la salle est bondée. Dans le fond, un orchestre français jouant des airs espagnols, mais trop cuivrés. Ce qu'il eût fallu, c'est une *Estudiantina*.

A neuf heures, le spectacle commence. Je ne puis vous décrire par le menu le succès obtenu par ces *tanga*, ces *baile del novia*, ces *alegrias*, ces *fandangos*, ces *panaderos* d'un cachet si spécial. Je note seulement la jolie Juana, souple comme une panthère, avec son torse flexible, sans corset, et ses déhanchements pleins de promesse ; Mathilda, la meilleure danseuse peut-être, qui lève la jambe comme la Goulue, et a même des notions de pointés ; sa sœur Soledad, une veuve de treize ans (!!) très gracieuse ; le danseur comique Pichiri, un grand gaillard, au teint olivâtre, sec comme une alumette, qui, sanglé dans son étroite culotte, a les tortillements de reins les plus extravagants.

Mais je garde pour la bonne bouche Pepa, une grosse réjouie, avec un œil d'une lubricité étonnante ; elle est canaille à rêver, potelée comme une caille, avec les plus beaux bras du monde. Dans le masque gouailleur quelque chose de notre grande Thérésa. Pour danser, elle se campe sur l'oreille un feutre d'homme ; puis, avec Pichiri, commence un pas que tout Paris voudra voir. Si j'ai bien compris ce *Tango*, Pepa exhorte Pichiri à venir, en lui chantant un couplet — et quel couplet ! — et en exécutant à ses yeux extasiés une danse de ventre spéciale.

Soulevant de sa main gauche sa jupe, comme si elle craignait de la perdre, le poignet appuyé sur sa croupe extra-andalouse, elle exécute une rotation lente, lascive, scandée par des mouvements inconscients et nerveux ; le ventre s'offre, se retire, et le torse descend peu à peu par un mouvement en spirale, jusqu'à ce qu'il se relève par un sursaut brusque. Et pendant ce temps, elle fronce les sourcils, elle se mord les lèvres avec les dents, sérieuse, concentrée, toute à son œuvre, folle de luxure. Ah ! comme je comprends mieux cette danse du ventre-là, que le trémoussement froid, mécanique et grotesque de la rue du Caire !

De temps en temps, elle lance à Pichiri des objurgations, l'excitant de la voix et du geste, avec un œil qui promet et une main qui appelle. Je me fais traduire une des phrases du couplet, et voici ce qu'elle chante :

« Moi, j'adore le saucisson quand il est bien gros. »

N'approfondissons pas. Et à chaque nouvelle phrase, à chaque nouvelle rotation de la croupe, Pichiri bondit et se rapproche, comme mordu par un désir insensé. Enfin, au milieu des vivats, sous une pluie de fleurs, d'oranges et de cigarettes lancées par le public en délire, les deux danseurs s'arrêtent. Il était temps !...

Pendant chaque danse, d'ailleurs, les cris gutturaux, les interpellations rauques, les castagnettes, les tambourins, les claquements de mains forment un concert assourdissant, et dont l'entrain va en crescendo ; et quand le pas est fini, à la mode espagnole, les spectateurs envoient des bouquets que les danseuses se piquent sur leurs cheveux, ce qui forme bientôt les casques les plus gracieux du monde.

La soirée se termine par une danse générale que le programme qualifie de *Danza typica*. Je ne sais pas si elle était *typica;* mais ce que je sais c'est que nos gitanes, grisées par le bruit, excitées par nos applaudissements, sautaient de plus en plus fort, se tortillaient de plus en plus voluptueusement, relevaient leurs jupes de plus en plus haut... Olle ! Olle !...

Le rideau est tombé... et j'ai été voir les fontaines lumineuses. Ce qu'elles m'ont paru pâles, ma chère !...

LA CONSPIRATION DU GÉNÉRAL MALET

4 octobre 1889.

J'ai été bien souvent au théâtre du Château-d'Eau, comme amateur, comme victime, comme soiriste, mais je n'y avais pas encore été comme invité. Ce soir, j'avais une invitation personnelle, s. v. p., de M. Augé de Lassus. Aussi, j'ai mis des gants comme le prince et je me suis fait friser au petit fer. La salle était bondée et très bien composée : tout ça c'était des invités. Il y avait des messieurs en frac à la quatrième galerie, et des femmes avec des diamants au paradis.

Malheureusement pour moi, je ne connaissais pas beaucoup de monde parmi ces invités, — c'est la saison qui veut cela. L'auteur avait invité à la campagne. Pourtant j'ai reconnu Marie Colombier, Francine Laroche, Marie Laurent, Jane Richard ; parmi les hommes, Caran d'Ache, et un des frères Lionnet (je ne sais pas lequel, mais je crois que c'était l'autre), sans compter quelques confrères auxquels les vacances ont profité et qui m'ont semblé plus jolis que jamais.

Si nous parlions un peu du général Malet? Vous

voulez en parler... moi je veux bien. Parler du général ou parler d'autre chose... J'ai vu six tableaux qui m'ont amené graduellement à la conspiration du général, à son jugement et à son exécution. Des costumes empire assez exacts, et des uniformes de la grande armée qui, en souvenir du vieux cirque, font toujours plaisir à voir. Le général Malet (Desjardins) ressemble à Taillade jeune et a beaucoup plu. On l'a rappelé trois fois après le tableau de l'évasion. Lahorie est personnifié par le bon Dalmy, qui devrait bien apprendre à coiffer le tricorne galonné. Succès de gaieté pour un certain comte Passavia, qui *passe sa vie* à désirer tuer sa femme Diana sans pouvoir y parvenir.

Les deux clous de la soirée ont été la scène du buste. Le chef de la police Benazet, apprenant la mort de l'empereur, envoie chercher au grenier le buste de la République et le replace avec les marques du plus profond respect sur le socle en disant : « Elle est très bien. » Quant à l'empereur, il l'enferme dédaigneusement dans le placard. Puis, dès qu'il sait que la nouvelle est fausse et qu'il a été joué, il remet vivement le buste de l'empereur à son ancienne place en disant : « Il est mieux ! »

On attendait avec impatience le tableau du conseil de guerre, celui qui, paraît-il, a fait refuser la pièce. Deux mots seulement en effet dits par le général Malet : « Vous n'êtes pas des juges, vous êtes des esclaves. » (Ah ! s'il y avait seulement eu un peu de bon peuple au Paradis !), et puis ensuite : « Je ne me sauve pas, moi. » Malgré cela pas le moindre petit boucan que je désirais vaguement, moi, en ma qualité d'invité.

J'ai noté aussi une phrase du général : « Un seul serment dans la vie d'un homme ; un seul amour dans la vie d'une femme. » Jane Richard a protesté.

Et maintenant, dans les couloirs, une même pensée exprimée par tous les invités : Pourquoi diable la censure a-t-elle interdit cette pièce-là ? Heureusement pour moi, je rencontre un aimable monsieur chauve qui — saluez ! — occupe une éminente position dans la commission de censure : « On n'a pas interdit la pièce, me dit-il, on l'a seulement ajournée pendant la période électorale. »

Il avait l'air si sérieux le monsieur, et il était si chauve, que je l'ai cru.

P.-S. — J'ai profité d'un entr'acte pour aller à l'Ambigu donner un coup d'œil aux *Mystères de Paris*; j'ai eu la chance d'arriver pour le nouveau tableau intercalé par M. Blum. Il s'agit d'une nouvelle charge inventée contre le pauvre Pipelet par l'infernal Cabrion. Il lui persuade qu'il est malade, se déguise en docteur, lui inflige un lavement, lui fait prendre un bain en lui disant gravement : « Entrez les pieds les premiers. » Tout cela très drôle, très bon enfant et d'une irrésistible bouffonnerie.

Il faudra que j'envoie mon concierge voir cette pièce-là. Rien de tel qu'une crainte salutaire !...

THÉODORA

7 octobre 1889.

Je vous salue, Sarah, pleine de grâce, le public est avec vous, et Duquesnel aussi vous bénit ; et quand vous apparaissez coiffée de la tiare impériale, sous la pluie de roses et au milieu des nuages d'encens, vous nous semblez une divinité hiératique chargée de faire revivre en nos âmes blasées d'enthousiasme pour les belles choses.

Il n'en est pas moins vrai que la reprise de cette œuvre était depuis longtemps attendue par les étrangers... et même par les Français épris, comme moi, d'un tripotage décent et chaste, d'un tripotage tellement varié dans ses manifestations, tellement ingénieux dans ses caresses, tellement raffiné dans ses enroulements lascifs qu'il peut durer cinq heures, non seulement sans lasser le public, mais même sans énerver M. Jean Sarter, l'acteur robuste chargé du rôle d'amoureux tripoté.

Il est peu probable, en effet, que l'auteur ait écrit *Théodora* simplement pour nous reserver *Marion Delorme* comme idée, le meurtre de *Rome vaincue* comme scène capitale, et la mort de *Roméo et Juliette* comme dénouement, le tout dans de merveilleux décors byzantins. Non, l'auteur a visé plus haut : il s'est dit que, dans le public composé d'hommes solides et de femmes désirables, au fond chacun n'était préoccupé que de la *scène à faire*, la fameuse scène à faire, et il vous a gratifiés de cette scène depuis huit heures du soir jusqu'à une heure du matin. Hé! hé! c'est gentil!

Etudions donc les enseignements qui se dégagent de *Théodora* avec le sérieux qui convient à ce genre d'exercices.

Au premier acte, l'auteur nous initie à un tripotage abstrait, sans objectif précis, troublant l'incertitude même dans laquelle nous laisse cette impératrice caressante. Etendue mollement sur des coussins, elle s'étire, s'enroule, s'offre, se reprend, se tord, se cache, se pâme, s'endort, etc., etc., sans que nous puissions savoir au juste si le but de cette manœuvre savante est d'exciter nous, le chef d'orchestre, ou cet excellent Caribert.

Tantôt le bras s'élève languissamment pour retomber sur les oreillers de satin ; tantôt la jambe se plie sous la cuisse gauche de manière à produire des plis byzantins et mystérieux sous la double ceinture d'argent, puis tout à coup c'est le torse qui se dresse dans un mouvement brusque par un petit rétablissement sur les poignets, la tête restant un peu penchée sur l'épaule.

Allons, adieu! adieu! L'embrassera, l'embrassera pas. L'amant bien élevé se contente d'une étreinte avec mouvement de nid vers le cou et d'un plongeon nasal dans les frisons de la perruque blonde, et Théodora s'enfuit d'un pas adorable et byzantin.

La deuxième entrevue des amoureux a lieu dans un jardin, au troisième acte, mais rassurez-vous. Il y a un banc mi-circulaire et byzantin. Théodora arrive, enlève son voile de gaze en se cambrant en arrière dans une attitude lasse, puis elle se laisse entraîner sur le banc byzantin et s'asseoit sur les genoux d'Andreas. Sur les genoux? Certainement, mais sur le bi du bout des genoux, qu'elle effleure seulement. Elle plane plutôt qu'elle n'est assise, là, pendant plus de dix minutes, avec des mouvements de nid dans le cou, en veux-tu, en voilà. Quelquefois Théodora s'oublie dans ce cou ; on dirait qu'elle dort, et pendant ce temps Andreas lisse les cheveux ou les sourcils de sa bien-aimée ; il lui caresse les oreilles avec mollesse et suavité. Je vous assure que tout cela est très convenablement fait et très compris. La visite est terminée, et Théodora se laisse porter jusque vers la porte du jardin ; et dame, là, il y a un triomphant baiser sur les lèvres.

Ouf! nous l'avions bien gagné ce baiser là, et quel dommage que la toile tombe!

Voyez, d'ailleurs, la gradation ingénieuse de ce tripotage ! Nous avons eu le tripotage de fauteuil, le tripotage de canapé; au dernier acte nous avons le tripotage de lit. Pendant l'incendie de Sainte-Sophie, Andréas est étendu sur un lit vaste et byzantin sur lequel on peut évoluer. Andréas se met sur son séant, et Théodora profitant de la place laissée libre passe *derrière* son bien-aimé, et par un prodigieux mouvement de désarticulation vient lui parler *par devant*, le corps restant en arrière (!!).

Cette fois lutte de Théodora avec l'ingrat qui refuse ses lèvres. Car il refuse, le misérable ! Mais donne-les donc !

Ah ! monsieur, si vous saviez dans quel état nous étions du côté cour. D'un côté, Sarah qui veut; de l'autre, Sarther qui ne veut pas. Quelle situation !

Il avale un philtre d'amour. Cette fois la *scène à faire* jusqu'au bout. Hélas ! le philtre étant du poison, Andréas tombe sur le dos, et Théodora s'étend tout de son long sur lui. Sur lui ! Oui, monsieur, mais il est mort. Je vous jure que s'il y avait seulement un espoir, elle s'étalerait à côté.

A une heure du matin le rideau se baisse sur des applaudissements frénétiques. On rappelle Sarah cinq fois. Miss Anderson fait craquer ses gants, Becker est émue, Brandès est transportée et Buffalo Bill essuie une larme.

Je vous salue, Sarah, pleine de grâce. Le public est avec vous et Duquesnel vous bénit.

LE PÈRE LE BONNARD

21 octobre 1889.

Ce n'est pas sans une certaine fierté que je me suis rendu ce soir au Théâtre-Libre. Je faisais partie de cette élite (!) chargée de reviser un procès, de casser l'arrêt rendu par les juges de la rue Richelieu. J'étais comme une manière de Haute-Cour de justice, et ce que je me rengorgeais, ma chère, tout le temps dans mon fiacre ! J'avais trois mentons en arrivant boulevard de Strasbourg.

Il y avait d'ailleurs la question du Guignol, le fameux prologue qu'on ne nous avait pas donné à la répétition générale, pour ne pas le déflorer, et vous savez, tous tant que nous sommes, nous avons un faible pour les imitations. Seulement, dans les revues, on ne nous les sert qu'à onze heures du soir. M. Antoine nous les a offertes à neuf heures. Merci, Antoine !

Dès huit heures trois quarts, la salle est bondée. Au hasard de la lorgnette : Mme Beulé, Mme de Lagrené et sa fille, Mme Mayer, la comtesse de Loynes ; beaucoup d'artistes : Suzanne Pic, Bepoix, Defresnes,

Marni, Vrignaut, Caron, Hadamart, Jane Froment, etc., etc. Comme hommes : Goncourt dans l'avant-scène, Paul de Rémusat, Meilhac, Hennique, général Lacretelle, Lecorbellier, Japy, etc., etc.

Pour faire passer le temps, on nous sert un petit programme transparent... Saperlipopette ! En regardant le carton à la lumière, on aperçoit une dame dans le costume de notre mère Eve, exécutant la danse du ventre — et quel ventre ! — devant la rampe. Renseignements pris, il paraît que cette suave créature est précisément le Théâtre-Libre. Je comprends maintenant l'enthousiasme des abonnés.

Neuf heures. La toile se lève : vif mouvement d'attention pour le prologue ! *Dans le Guignol.* Décor de répétition avec portants et praticables. Au centre, à une table, M. Tervil, représentant Got avec une ressemblance parfaite. A une autre table, Mugeyre (Worms), et enfin à une troisième table Poggi montrant M. Claretie avec une vérité suffisante. Au milieu de ces trois tables se démène le pauvre auteur personnifié par Antoine. Il crie, hurle, sue, se démène au milieu de tous ces gens qui veulent lui persuader qu'il ne sait pas ce que c'est que le théâtre. Vraiment, est-ce que M. Aicard a souffert autant que cela ? Alors comment sa barbe et ses cheveux sont-ils restés d'un si beau noir !

A chaque phrase lancée par Got (Tervil) le public se tord, mais — faut-il dire la vérité ? — on s'attendait à quelque chose de plus venimeux, de plus méchant. On est resté correct et courtois de part et d'autre. A quand la reprise de *Smilis* ?

Et maintenant arrivons à la pièce. Quatre actes de poésie sans entr'acte. La voilà bien, la fête... de

Paris-*en vers*! Le rôle de Got (Lebonnard) est échu à M. Antoine, qui s'est composé une admirable tête de vieil horloger paisible : cheveux longs, barbe inculte, pantalon défraîchi, gilet trop court boutonné à la diable; sur le dos, la houppelande avachie du désillusionné, et dans la poche, le petit marteau du travailleur, c'est parfait. Evidemment, M. Antoine n'a pas la voix du doyen de la Comédie-Française; mais quelle intelligence, quelle conviction dans la révolte, et dans la rage ! Worms (Robert) est remplacé par M. Grand, un jeune homme élégant, qui porte bien la jaquette moderne. Lebargy (André) a cédé son rôle à M. Ramy, un docteur à barbiche en pointe, qui a joué longtemps dans la troupe Coquelin. Enfin Laroche (le marquis) a passé la main à Philipon, qui a bien tort de croire que les anciens officiers portent des redingotes à collet de moire antique.

Du côté des dames, faute de Pierson, nous avons Barny. Dame... ce n'est pas la même figure, — Barny soit qui mal y pense, — mais enfin Mme Lebonnard se montre d'une jeunesse relative, avec de belles robes et des cheveux noirs, ce qui ne lui était pas arrivé depuis la fondation du Thâtre-Libre. Marthe, la vieille servante à coiffe bretonne, devait être jouée par Pauline Granger. C'est l'excellente France qui a hérité du rôle. Elle pleure, souffre, en faisant pleurer et souffrir réellement. Rien que d'y penser, je me mouche encore. Vive la France !

Enfin, Mlles Reichemberg et Baretta ont été remplacées par deux jeunes personnes également fort agréables à regarder : Mlle Aubry (Jeanne Lebonnard) est, paraît-il, née à l'île Bourbon, et je l'en félicite, car son tempérament de créole apparaît dans les heures de tendresse et de bonté. Toute jeune encore, elle a débuté dernièrement à Déjazet dans le *Cheval d'Aristote*, une farce de Pierre Wolf, neveu du vrai. Quant à M⁽ˡˡᵉ⁾ Marguerite Achard, délicieuse dans sa robe havane avec parements en velours frappé, elle a les yeux bleus, le sourire agréable et l'air aristocratique. On l'a déjà entre aperçue au Vaudeville et au Gymnase, mais on l'y reverra et avec plaisir.

Comme décor, je n'ai pas grand'chose à vous dire : les quatre actes se passent dans un salon confortable, sièges ottomans (soixante-quinze francs), portières caramanie (solde d'hiver : vingt-cinq francs) et orné d'une pendule, d'une horloge et d'un cartel. Il est vrai que nous sommes chez un horloger, et c'est sans doute pour cela qu'aucune aiguille ne marche.

Au premier acte un vers m'a frappé. Lebonnard dit :

> Je veux du bœuf saignant et des œufs à la coque.

Que de fois j'ai dit cela au maître d'hôtel sans me douter que moi aussi j'étais poète, que je faisais un vers de Jean Aicard — et sans effort.

Au troisième acte explosion d'enthousiasme quand Antoine crie : Tais-toi ! bâtard !

Et la scène vibrante qui suit est ponctuée par des applaudissements unanimes. On redemande deux fois les acteurs à la chute du rideau.

Pour être franc, je dois avouer qu'au quatrième acte le public ne m'a pas paru très attendri par l'héroïsme de Robert qui s'engage soldat « parce qu'il veut mourir ». Aujourd'hui que tout le monde est soldat le sacrifice est mince ; on n'en meurt pas, et je proposerais variante :

Alors je m'en vais fair' mon volontariat.

Peut-être M. Aicard ne voudrait-il pas de mon vers sous prétexte qu'il a un pied de trop, mais il me semble qu'on a droit au vers libre dans le Théâtre-Libre.

A minuit tout s'arrange, chacune épouse son petit bâtard, tout le monde est content... et la pièce ne finit cependant qu'à minuit un quart. L'auteur a voulu nous donner un quart d'heure pour nous remettre. Qu'aurait-on dit si l'on nous avait vus sur les boulevards avec le nez rouge et des yeux baignés de larmes !...

C'est égal, la postérité reconnaissante donnera au directeur du Théâtre-Libre le surnom glorieux d'*Antoine-le-Débonnard*, un surnom qu'aurait pu mériter Jules Claretie... s'il avait voulu.

P.-S. — Entendu à la sortie un mot assez drôle :
— Pourquoi le grand Aicart n'a-t-il pas intitulé sa pièce *les bâtards parrallèles ?*

MADAME L'ARCHIDUC

Opéra-bouffe en trois actes, de M. Albert Millaud
Musique de Jacques Offenbach.

23 octobre 1889.

C'est en 1874 que *Madame l'Archiduc* fut représentée pour la première fois au petit théâtre des Bouffes, où Judic et Daubray régnaient dans toute leur gloire ; reprise en 1877 avec Théo, on ne l'avait pas jouée depuis, mais elle avait servi de type à toutes les opérettes qui nous ont été servies par la suite : au premier acte, une auberge où l'on se marie ; au deuxième acte, la salle d'un château où l'on a emmené les mariés pour les turlupiner ; au troisième acte, le jardin du château, avec ronde de petits pages. Tantôt l'archiduc s'est appelé le roi, le podestat, ou Laurent XVII, mais, au fond, ç'a toujours été la même pièce.

Est-ce pour cette raison que le libretto, ce soir, nous a paru légèrement rococo ? C'est possible ; mais ce qui n'a pas vieilli c'est la musique, restée jeune, pimpante, mélodieuse, avec des finales d'un entrain endiablé, ces finales sur des rythmes de polka qui donnent à chaque spectateur ce qu'on est convenu d'appeler les fourmis dans les jambes.

Je ne m'amuserai donc pas à vous conter comment Manetta, fille d'auberge, après avoir épousé son camarade Giletti, devient elle-même « madame l'Archiduc » par suite des fantaisies amoureuses de l'archiduc Ernest. Madame l'Archiduc c'est Judic — et c'est tout dire, — Judic elle-même, reprenant possession d'un de ses plus jolis rôles en triomphatrice, et faisant un succès à chacun de ses morceaux. Elle est redevenue brune à notre grande joie, et les lourdes tresses italiennes d'un noir bleu conviennent admirablement à sa tête de madone. L'air : *Un petit bonhomme pas plus haut que ça*, a retrouvé son succès de jadis, et le public enthousiasmé a voulu entendre trois fois le sextuor de l'alphabet S. A. D. E.

Adorable dans le majestueux costume de comtesse, elle a trouvé comme « sourire angélique » ce sourire qui ensorcelle l'archiduc Ernest, la petite moue la plus drôle du monde ; cette bouche plissée en pointe sur ce gracieux visage est d'une gaieté irrésistible, et bien des fois, j'ai été tenté, moi aussi, de dire au chapeau de ma voisine à l'orchestre : « Ne masquez pas ! »

Grand succès également au troisième acte pour l'air :

>   Pas ça, pas ça,
> Le petit bonhomme n'a pas eu ça.

air ponctué par un ongle qui craque sous les plus belles dents du monde.

Le petit bonhomme, le capitaine Fortunato, c'est

M™ᵉ Lardinois, qui a hérité du rôle tenu si crânement jadis par Mᵐᵉ Grivot. Nous avons encore dans l'oreille la façon drôle dont elle disait : « Fi, que c'est vilain de mentir pour un bonhomme ! » La nouvelle interprète n'a pas la brusquerie militaire de sa devancière ; mais la tête est charmante sous le casque à crinière blanche, et il est impossible de mieux porter l'uniforme blanc à plastron rouge. Elle a conquis le public dès son entrée par l'air : « Qui je suis », d'une sonorité si martiale.

M. Vois avait quitté l'opérette pour la comédie ; aujourd'hui il abandonne la comédie pour chanter le rôle de Giletti, si agréablement tenu par Fugère ; la voix m'a paru un peu voilée, mais elle sera encore suffisante pour rentrer au Vaudeville. Enfin le joyeux Bartel a succédé à Daubray dans le rôle de l'archiduc ; il a moins de finesse, mais tout autant de rondeur que son devancier, sans oublier, comme lui, un organe suavement enrhumé qui doit être dans la tradition.

La pièce est montée très brillamment ; les uniformes des dragons et des trompettes sont réussis à souhait, et l'on a revu avec plaisir ces modes ridicules de l'Empire, rappelant les costumes du sacre de hauts dignitaires de Napoléon Iᵉʳ.

Salle très élégante. Les cravates blanches avaient fait leur réapparition, et les couloirs étaient encombrés de jolies femmes, chargées de nous faire trouver les entr'actes trop courts. Gros succès de curiosité pour le chapeau de Marie Magnier, dont la charmante tête apparaissait au balcon. Un *chapeau indien* (sic) ayant en guise de coiffe une espèce de tiare constellée de perles et de pierreries. Un éblouissement !

Et maintenant, je souhaite à cette reprise une longue suite de représentations... quand ce ne serait que pour ne pas aller si souvent au boulevard de Strasbourg.

Grâce à MM. Antoine et Derembourg, ça finirait par être une douce manie.

LA LUTTE POUR LA VIE

30 octobre 1889.

Si j'étais prétentieux, je pourrais vous écrire « the struggle for life ». Ce n'est pas que je sache l'anglais, mais c'est écrit sur le programme.

Donc, dès huit heures un quart, nous étions tous à notre poste. Oui, monsieur, huit heures un quart — tous *strugglifers*. — Nous avions avancé notre dîner. Voilà comment nous sommes en cette fin de siècle.

J'aperçois dans la salle : Bischoffsheim, Ezpeleta, Beraud, prince de Sagan, Bamberger, Maxime Dreyfus, Pierre Loti en uniforme, Dietelbalch, prince Troubetzkoï, Halévy, duc de Perdifumo, Henri Ribot, Chalagnat, Ganderax, etc., etc.

Parmi les spectatrices : Marie Magnier, Alice Lavigne, Reichenberg, dans une loge sur la scène avec M. Lécuyer; Demarsy, venue pour applaudir petite sœur; Cécile Caron, Bouffar, Marie Brindeau, Ellen Malveau, que vous dirai-je? une magnifique chambrée, et la vraie première de la saison.

Premier tableau (décor de M. Poisson). *Le salon*

de Paul Astier. — Il est très correct, ce salon avec ses meubles dorés et ses tapisseries de Beauvais. Au plafond des Amours se jouent dans un ciel bleu ; mais ce qui m'a plus séduit que l'ameublement, c'est l'apparition immédiate de Lydie Vaillant (Darlaud), potelée comme une petite caille en déshabillé galant, épaules nues et jupon rose. Voilà une pièce qui commence bien !

Paul Astier (Marais) est aussi en chemise de nuit (soie bleue avec cordelière), mais il m'a moins séduit que Mlle Darlaud pour des raisons personnelles.

Un mot de Paul Astier : « Pour la femme qui vous aime on est toujours un peu Napoléon. »

Deuxième tableau (décor de Rubé et Chapron). — La salle des gardes du château de Mousseaux. Plantation de biais très réussie, avec galerie, écussons fleurdelisés et portrait de François Ier attribué au Primatice (moi je l'aurais pris pour un Manet). On applaudit la réapparition de Pasca dans le rôle de Maria Antonia. Toujours son grand air de duchesse, et à côté d'elle une ravissante débutante, Mlle Varly — d'une suprême élégance avec sa robe havane en faille et velours frappé, et une physionomie espiègle, bien parisienne, sous un chapeau de jardin dans les fleurs duquel vole un papillon noir. — Très remarqué le papillon noir, une véritable trouvaille.

Mouvement d'attention. Entrée de la maréchale de Sélény (la joyeuse Desclauzas) en deuil de crêpe ; rassurons-nous, ce deuil ne durera pas longtemps, — et d'Esther de Sélény (Rosa Bruck) en mousseline brodée sur fond jaune. Ah çà ! toutes les jolies femmes sont donc engagées au Gymnase ?

Succès de fou rire pour la procession de touristes visitant le château ; il y a parmi eux deux braves hussards, et lorsque le régisseur leur dit de mettre leurs noms sur l'album avec une pensée, un des Pitous écrit :

— Plus que 913 jours à faire !

On rit beaucoup de cette suprême pensée.

Troisième tableau. Décor de Menessier. *L'intérieur des Vaillant.* — Une petite chambrette toute simple ornée de gravures bonapartistes : *Napoléon à Jaffa*, les *Adieux de Fontainebleau*. Nous n'avons là, pour nous égayer la vue, que la gracieuse Mlle Darlaud en robe élégante de drap lilas ; puis, un peu plus tard, la visite de Rosa Bruck en toilette de visite faille gris argent avec manches en velours frappé. Par exemple gros succès d'émotion pour un jeune débutant, M. Burguet, qui, dans le rôle d'Antonin, enlève toute la salle par sa manière de sangloter.

On le rappelle à la chute du rideau, et il revient en versant de vrais larmes. Est-ce que ça s'apprend au Conservatoire ?

Quatrième tableau (décor de MM. Amable et Gardy). *La chambre de Paul Astier.* — Tous les raffinements du luxe moderne, lit somptueux, cabinet de toilette avec réservoir, psyché, etc., etc. Quelques jolis mots échangés entre Chemineau (Marius) et Lartigue (Hirch).

— « Quarante francs pour voir un romancier, c'est payé. »

« Il y avait à ce concert de la musique russe — la note patriotique. »

« Il y a encore des gendarmes ; il est vrai que les gendarmes d'aujourd'hui... »

Et ce mot profond : « Une cravate blanche c'est presque de la morale. »

A cet acte, nous avons le plaisir de voir M. Marais se déshabiller et se laver les mains avec l'énergie d'un homme qui lutte pour la vie, et le rideau tombe sur une entrée de Maria Antonia en superbe robe de bal velours et satin vert, coupée en sautoir par un boa retenu par une rivière de diamants.

Ici un entr'acte en musique — orchestre de bal entendu, derrière le rideau et...

Cinquième tableau (décor de MM. Amable et Gardy). *Le boudoir de Maria Antonia.* — Nouveau prétexte à M. Koning pour nous faire voir toute sa jolie troupe féminine en toilettes catapultueuses.

M. Paul Plan (comte Adriani), qui, jusqu'ici, s'était fait seulement remarquer par son accent italien, exhibe cette fois un magnifique costume de chevalier-garde, rouge et or, avec casque et arme blanche qui fait sensation.

— Quelle est cette dame ? demande-t-il à Lartigue.

— C'est une étrangère pour homme célèbre.

Sixième tableau. — *L'orangerie de Mousseaux* (décor de Lemeunier). — Charmant ce décor avec le pont sur la Loire ; dans le fond et à gauche le château de Mousseaux. Vous décrirais-je encore la robe de bengaline saumon de Varly et son chapeau lampion orné de chrysanthèmes, ou bien la robe de faille rose de Desclauzas, la veuve consolée. Qu'est tout cela auprès du coup de pistolet qui étend raide mort Paul Astier ? Je suis le plus fort, je te supprime. Bing ! La voilà bien la vraie morale du siècle.

Aussi hier, pour ravoir mon paletot, j'ai crié le plus haut, j'ai bousculé cinq ou six personnes plus petites que moi, et comme l'ouvreuse s'étonnait de ce manque d'urbanité, je lui ai dit avec un ricanement féroce : La lutte pour la vie !

... Seulement, comme j'avais fait dégringoler toute la pile des vêtements, je n'ai eu mon pardessus qu'un quart d'heure après.

C'est égal, c'est rudement beau d'être un strugglifer !

LA FERMIÈRE

8 novembre 1889.

> O fortunatos nimium si sua bona
> norint Agricolas !...

Quand on est rentré depuis plus d'un mois dans Paris-Poubelle, dans ce Paris vicié par les microbes rastaquouères de Persans, Arabes, Turcs, Chinois, Annamites et autres peuples peu lavés, on éprouve le besoin d'aller respirer un peu l'air pur de la campagne. Aussi, hier soir, j'ai fait mon petit baluchon, et je me suis embarqué pour la ferme... Rochard. La route est jolie et se déroule tout le temps entre deux rangées d'arbres. A hauteur de la Ménagère, il y a comme une espèce de forêt.

J'ai d'abord pénétré dans la grande salle de la *ferme*, avec sa haute cheminée, ses fusils au râtelier, ses portraits de Napoléon, et là, j'ai eu le plaisir de voir de *vrais* paysans. D'abord Parmentier (Péricaud), un vieux Picard retors, vêtu d'une blouse qui va faire loucher le député Thivrier; puis Taloiseau, magnifique sous la souquenille du vieux berger, un peu médecin, et même un peu sorcier; Hubert (Gravier), le paysan nouveau-modèle avec la moustache de l'ancien troupier; la fermière Catherine Mathey (Lefebvre), très accorte dans ses vêtements de laine et sa grande mante ; sa sœur Brigitte, une blondinette un peu frêle; puis, pour compléter le tableau, l'ancien major Gider; le comte de Rosay, un gommeux décati qui nous a parlé de Bébé Patapouf (ô souvenirs de la *Vie parisienne* 1866 !), et enfin le percepteur Beaupicoche (Fugère), qui m'a donné la joie de revoir les traits chéris et prudhommesques de M. Thiers. Lunettes à branches d'or, toupet en pointe, col doctrinaire, petit corps serré dans la redingote noire; on croyait revoir le fameux portrait de Bonnat.

De là, j'ai été faire un tour au café du Commerce, dans la Grand'rue, et j'ai constaté une fois de plus les désastreux effets de l'amour, même dans les milieux les plus primitifs. Deux coqs vivaient en paix, une poule survint, et voilà la guerre allumée. Rixe terrible et admirablement réglée entre Hubert et le paysan Dubosq, qui a insulté la fermière. Le combat, d'abord commencé au sabre, coups de banderole, coups de hache, coups de tête, et allez donc, se termine par une lutte corps à corps qui m'a rappelé le match de Tom Cannon contre Pietro; malheureusement Dubosq s'est servi traîtreusement d'un poinçon, et j'ai eu le plaisir de le voir arrêter par les gendarmes, — des gendarmes comme nous n'en avons pas à Paris.

Mais je vous l'ai dit, j'étais surtout venu pour respirer, et j'avais besoin d'air; aussi je me suis rendu dans la campagne pour assister à la *fenaison*. Oh! le merveilleux paysage ! Un vrai Bastien-Lepage. Partout du foin coupé exhalant une bonne odeur de *new-mown-hay*, des meules, des charrettes à moitié remplies, et dans le fond un horizon immense où se profile, là-bas, là-bas, dans un lointain bleuâtre, le clocher d'un petit village. J'ai le plaisir de voir travailler là, avec ardeur, tous les amoureux de la fermière, y compris Beaupicoche. Figurez-vous M. Thiers ratissant en manches de chemise et en chapeau haut de forme. C'est inénarrable.

Le travail terminé, j'ai vu entrer une grande prolonge, remplie de foins, traînée par des bœufs magnifiques, tandis que, sur le haut des gerbes empilées, Mlle Brigitte, gracieusement couchée, piquait avec son ombrelle rouge une note éclatante. Un Léopold-Robert.

Nous sommes rentrés à la *cour de la ferme*, tout ensoleillée, avec son auge, son étable, son mât fleuri et ses vastes hangars. De l'étable, sous la conduite du vieux berger Taloiseau, j'ai vu sortir une trentaine de moutons conduits en bon ordre par un chien de berger, et je ne saurais dire le poétique coup d'œil de ce troupeau s'éloignant paisiblement et disparaissant par la grande porte. Un vrai Rosa Bonheur.

La fête s'est terminée par une grande farandole dansée par tous les paysans, le major en pompier et le percepteur exécutant le pas de la « Libération du territoire ».

La nuit était venue ; je me suis rendu au *Pré-Fourchu*, et là j'ai eu l'évocation d'un vrai tableau de Charles-Jacques. Dans la campagne, endormie sous un ciel bleu parsemé d'étoiles scintillantes, les moutons reposaient dans leur pâturage, tandis que, sur une éminence, le berger Taloiseau, drapé dans sa limousine et appuyé sur son grand bâton, était campé dans une attitude magistrale.

Ce fermier Rochard est décidément un véritable artiste qui sait nous causer les plaisirs les plus vifs par l'évocation de la nature prise dans sa simplicité poétique et grandiose.

Après je suis entré à l'*appentis*, une petite pièce où le vieux Parmentier raccommode des meubles, et là j'ai assisté à une scène d'intérêt entre lui et Taloiseau qui m'a transporté d'aise par sa vérité. Enfin, j'ai terminé ma soirée à la ferme, où j'ai eu le plaisir d'apprendre que Hubert épouserait la fermière qui n'avait jamais pu le souffrir, mais qu'en revanche sa sœur Brigitte épouserait Jean Parmentier, qui ne pouvait pas les voir en peinture. C'est ainsi que les choses se passent à la campagne.

En somme, ce n'est pas un *canard*. Je crois que le public suivra comme un troupeau de *moutons*, pleurera comme un *veau*, et qu'après un succès *bœuf*, le fermier Rochard aura beaucoup de *foin* dans ses bottes.

Et, en revenant place de l'Opéra, j'ai croisé sur le boulevard des dames inconnues qui m'ont dit au passage les choses les plus flatteuses. J'avais si bonne mine! Voilà ce que c'est que d'avoir passé ainsi quelques heures à la campagne!

LA BUCHERONNE

13 novembre 1889.

Il y a bien longtemps que le manuscrit de la *Bûcheronne* était dans les tiroirs de M. Charles Edmond, bibliothécaire du Sénat, puisque, contrairement à la coutume, la pièce avait précédé le roman, publié il y a quatre ans ; mais M. Worms, persuadé que les pièces de théâtre, de même que les pièces de... vin, gagnent en vieillissant, trouvant d'ailleurs qu'il y avait un beau rôle pour lui et sa femme (ah! vous m'en direz tant!), conseilla au bibliothécaire d'extraire ce manuscrit et de l'apporter à la Comédie-Française. Ce manuscrit avait déjà comme un vieux goût de tiroir — pardon — de terroir, et si l'auteur continuait à bûcher sa *Bûcheronne*, il était à craindre que le style n'en devint un peu haché.

Très jolie salle d'ailleurs ; on voit que l'auteur a des relations : duchesse de Leuchtenberg, Mme Aubernon, comtesse Soltick, Mme Beulé, Mme Laure Baignères, Mme Dreyfus, miss Clifford. Beaucoup d'hommes politiques : Reinach, Clémenceau, Lozé, Laur, Laguerre, le duc de Broglie, le baron de Saint-

Amand, le vicomte d'Haussonville, le colonel Lichtenstein, prince de Sagan, vicomte de Lambertye ; du côté des artistes : Magnier, Bianca, Jane Debay, Julia de Cléry, Mauvel, Chaumont, Cécile Cain, Dumesnil, Rachel Boyer, etc., etc. J'en passe et des plus dignes d'être citées.

Au *premier acte,* nous sommes au *Château de la Chesnaye,* un beau château, ma foi, avec perspectives immenses et parc ensoleillé, un décor que je crois bien avoir aperçu jadis dans *Raymonde.* Avez-vous remarqué le nombre incalculable de châteaux qui s'appellent La Chesnaye, et ne pourrait-on pas changer un peu ?

On nous présente dans ce château d'abord le jeune duc de Croix-Saint-Luc (A. Lambert fils), en tenue de gentilhomme campagnard. Je lui ferai respectueusement observer qu'il devrait porter des bottes Chantilly, et que seul M. Daudet a droit, en sa qualité de méridional, à arborer une tignasse aussi hirsute. Il aime Angèle (Mme Baretta), et je le comprends, car elle est bien charmante dans sa robe de mousseline de soie grise.

Mais tandis que je lorgne, détaillant les fleurettes multicolores, et le fichu à taille, voici que Mlle Edwidge (Ludwig) vient détourner mon attention. Quel délicieux Greuze retouché par Grévin que cette jeune fille aux cheveux d'or, avec ses yeux noirs, sa mine éveillée et sa fossette au menton ! Oh ! cette fossette ! Qu'on me cite un mot spirituel de la pièce qui vaille cette fossette. Et la jupe bège en cachemire sans couture — on me l'a affirmé — avec les bandes de velours chaudron qui vont en *decrescendo,* — je ne sais pas si je me fais bien comprendre, et sur la tête une toque, un lophophore, ornée d'un gros papillon du Mexique.

Son père, le prince de Musignan (Leloir), a pris les traits de notre ami Charles Franconi ; c'est vous dire qu'il est très bien. C'est dommage qu'au milieu de tous ces gens si bien mis circule Sam (Worms), qui s'est composé une merveilleuse tête de braconnier. Barbe inculte, cheveux en broussaille, teint livide. Je vous parie que ce gaillard-là fera un mauvais coup avant minuit.

Vif mouvement d'attention à l'entrée de la Bûcheronne, ou plutôt de la duchesse de Croix-Saint-Luc. C'est Tessandier qui fait ses débuts dans la maison de Molière, et à la sympathie qui accueille son entrée, elle doit voir qu'elle mérite son nom d'Aimée, aussi bien à la Comédie-Française que sur la rive gauche.

Deuxième acte. — La maison du garde forestier. — Réapparition d'Angèle dans une robe de laine grise toute simple, en étoffe souple. Elle nous chante une jolie chanson lorraine sur laquelle M. Léo Delibes a brodé une musique exquise.

> La pâle sœur de l'orphelin
> Ce matin va manquer la messe,
> Car elle a donné la promesse
> D'avoir tantôt filé son lin...

Elle hésite, la Rozenn aux yeux de bleuet (c'est pour rimer avec rouet). Elle voudrait aller à l'office, mais ne peut se décider à abandonner ni son fuseau ni son petit frère qui pleure dans son berceau (pour rimer avec fuseau). Enfin, entendant sonner la cloche, elle abandonne sa quenouillée, laisse crier le petit, et quand sa prière est terminée l'enfant est endormie (je l'admets à la rigueur) et la quenouille est filée (c'est bien invraisemblable).

> Car un ange dans sa demeure
> Veille au berceau comme au rouet,
> Et Rozenn aux yeux de bleuet
> A bien fait de prier une heure.

Il n'y a rien de tel que ces vieilles légendes lorraines. On les admire d'autant plus qu'on les comprend moins ; aussi nous avons beaucoup applaudi... la voix pure de Mme Baretta.

Tenez, quand je vous le disais. Voilà le braconnier Sam qui ajuste avec son fusil le jeune duc. Non, ce ne sera pas· encore pour cette fois-ci. Il n'est encore que dix heures moins cinq... hélas !

Troisième acte. — Un salon Louis XV chez la duchesse. — Gros succès pour la toilette de Mlle Ludwig. C'est en gaze rose, avec des bandes de satin rose, et des pompons, et des poufs, et un nœud de satin sur l'épaule gauche, et c'est froufroutant, et c'est joli !... J'aimerais bien avoir devant moi une dame habillée comme cela pendant que j'écris mes articles. Quant à Tessandier, elle apparaît dans une robe en soie violet-évêque — je crois, ma chère, que c'était du *poult* — qui a tout à fait grand air. Quand elle a parlé de « *l'énergie opiniâtre des robustes bûcherons des Vosges* », tout le monde s'est tourné vers la loge où reluit d'habitude le nez de M. Ferry ; malheureusement ce nez est à Nice, mais nous avons applaudi nez en moins.

Le jeune duc annonce à sa mère qu'il part s'engager pour un an. Décidément — et nous avions déjà fait cette remarque pour le *Père Lebonnard,* — ce volontariat héroïque n'émeut plus personne. On ne se fait plus casser la tête en Afrique, et c'est exactement comme si le duc disait : Je pars pour Pont-à-Mousson.

Le volontariat est d'ailleurs remplacé par une bonne balle que lui envoie cette vieille canaille de Sam. J'en étais sûr. Le public devient hilare.

Quatrième acte. — Un grand salon avec bow-window formant serre. C'est dans ce salon qu'a lieu la fameuse transfusion du sang. Mais n'anticipons pas. Sam (Worms) se taille un succès colossal et personnel lors de sa scène d'entrevue avec le duc de Croix-Saint-Luc, tout pâle dans sa robe de chambre de malade. Cette brute a une façon de se troubler, de se repentir et de tomber à genoux en disant : « Grâce, Monsieur le duc ! » qui électrise la salle.

Longue ovation. Là-dessus, nous essuyons une larme, une perle, et nous assistons à la transfusion de sang. Silvain qui, depuis Ruggieri, a la spécialité des rôles de docteur, étale toute sa petite pharmacie sur une table. Il y a des gens curieux qui se lèvent pour voir les instruments : — Assis ! assis ! — Puis nous avons le plaisir de voir retrousser la manche d'Angèle jusqu'au coude. Sapristi le joli bras ! Et le docteur adapte son petit tuyau de communication entre le bras de Baretta et le bras de Lambert fils. Hé ! Lambert ! ça te remet, ça, mon bonhomme ; la voilà bien la *voie* du sang ! mais on trouve généralement que ça manque de musique. Pendant l'opération, Angèle, extasiée, dit une prière :

> Anges purs, anges radieux,
> Portez mon sang à ce gommeux !...

Par exemple, quand la duchesse survenant dit que c'est elle — la mère — qui devrait à nouveau donner son sang à son fils, — quelques rires discrets et quelques protestations se font entendre, mais des protestations de bon goût, comme on en fait à la Comédie-Française.

Espérons qu'après cette transfusion de sang plébéien, le jeune duc aura le sang... commun... Mais c'est égal, j'en suis pour ce que je disais en commençant : la pièce a décidément un vieux goût de tiroir.

PARIS-ATTRACTION

15 novembre 1889.

Allons, voici l'époque des grandes revues. A cheval, messieurs, à cheval, et préparons nos bonnes lorgnettes de général inspecteur. C'est, cette année, le théâtre des Nouveautés qui ouvre le défilé, musique en tête, avec l'élite de sa troupe masculine, une soixantaine de petites femmes, une centaine de jambes impeccables (j'en laisse une vingtaine pour compte), le tout encadré dans dix-huit décors de MM. Amable, Gardy et Lemercier, et animé, si l'on veut, par la prose chatoyante de MM. Paul Buranni, Emile Clerc et Lemonnier.

Ainsi campé en selle sur son fauteuil, le chef d'orchestre, M. Geng, me salue de l'archet, et le défilé commence.

Prologue. Le laboratoire d'Electrison. — Ce que j'aime dans cette revue, c'est qu'on ne nous explique pas la présence du compère Coquardin. Il est là, et cela nous suffit, puisque Coquardin c'est M. Dailly avec le chapeau gris traditionnel et la jaquette bleu barbeau moulant son torse éléphantesque; il a toujours sa grosse gaieté, son rire épanoui et communicatif, et ses improvisations folâtres chargées de boucher un trou ou d'apporter parfois la sauce qui manque au plat, et Dieu sait s'il a affaire!

Pour le moment, il est chez Electrison (Guy) en Amérique, et celui-ci lui démontre les avantages du téléphotoscope. La rosace du fond s'entr'ouvre et Coquardin voit sa femme Ernestine flirtant en France, avec son cousin, un officier de chasseurs — ce qui le comble de joie. Mais un employé ayant embrouillé les fils, Dailly veut opérer lui-même, et dzing! il voit sortir de la muraille le téléphotoscope sous les traits de Mlle Darcourt, habillée dans le costume rouge de Méphistophélès. Très en voix, Mlle Darcourt. Aussi c'est elle qui servira de commère; allons tant mieux! et elle emploie l'électricité pour emmener Coquardin à Paris voir l'Exposition. Ici, l'inévitable couplet très neuf du départ pour Paris :

> Quel plaisir! Quelle ivresse!
> Enfoncé le train express...

Premier acte. — Les deux voyageurs débarquent devant la nouvelle Sorbonne, encore très neuve, prétexte à nous montrer des étudiants et des étudiantes de tous les pays. Il y a là des talpacks, des képis, des fez, des tricornes d'Estudiantina, et tout ce petit monde chante le fameux air de la *Charmeuse :* « Et youp, youp, youp, tra la la la la! » On entoure bientôt le collégien parisien (Stella), un collégien fin de siècle expliquant que l'amour n'est qu'une combinaison de gaz et qui chante un rondeau dont les derniers vers ont jeté un froid :

> Dame ! une fois chauve,
> Adieu l'alcôve.

Allons donc ! allons donc ! ont protesté un certain nombre de spectateurs au crâne déplumé. Mais ces protestations intéressées disparaissent devant l'intérêt soulevé par l'entrée de la Nouvelle Sorbonne (Mlle Debriège), dont les jambes suffisent seules à justifier le titre de *Paris-Attraction*. La Nouvelle Sorbonne, presque nue, est coiffée d'une toque et vêtue d'une gaze noire légère, relevée par des nœuds mauves laissant apercevoir toute la poésie de ce corps impeccable.

Là-dessus, arrivée des limonadiers, conduits par Tortoni, très ressemblant, et par un coq gaulois qui a pris les traits si connus du directeur d'un grand journal. Ils demandent la fermeture de l'Exposition un certain nombre de jours par semaine. A propos, si on y allait à l'Exposition. Un monôme se forme derrière la Sorbonne. En route !

Nous voici au Champ-de-Mars ; un vaste panorama se déroule devant nos yeux et nous raconte l'histoire de l'habitation à travers les âges, pendant que le compère fait des réflexions de plus en plus oiseuses sur chaque type de maison. Malheureux Dailly !

Bien gentille, la petite Cléry, venant vous expliquer le nouveau jouet — vous savez ce jeu de patience qui consiste à faire entrer cinq petites boules dans un trou central situé sur une boîte.

— Ça sert, nous dit Cléry, à occuper les gens qui n'ont rien à faire.

— Ah! riposte Dailly, vous allez en vendre beaucoup dans les ministères.

Le seul mot spirituel de la pièce.

Elle part pour céder la place à M. Albert Brasseur, en maire invité à dîner au Palais de l'Industrie. On n'a pas numéroté les convives, on les a alphabétisés, et le malheureux maire fait partie des cinq lettres qu'on n'a pu caser nulle part.

Je passe sur la scène des Pompières écossaises, conduites par la belle Maury, sur celle de Vauthier, en cocher qui se met en grève; mais l'idée d'occuper les gardiens de la paix dans leur kiosque à travailler la cantate nationale a paru drôle. L'acte se termine par la vue du bon public buvant du petit vin bleu et mangeant du saucisson dans les jardins tout en braillant des couplets patriotiques.

Deuxième acte. — C'est là que le directeur des Nouveautés a accroché ses clous.

La commère est, cette fois, en guide bleu, et Mlle J. Darcourt profite de cette occasion pour nous montrer un délicieux costume espagnol en velours bleu et brodé d'argent. Quelques plaisanteries grivoises sur de jolis *vases de Sèvres* qui n'ont jamais été au feu qu'une fois, un coup d'œil à la belle Keller, splendide dans son déshabillé rose de *tombola*, exposant les lots qu'on peut gagner (hum! hum!), et nous arrivons au salut des drapeaux. Chaque pays est personnifié par une femme en uniforme venant saluer la Ville de Paris sur son air national. On accueille bien l'Angleterre, représentée par un life-guard, et l'Autriche, par un hussard blanc; mais toutes les acclamations vont au chevalier-garde qui apporte le drapeau russe. Nous nous en doutions bien un peu. Les drapeaux s'inclinent devant le drapeau français, porté par la belle Debriège en cuirassier, tandis que l'orchestre attaque l'inévitable *Marseillaise*.

Deuxième tableau. — La galerie des machines. On trouve un peu longuette l'histoire du serrurier sur la fabrication de l'épingle. Heureusement que Brasseur vient personnifier la grue, la grue qui sert à lever. Il faut le voir, avec ses yeux d'émail, sa tête de carton et sa perruque rousse, chanter admirablement faux :

Je suis la grue!...

C'est irrésistible.

Troisième tableau. — La rue du Caire, avec ses âniers égyptiens et son grouillement cosmopolite. L'ânier (Brasseur) chante un couplet sur le roi Dinah Salifou, couplet qui a bien failli être coupé par la censure :

Je n' suis pas possibiliste, optimiste, formuliste,
Je suis salifoutiste!

Vauthier vient nous raser dans son rondeau du vieil invalide vantant les gloires du vieil hôtel, et Grosecart (Lauret), ayant administré à trop haute dose sa liqueur à l'invalide et au compère, ceux-ci retombent en enfance et reparaissent tout petits dans des voitures poussées par des mannequins, et avec leur tête passant au-dessus des petits corps. On rit beaucoup de ce truc bien connu dans les salons où l'on joue des charades.

Quatrième tableau. — Au Concert Tunisien. Là, nous nous attendions à des danses du ventre. Il y en a bien, mais le directeur des Nouveautés a voulu rester dans une note décente et familiale. Une belle odalisque, vêtue d'une robe brodée d'or et coiffée d'un casque en sequins, exécute un pas voluptueux, et, après elle, une négresse a un certain petit tortillement de reins sur une mesure de musique en crescendo... la seule chose qui soit en crescendo dans la pièce.

Pour terminer cet acte, une apothéose avec le *Palais des Diamants* et les *Fontaines lumineuses*. Devant un rideau de dentelles encadrant un immense paon d'argent, voici arrivant six par six les émeraudes toutes ruisselantes de paillons verts, sur la tête un casque en forme de bonnet phrygien, et à la main un écran; pour les saphirs, même costume en bleu paon; pour les topazes, en jaune d'or, et enfin les diamants, merveilleux avec les franges d'argent. Le paon s'abaisse, l'eau jaillit et la lumière électrique projette sur toutes ces belles filles des feux multicolores.

Il se fait tard, la place me manque; aussi suis-je heureux que le *troisième acte* soit moins chargé. Il n'y a pas eu de pièces nouvelles et pas une scène dans la salle; les auteurs nous annoncent qu'ils suppriment les imitations. Tant mieux! L'attaque du *Courrier de Lyon* par les Muffalo-Mill's a besoin d'être mise au point, et la soirée finit à la corrida de la rue Pergolèse. Tout à l'Espagne. Olle!

Et nous qui croyions que l'Exposition avait fermé le 6 novembre! Grâce aux revues, nous allons nous repromener tous les soirs au Champ-de-Mars et revoir tout ce que nous avons vu depuis six mois; je commence à avoir une notion vague de ce qu'on appelle l'éternité.

LES RESPECTABLES

novembre 1889.

Ce soir j'ai dîné à sept heures et demie — ce qui est une heure respectable — j'ai pris un cocher d'aspect respectable, et je suis arrivé au Vaudeville, où j'ai trouvé trois contrôleurs à cheveux tout blancs. Le vieux du milieu surtout, un gros renfrogné, avait l'air absolument respectable. Quant à l'ouvreuse — oh! ma chère! tout à fait la reine Marie-Amélie, avec son bonnet à fleurs. Pendant qu'elle prenait mon paletot, j'avais une vague envie de lui baiser respectueusement la main.

Un coup d'œil à la salle pour ne pas en perdre l'habitude : la vicomtesse de Borelli, Mme Aubernon, Mme Maxime Dreyfus, Mme Lipmann, la baronne de La Vaudère, etc.

Puis, un peu partout, Bianca, Pierson, J. de Cléry, Reichenberg, Théo, Brindeau avec une jolie toque en lophophore, G. Debay, Chaumont, Brandès, Marguerite Caron, miss de Cléry, Lucie de Kern, Buffet, Jane Falliaud, le premier prix de beauté de Turin, s. v. p.

En somme, une salle très respectable.

La toile se lève sur un joli décor représentant une plage normande... à moins qu'elle ne soit bretonne. Au fond, la mer immense avec un sacré petit vapeur qui n'a pas bougé de l'horizon pendant tout l'acte. Au son des cloches — dig din don (nous sommes peut-être à Corneville), les fidèles se rendent à la chapelle située sur la droite. Au premier plan, guérites d'osier, pliants et tout ce qu'il faut pour mal s'asseoir à la mer.

Sur cette plage, voici la comtesse de Chataincourt (drôle de nom!) — Mlle Nori — avec une élégante toilette de soie lilas brodée de guirlandes de fleurs. Chapeau de jardin avec nœud de satin lilas et feuilles de lierre. On s'habille bien à Corneville.

Mais je préfère de beaucoup la tenue austère de Clara de Fermanville (encore un nom... enfin!) — Magnier — descendant de la messe. Tunique havane ornée de bandes de soie brodée, sur une jupe de velours mousse, manches en velours mousse également, et sur la tête une petite capote rose avec brides de satin mousse et surmontée d'un gros papillon d'or. Cheveux tout plats — à la jolie femme. Ce que Magnier est ravissante ainsi!

Dans Ferdinand Verrier, le savant académicien, on a peine à reconnaître le brillant Dieudonné. Il a sacrifié ses moustaches et porte les cheveux rejetés en arrière, longs et roulés à la Brown-Sequard.

— La médisance ne saurait nous atteindre, dit Clara.

— Nous l'avons lassée, répond Verrier.

Le public rit enfin; ah! ce n'est pas l'envie qui lui manque! Aussi, voici la petite Thérèse Paul, la cocotte (encore un nom invraisemblable pour une momentanée), qui est bien accueillie. M¹¹ᵉ Cécile Caron est délicieusement habillée avec sa robe de crêpe de Chine bleu de ciel et son chapeau polichinelle. Sa naïveté nous amuse un moment.

— Ne faites pas de casuistique, dit Verrier.
— Qu'est-ce que c'est que ça? riposte la cocotte.

Et nous nous tordons. Voilà comment nous sommes. L'acte se termine sur l'entrée du conseil municipal de Corneville.

Au deuxième acte, nous sommes dans le cabinet de travail du docteur. Là, sauf les deux toilettes de Magnier, je n'ai pas grand'chose à vous conter — la robe mauve avec blouse de dentelle et longs pans en forme d'étole est bien; mais peut-être la robe de soie puce avec frange d'argent est-elle mieux. Notons encore une phrase qui a fait sourire. Il s'agit de Verrier, membre de l'Institut, compromis dans une aventure galante : « Pour l'Académie des sciences morales, c'est désagréable, dit Verrier. S'il s'agissait de l'Académie française, ce serait moins grave. On y reçoit encore de temps en temps des gens gais. »

Tout le monde s'est tourné vers Henri Meilhac.

Troisième acte. — Je m'aperçois que je ne vous ai pas encore parlé du mari, le baron de Fermanville — l'excellent Michel; — mais il a un rôle si effacé, que j'ai vu tout de suite que ce n'était pas un Michel sérieux. Il a très bien joué sa scène de pantomime, alors qu'au lever du rideau les trois acteurs restent cinq bonnes minutes en scène sans dire un mot. C'était exquis. Cette fois, Magnier a la robe de velours frappé vieux paon — la robe de douleur.

Par exemple, une rude faute de tenue. Le maître d'hôtel en noir a une cravate plastron de cocher! Vite, vite, une cravate blanche à nœud, monsieur le maître d'hôtel!

A onze heures et demie, on marie un jeune homme et une jeune fille dont je ne vous ai pas encore parlé, parce qu'ils ne m'ont pas paru d'âge assez respectable. La toile tombe et on redemande les acteurs. M. Michel vient annoncer que la pièce est de M. Ambroise Janvier... Est-ce que cette coupure est de Dumas!

C'est égal! On voit bien que nous sommes dans le siècle du progrès et de la vapeur. On nous donne maintenant dès novembre les pièces de... Janvier.

PARIS-EXPOSITION

20 novembre 1889.

Quand j'ai dit à mon cocher de me conduire à l'Exposition, il a d'abord refusé ; mais quand il a appris que c'était aux Variétés, il a daigné. Et, de fait, le ticket que je présente au contrôleur me donne accès dans ces galeries où j'ai déjà tant promené, pauvre moi ; cependant, il faut être juste : MM. Blondeau et Monréal ont, cette fois, fort égayé notre promenade, en nous donnant comme guides M. Raymond et Mlle Lender.

Dès le prologue, on voit un parti pris de tout rajeunir. Nous sommes chez le docteur Van Pruth (Barral), qui reçoit les étudiants venus pour le féliciter. Je note au passage les costumes des étudiants hongrois et russes. Mlle Delys a même une certaine culotte collante qui excite chez nous des idées peu conformes à la candeur... de lis. Mais, tout à coup, l'on annonce l'entrée de la commère des Variétés. Essuyons nos lorgnettes. Splendide, Lender, dans sa robe rose diaphane brodée d'or, laissant voir des jambes impeccables, le torse moulé dans un corsage de velours vert et or, et sur la tête un diadème constellé de pierreries. Elle chante sur les revues un couplet d'une vérité profonde :

> On trouve ça très bête
> Depuis longtemps déjà. Ah! ah! ah!
> Ça n'a ni queue ni tête,
> Mais le public aime ça. Ah! ah! ah!

Elle est suivie du compère Loriot, le compère vieux jeu, en habit bleu, gilet à fleurs, et faisant des calembours idiots. (Ça, c'est vrai qu'on les a choisis bien idiots.) Mais heureusement Van Pruth est là. Il va le rajeunir avec sa machine électrique, et aussi avec l'infusion d'organes pris à de gracieux animaux. Quel joli perroquet, quel adorable chat, quel coq fringant et quel lapin merveilleux! Deux tours de roue et crac! Raymond nous apparaît en jeune gommeux dans un complet tabac d'Espagne à revers moirés qui me semble la dernière contorsion du *Ah!* Cocorico!! Enfin, nous allons donc avoir une revue nouvelle.

Premier acte. — Sur les boulevards. Voici les patrons de café navrés, parce qu'ils ont des clients, après avoir prétendu que l'Exposition les ruine. Puis le défilé des pompiers anglais, en costume bleu et rouge, pas assez décolleté. Aussi je suis de l'avis du compère.

> Mais quant à moi, sans artifice,
> Je vous le dis tout simplement,
> Je leur préfère une nourrice
> Qui fait bien pomper son enfant.

Très drôle l'idée de la gare Saint-Lazare masquée

à chaque instant par le Terminus-Hôtel. La gare Saint-Lazare, c'est Mlle Folleville, montrant ses deux pavillons. Embrassons-nous, Folleville!

Ici un des premiers clous de la revue. Entrée de Lassouche en musicien de la garde républicaine. L'abrutissement poussé à ce point là, c'est du grand art ; il est abruti parce qu'on lui a trop fait jouer pendant toute l'année la *Mars*... pardon la *Marche indienne* (ô censure!...). Le saxophone même posé à terre continue à jouer la fameuse marche, et pour l'arrêter le pauvre musicien en est réduit à boucher l'ouverture avec son mouchoir. Et l'on dit que souffler n'est pas jouer!

Nous applaudissons un tableau vivant : l'*Angélus* de Millet, bien ensoleillé, et nous assistons à un pugilat entre la *Presse* et la *Cocarde*, deux dames beaucoup plus agréables à regarder que San-Marin et Tom Cannon.

Pendant ce temps, les afficheurs ont couvert les murailles du portrait de Buffalo-Bill (Chalmin). Ce dernier nous apparaît sur un cheval de carton acheté à un cocher de fiacre. Autrefois, on le prenait à l'heure ; lui, il l'a pris au lazzo. Il est bientôt suivi de deux picadores également à cheval peur annoncer le combat de taureaux. Il faut voir Mazottiti (Lassouche) et Le Vertigo (Germain) en toréadors recevant des bouquets avec billets doux, faisant de l'œil au balcon, et répondant à la dame amoureuse qu'elle a le n° 27. Ici, brillant défilé de cuadrilla, et combat entre le taureau exécuté par le banderille Germain et la prima spada Lassouche. Ce combat en plein boulevard (ça c'est nouveau) est arrêté par la police.

Deuxième acte. — Nous voici dans le *Jardin de l'Exposition*. La commère a cette fois revêtu un délicieux costume de voyage en soie écossaise, qui par en haut très bas commence et finit très haut par en bas. Sur la tête une casquette de jockey dont la large visière doublée de velours rouge forme auréole. Et maintenant, allons-y du défilé obligatoire. L'hirondelle militaire (Mlle Bonnal) très gentille avec son corps d'oiseau et son accoutrement de pioupiou; le ballon captif (Mlle Gilberte) qui nous chante un rondeau très fin, très raide et joliment troussé.

C'est extraordinaire tout ce qu'on aperçoit en montant dans la jolie nacelle de Mlle Gilbert. Voici ce couplet très applaudi :

> Rien de plus beau, de plus touchant
> Ne s'est offert à vos prunelles...
> Chez moi, montez donc un instant
> Et vous m'en direz des nouvelles !
> Lorsque l'on consent à monter
> Sur ma nacelle... une merveille,
> Je commence par vous jeter
> Dans une extase sans pareille !
> Je vous berce tout doucement,
> Et lorsque à voir on se décide,
> Le spectacle est plus que charmant...
> C'est un panorama splendide !
> Et tout d'abord, à vos regards,
> Sous leurs formes un peu frivoles.
> Des *Arts libéraux*... des *Beaux-Arts*
> Viennent s'offrir les deux couples...
> Plus loin, l'effet est magistral.
> Vous voyez, au bord de la Seine,
> En bas du *grand dôme central*,
> La pelouse... avec sa fontaine !
> Puis, si vous changez de côté,
> C'est un tout autre point de vue,
> Vous découvrez à volonté
> Beaumont... Montretout... Bellevue...

> Vous apercevrez dans le ciel
> Montmartre au lointain qui s'affaisse,
> Et vous voyez la tour Eiffel
> Devant vous, enfin, qui se dresse!
> Je crois que vous serez content
> De voir des choses aussi belles...
> Chez moi, montez donc un instant
> Et vous m'en direz des nouvelles!

Hein! c'est raide! Mais ç'a été dit si chastement.

Enfin le quatuor des quatre geôliers gardant les quatre prisons de la Bastille, du Temple, du Châtelet et de la tour de Nesle. Un air lugubre, coupé par le « Gai-gai laridon » de la fameuse chanson de Jules Jouy sur la guillotine et par des pas inédits dansés par les geôliers. Tous nos compliments à M. Chalmin qui, malgré son ventre, nous a rappelé Valentin (de *Faust*) le Désossé. Le public s'amuse beaucoup.

Et maintenant, *rue du Caire!* Le compère nous dit que l'Exposition, cette œuvre de grand art, aboutit à une œuvre de bazar. Nous avons d'ailleurs un nouveau cicerone en la personne du Guide-Bleu (Mlle Crouzet), tout à fait charmante dans son costume Louis XIII en velours bleu orné de crevés de satin clair. Germain se taille un succès, en prouvant comme il y a peu de différence comme tenue entre un ânier de la rue du Caire et ces « riches désœuvrés » qui portent des casquettes de soie.

Gros succès d'entrée. — C'est Baron, en maire, qui vient de gobichonner. Il nous raconte la fête sur l'air de la *Boiteuse :*

PARIS-EXPOSITION

I

Après le repas nous allâmes
Fumer au Jardin de Paris.
Mais comme ça manquait de femmes,
On se rasa dans les hauts prix!
Vénus brillant par son absence,
Bacchus reprit ses droits soudain.
Alors, pour reboire à la France,
Nous chantions tous dans le jardin :
Dites-nous donc où l'on peut boire un verre!
Boit-on par devant? Boit-on par derrière?
Indiquez-nous où se tient le buffet...
Nous avions tous notre petit plumet?
Nous chantions la mère Gaudichon!
Aie donc! (*Ter.*)
Jamais on n'a fait un festin
Où l'on soit plus pompette à la fin!
Ah! quel potin!

II

On ne doit pas, en politique,
Dans un parti se confiner.
Moi, je suis pour la République
Lorsque l'on m'offre un bon dîner!
Mais que Pierre ou Paul la dévore,
Je n'en aurai que peu d'ennui,
Surtout si l'un me fait encore
Gobichonner comme aujourd'hui!
Ça m'est égal de voir le ministère
Boiter par devant, boiter par derrière...
On peut crier tout ce que l'on voudra,
Moi je suis pour qui me régalera!
Car faut avouer qu'un p'tit gueul'ton
C'est bon! (*Ter.*)
Jamais j'n'ai tant bu, c'est certain.
J'en aurai mal aux ch'veux d'main matin!
Ah! quel festin!

Rien ne saurait rendre l'effet de fou rire produit par ce deuxième couplet. On le redemande trois fois, et Baron revient en disant avant avec modestie :

— Vous savez que c'est le même.

Ce tableau si amusant se termine en apothéose par la scène des gitanes.

Le capitain (Guyon), précède les chanteurs qui, grattant leurs guitares, forment un cercle autour de la Macarona (J. Granier). La voilà bien avec ses cheveux plaqués en rouflaquettes, son châle bleu, sa jupe de satin jaune et le feutre coquettement enfoncé sur l'oreille. La cigarette à la main, provocante, exquise, elle se campe devant nous et commence son *tango*, moitié parlé et moitié dansé; les paroles sont lancées avec une voix gutturale étonnante de vérité :

> *Tira pa la cabarra* (bis)
> *Quie no te faltara, olle!*
> *Quie te de media cana*
>   *Patatin, patatin, patatin*
> *Qué á mé me gustan los merengasos*
>   *Patatin, patatin, patatin*
> *Qué á mi me gustan los medios basos.*

Oh! le pas qui scandale ce *Patatin!* Tout Paris voudra voir cela. *Olle! Bravo !* (Ah! si je savais l'espagnol !). Enfin, *Macarona*, ti quiero muy bien! Gros succès et longue ovation.

Le rideau tombe un instant, et nous voici à l'*Hôtel Terminus*. Chambre capitonnée ressemblant à un wagon. Le service est fait par des employés de chemin de fer. Bien désirable la commère qui se couche, et le compère ne demanderait pas mieux que de ne pas faire lit à part, mais les tribulations nocturnes commencent avec les contrôleurs, les douaniers, les conducteurs qui viennent sonner le départ des trains. Et le disque qui indique que la voie conduisant à certain... retiro est libre, et les boules d'eau chaude qu'on apporte avec un bruit de ferraille et qu'on change tous les quarts d'heure. Tout cela, c'est des *prévenances de l'administration.* Enfin, les voyageurs, énervés, préfèrent partir pour la *fête de nuit.*

Là, superbe tableau, avec une perepective immense : le Dôme central illuminé, la tour Eiffel embrasée, les fontaines prenant toutes les nuances du prisme. Pour voir cela, on donnerait au moins dix tickets.

Troisième acte. — Nous sommes chez un costumier chargé de fournir les accessoires de théâtre. Voici les vieilles pièces qui défilent, un tas de reprises — ce qui prouve que le théâtre est bien *bas.* Le général Mallet (Germain — oh! la bonne tête simiesque!) tantôt autorisé, tantôt interdit venant chercher, puis rapportant les schakos qui lui servent d'accessoires. Une scène de *Tartufe* à la Scala, où la prose de Molière alterne avec les couplets de café concert ; enfin une parodie très drôle de la *Lutte pour la vie.* Paul Astier (Roche) se lave les mains en versant la carafe dans le chapeau du compère. *Tous les moyens sont bons pour arriver à son but.* Quant à Lafontaine, il imite admirablement l'aphonie et les grands gestes du comédien. Il tue Paul Astier, et je ne trouve pas l'idée de Lafontaine lumineuse (oh !). J'allais oublier le duo bouffe de *Mireille,* chanté par deux marionnettes (Chalmin et Barral). Et maintenant le couplet final chanté par Mlle Lender.

En somme, une revue très bon enfant et un gros succès. L'empereur du Brésil a déjà télégraphié pour retenir une loge. Lui aussi, il regrette son ex-position.

P.-S. — Une triste nouvelle vient assombrir la

sortie. Christian, annoncé sur l'affiche comme devant faire le rôle du *monsieur dans la salle et du cocher*, Christian a été frappé d'une attaque au moment d'entrer en scène. Nous avons été prendre à deux heures du matin des nouvelles de M. Christian.

L'état du sympathique artiste s'était de beaucoup amélioré.

Le repos a été recommandé, et il est très probable que M. Christian restera éloigné de la scène pendant quelques jours.

AUX FOLIES-BERGÈRE

24 novembre 1889.

Pour cause de première au Vaudeville, nous n'avions pas pu profiter de l'invitation de Mme Allemand nous conviant à une nouvelle pantomime des Martinetti, *The terrible night;* et cependant, nous avions conservé un si bon souvenir de cette admirable troupe dans *Robert Macaire,* — une pantomime qui était tout simplement du grand art, — que nous avons profité de notre dimanche, — jour de repos, — pour réparer notre oubli.

Dans la première partie, nous avons revu avec plaisir Mlle Lola Rouvier dansant un pas de *Flagrant délit* avec Mlle Lery, un peu surpris qu'on ait envie de danser *après : avant,* passe encore, et *pendant,* cela paraîtrait peut-être invraisemblable. Très drôles *Evalo et Roisso,* comiques excentriques. Roisso a une certaine façon, en faisant tourner une balle avec une ficelle comme une fronde, d'enlever successivement un jeu de cartes et un bouchon posé délicatement sur le nez d'Evalo... Il faut être rudement sûr d'un ami pour lui confier son nez dans une opération semblable.

Enfin, si j'ai bien compris le ballet des *Baigneuses*, il s'agit d'une quinzaine de jeunes filles qui, après avoir dansé avec une quinzaine de mousquetaires, vont se baigner dans les ondes d'une claire rivière. Elles en ressortent vêtues de peignoirs blancs, et lorsque les mousquetaires leur arrachent les peignoirs, elles apparaissent costumées en ondine avec du satin rose, des franges d'or et quelques herbes aquatiques. S'il y avait un dialogue dans la pantomime on pourrait le traduire ainsi :

— Peste, ma chère, comme te voilà mise !

— Mon ami, tu n'a qu'à te baigner dans la rivière, et tu en ressortiras avec un costume semblable.

— Dans la rivière ! Où est-elle que j'y courre !

Mais arrivons au clou de la soirée, à cette *Terrible night*, mimée par les Martinetti. Il me serait impossible de vous narrer par le menu les incidents multiples, les catastrophes, les effondrements, la pluie de coups de pied, de gifles, etc., etc., qui émaillent cette œuvre étonnante. La soirée commencée au rez-de-chaussée, où a lieu un dîner offert par le maître de la maison à quatre Yankees mal élevés, se continue ensuite au premier étage où les quatre drôles, après être montés pour se coucher, se livrent aux fumisteries les plus abracadabrantes. Ils cassent les glaces, démontent les lits, jettent leurs bottes par les fenêtres ; puis, une fanfare ayant exécuté une sérénade dans la rue, ils exécutent une telle gigue qu'ils crèvent le plafond et dégringolent sur les gens du dessous qui se trouvent, grâce au plâtre, transformés en statues blanches. L'amphitryon, exaspéré, finit par aller chercher les policemen, et la soirée s'achève par une poursuite épique.

Nous avons encore noté le jeu étonnant de Paul Martinetti, l'âme de ces folies poussées à l'extrême. Il a des mouvements de physionomie, des ahurissements, des soubresauts! A certain moment, ses camarades l'ont descendu au rez-de-chaussée par une corde passée sous les aisselles, en se servant de l'ouverture du plafond crevé.

Au moment où il va être remonté avec les reliefs du dîner, il est surpris par la maîtresse de la maison. Alors, successivement hissé et rabaissé par la corde, il exécute malgré lui des pas aériens comme la *mouche d'or* au nez de la dame stupéfaite. C'est irrésistible.

Ah! oui! C'est une *terrible night!* — Depuis que j'ai vu cela, ma chère, disait une petite dame du promenoir, j'ai des rêves si agités que je n'ose plus coucher seule.

AU TEMPS DE LA BALLADE — L'ÉCOLE DES VEUFS

27 novembre 1889.

M. Antoine tient décidément à nous causer toutes les surprises. Quand nous avons vu sur l'affiche du Théâtre-Libre : *Au temps de la ballade*, nous avons cru à quelque joyeuse évocation du héros « La Balade », le héros de *Dom G.*, dans la *Vie parisienne*. Or, la pièce de M. Georges Bois est beaucoup moins moderne, puisqu'il s'agit d'une femme Guillemette (Mlle Aubry) que se disputent à coups de ballades Charles d'Orléans (M. Laudner) et François Villon (Philippon).

C'est même un plaisir de voir ainsi entre deux Guillemette.

Le décor représentant le cabinet de Charles d'Orléans au château de Blois est très réussi, avec ses vieux meubles sculptés, ses étagères surchargées de faïences et de cuivres ciselés et ses tapisseries fleurdelisées. Charles d'Orléans a une catapultueuse robe de chambre à cordelière d'or comme j'en ai souvent désiré dans mes rêves, et Villon a des jambes d'échassier qui rendraient jaloux Scipion.

Première ballade dite par Guillemette.

> C'était le plus beau fils de France,
> Il faisait naître l'espérance
>   Sur son chemin.
> Pourvu que Dieu nous le renvoie !
> Il tenait en main notre joie,
> Notre joie il tenait en main.

Je ne sais pas ce que comprend M. Déroulède, mais il applaudit avec frénésie.

> S'il rencontrait une fillette,
> Une blondine, une brunette
>   Sur son chemin,
> Il n'avait pas le cœur farouche,
> Il portait la main à sa bouche,
> A sa bouche il portait la main.
> . . . .
> Quand il reviendra d' « Angleterre »,
> Nous couvrirons de fleurs la terre
>   Sur son chemin.
> Nous lui rendrons, s'il les envie,
> En main nos cœurs et notre vie,
> Notre vie et nos cœurs en main.

M. Déroulède comprend plus que jamais. Plus que jamais il comprend, Déroulède (ça se gagne), et son visage rayonne de joie.

Voici maintenant les derniers vers de la ballade de Villon :

> Prince, quand l'âne, au râtelier,
> N'a rien, dans la fange il se souille.
> Du pauvre soyez l'hôtelier
> Et descendez pour lui l'andouille.

Charles d'Orléans ne répond pas : « Vous en êtes une autre »; il dit poliment :

Je connais ton adresse à forger la ballade.

Et maintenant, comme contraste, après cette pièce d'un genre un peu archaïque, nous avons eu l'*Ecole des veufs*, de M. Georges Ancey, une pièce ultramoderne, celle-là.

Au *premier acte*, décor très habilement planté de biais, avec large cheminée et meubles somptueux, et, dès le lever du rideau nous avons un frisson. Un commissionnaire entre portant une grande couronne funèbre pour l'enterrement de Mme Mirelet, qui vient de mourir. Brrrr! Est-ce que M. Antoine va nous resservir ses petits cadavres et ses décès habituels? Eh bien! non, c'est là la surprise. Il s'agit bien d'une mort, mais c'est excessivement gai, et la salle se tord.

Voici, en effet, les invités qui arrivent un à un avec des figures de circonstance, venant apporter leurs condoléances à Mirelet (Antoine) et son fils Henri (Mayer). Et les grands gestes, et les mines embarrassées de gens simulant une douleur à laquelle ils ne songent pas, et ceux qui se racontent des histoires de femmes, et le papa qui profite de l'occasion pour présenter son fils saint-cyrien à un général. C'est de la photographie, c'est pris sur le vif.

Et la phrase du fils : « En résumé, tout cela vous cause beaucoup de dépenses et beaucoup d'embêtement (se reprenant)... et beaucoup de tristesse. »

Enfin, l'on annonce le « monsieur chic ». C'est l'ordonnateur des pompes funèbres qui apparaît en culotte et en grand manteau :

— Les membres de la famille, s'il vous plaît. Et tout le monde suit.

Au *deuxième acte*, apparition de la maîtresse de Mirelet (Mlle Henriot), Marguerite, charmante dans sa petite jaquette et sa robe écossaise toute simple. Après son départ, Henri arrive, rabat son pantalon relevé (car c'est très moderne) et cause avec son père du « projet de collage » avec Marguerite.

— Mais ça te coûtera de l'argent, dit le fils.
— Cinq cents francs par mois. Je dépensais plus que cela en sortant, répond le père.
— Avec la carotte ou sans la carotte?
— Oh! sans la carotte.
— Alors ce sera une économie.

Troisième acte. — Même décor, mais féminisé. On voit que maintenant une femme est installée dans la maison. Des fleurs sur la table, des abat-jour fanfreluchés, un bon feu, et devant ce feu Marguerite en robe de chambre. Elle s'ennuie. Explosion de rires quand « *le vieux* » Mirelet lui apporte pour la distraire la *Grande Marnière* de Georges Ohnet.

Heureusement que le bel Henri arrive, correct, élégant, joli garçon, et il en raconte de bien bonnes. Je vous recommande l'histoire du petit bossu Courapied, un bossu porte-veine quand ces dames frottent sa bosse au moment... psychologique. Il y en a même une qui a hérité de la bosse de Courapied... neuf mois après!

Marguerite rit, Henri s'esclaffe, les spectateurs se tordent. Il n'y a que Mirelet qui ne rit pas.

Quatrième acte. — Celui des disputes. Marguerite

envoie à son *vieux* des répliques qui enlèvent la salle :

— De quoi vous plaignez-vous ? Je n'ai jamais demandé d'argent à votre fils. Je n'ai pas été élevée dans ces idées-là (!!).

— Ne dites pas de mal de votre fils. C'est ce que vous avez fait de mieux dans votre vie.

— Ah ! là ! là ! Ce n'est pas pour me vanter, mais ce que j'en ai vu qui m'ont fait cette scène-là, et qui toujours ont fini par céder.

Je ne puis tout citer, mais c'est un feu d'artifice de mots cruels, sceptiques, à l'emporte-pièce.

On rappelle les acteurs.

Cinquième acte. — Il y a sur le devant de la scène une malle qui prouve que Marguerite va partir. Partira. Partira pas.

— Jure-moi, dit le vieux Mirelet, de ne plus revoir Henri.

— Je ne tiendrais pas ma promesse.

— Ça ne fait rien, jure toujours ! (Est-ce assez humain !)

— Alors c'est une simple formalité.

Et le vieux cède : on continuera à faire ménage à trois comme par le passé. Terriblement fin de siècle, cette pièce-là, et nous voilà bien loin du temps de la ballade. Le public s'en va très remué. Saperlipopette ! Pour me remettre de ces émotions,

Je connais mon adresse à forger la ballade.

Allons nous ballader.

ALI-BABA

28 novembre 1889

Ali-Baba, bien que joué à Bruxelles en 1887, a pour les Parisiens tout l'attrait de l'inédit, et M. Renard, privé de son *Mikado*, a pensé que cet opéra-comique permettant un grand déploiement de mise en scène convenait admirablement aux vastes proportions de l'Eden. Ajoutons que la pièce a été montée en moins de trois semaines, que si l'idée est de M. *Renard*, la musique est de M. *Lecoq*... et que personne ne s'est mangé.

Maintenant, au rideau.

Premier acte. — Les magasins de Cassim. Vastes bazars rappelant vaguement notre pauvre rue du Caire, avec son grouillement oriental. On remarque beaucoup de petits Turcs avec leur pantalon blanc rayé de satin rose ; on ferait avec cette étoffe-là des rideaux ravissants. Attention ! L'esclave Morgiane (Jeanne Thibault) nous apparaît avec sa gracieuse figure, des cheveux noirs épais sur les épaules, le torse moulé dans une basquine de soie rayée bordée de velours. On ferme les yeux et l'on sent que c'est une brune qui chante. Elle écoute d'ailleurs sans conviction la déclaration de Saladin (Constance) et s'enfuit pour laisser la place à M. Cassim et à sa femme Zobéide.

Cassim, c'est Gourdon avec sa bonhomie, son jeu amusant et sa bonne tête de vieux marchand de dattes, à barbiche en pointe. Zobéide, c'est Gabrielle Arvyl, une belle créature, bien jeune pour Cassim, et qui réclame les clefs de la caisse. Elle voudrait, en effet, venir en aide au pauvre Ali-Baba, qui doit quinze sequins à Cassim sans pouvoir les payer. Et le voilà qui entre, le pauvre Ali-Baba (Morlet), vêtu d'un simple gandourah. Il a toujours sa belle voix vibrante, mais il est très pauvre et vit à la grâce d'Allah. Il supplie qu'on ne le chasse pas de sa maison pour les quinze sequins qu'il ne peut payer; mais le vieux Cassim, inexorable, lui répond sur un ton très plaisant, un air que le public redemande deux fois :

> Quinze et quinze font trente
> Et c'est ainsi qu'on augmente;
> Sequin par sequin,
> Son saint-frusquin.

Deuxième tableau. — Nous voilà dans la forêt, une forêt inextricable avec feuillage découpé, et dans le fond une grotte.

Le pauvre Ali-Baba, désespéré, vient pour se pendre, et il mettrait certainement ce funeste projet en exécution si la gracieuse Morgiane ne venait lui remonter le moral. On serait remonté à moins. Ali-Baba se remet bravement à l'ouvrage, lorsqu'il aperçoit des gens de mauvaise mine; alors il grimpe sur un arbre, et écoute.

Entrée de trois gaillards à figure patibulaire, Kandgyar, Maboul et Zizi. Ce dernier (Désiré) rappelle par sa rondeur son homonyme qui fit les beaux jours des anciens Bouffes. Ils se tournent vers la grotte et crient : « Sésame, ouvre-toi! » La porte s'ouvre, et l'on voit sortir par l'orifice les quarante voleurs. Tudieu! quelle merveilleuse collection de gredins; il y a là des Turcomans, des Circassiens, des Chinois, des Hindous, des Afghans; aux ceintures les poignards les plus variés, sur les épaules les fusils les plus gigantesques. Zizi indique à la troupe qu'il y a un joli coup à faire en allant dévaliser un riche pacha, et toute la bande part en expédition.

— Tiens! tiens! se dit Ali-Baba, qui a tout entendu. Il descend de son arbre, crie : « Sésame, ouvre-toi! » Le bloc de pierre obéit et, à son tour, il entre dans la grotte.

Troisième tableau. La Vente. — Une jolie rue de Bagdad, bien ensoleillée, avec mosquées et minarets à l'horizon. Devant la foule assemblée, on va vendre, par les soins du cadi, les pauvres meubles d'Ali-Baba. La table à trois pieds — mais quels pieds! — les chaises boiteuses trouvent peu d'acheteurs; en revanche, l'esclave Morgiane semble un morceau de roi, et l'on va la mettre en vente. Les enchères commencent, poussées par le petit Saladin, mais coup de théâtre! Ali-Baba se présente et rachète son esclave mille sequins! Et il jette la somme sur la table.

— Où as-tu pu trouver cette somme? dit Cassim, stupéfait.

— C'est un cadeau d'un donataire mystérieux.
— Si c'était ma femme ! s'écrie Cassim, très inquiet.

Là-dessus Ali-Baba monte sur un palanquin et s'en va au milieu des acclamations de la foule, sur laquelle il fait tomber une pluie de pièces d'or.

Acte II. — La masure d'Ali-Baba. — Cette fois, ce dernier est riche, s'il faut en juger par son beau costume de satin blanc et par son turban à aigrette, tout garni de perles. Il reçut la visite de la belle Zobéide, et nous apprenons qu'il s'est passé quelque chose dans un petit bois d'oranger. Citons ces beaux vers, — de Busnach, peut-être !...

> Ah ! quand j'y pense,
> Ah ! c'est immense,
> Ce qu'on peut courir de danger
> Dans un petit bois d'oranger !...

Le vieux Cassim, très perplexe, vient chercher sa femme, mais voyant Morgiane apporter des mesures, il veut savoir ce qu'on va mesurer, et, faisant une fausse sortie, il se cache sous la table. Sans défiance, Ali-Baba et Morgiane pèsent des monceaux d'or, et celui-ci, — ô imprudence ! — chante comment il est entré dans la grotte en criant : « Sésame ! » et comment il a trouvé les trésors.

Là-dessus, il abandonne pour jamais sa pauvre masure, et Cassim, sorti de sa cachette, se rappelle le mot « Sésame ». Lui aussi il pénétrera dans la grotte.

Deuxième tableau. La Caverne. — Un beau décor : accumulation de trésors empilés, armes rares, colliers de perles, coffrets regorgeant d'or et de pierreries, vases précieux, un éblouissement. On entend du dehors Cassim crier : « Sésame ! » La grotte s'ouvre, et il pénètre dans la caverne. Il ne peut en croire ses yeux ; ému, transporté, il se couche dans les coffres, il se baigne dans l'or, il remplit ses poches, son turban de pierreries et de bijoux, mais au moment de partir... il ne peut se rappeler le mot. Affolé, il finit par rouler à terre. Le public acclame Gourdon, qui joue cette scène en véritable artiste. Heureusement pour lui que les quarante voleurs reviennent de l'expédition chez le pacha.

La journée a été bonne. Les brigands reviennent avec le sérail du pacha et ramènent une smala fort agréable à regarder. Ils ont seulement un homme tué dans l'expédition, et comme les statuts exigent que les voleurs soient toujours quarante, comme les académiciens, il faudra le remplacer. Sans cette cause fortuite, Cassim, découvert, serait condamné à mort. Mais Zizi, attendri, lui coupe la barbe, le maquille, et le fait passer pour un nouveau récipiendaire qui vient s'engager dans la troupe. Il jure d'ailleurs sur le Coran de passer pour mort.

Grande fête pour célébrer cet heureux événement et grand ballet : un quadrille bleu de ciel, avec jupes diaphanes et ceinture ornée de saphirs. Au bras, des bracelets doubles réunis par une chaîne, et dans les mains des cymbales. Un quadrille rose, même costume, mais avec la ceinture garnie de rubis, et enfin un quadrille de guerriers avec sabre au poing, casque et cuirasse d'argent. Dame ! ça ne vaut pas *Excelsior*. Mais les groupes sont harmonieux. Mlle Campana est très jolie, et tout cela se termine bien entendu par des feux du Bengale, qui éclairent la caverne de reflets diaboliques !!!

Troisième acte. — *Le palais d'Ali-Baba.* Il ne s'ennuie pas M. Morlet. Oh! ces riches! Couché sur un divan, fumant son narguileh, entouré de jolies femmes, il a Morgiane à ses pieds, tandis que des odalisques lui dansent le petit pas de l'excitation. Et il chante ces deux vers suaves — de Vanloo sans doute :

> Par Mahomet! que la vie est aimable,
> Quel doux métier que celui de pacha !

Morgiane, s'accompagnant avec la guzla, chante tristement un air où elle laisse deviner son amour pour Ali-Baba, le veinard! Celui-ci doit, d'ailleurs, épouser Zobéide, qui se croit veuve de Cassim. Arrivent deux scribes — Zizi et Cassim déguisés. Ils sont emvoyés par le capitaine de brigands pour savoir si Ali-Baba ne connaît pas le secret de la caverne. Mais quand Cassim apprend que sa femme va épouser Ali-Baba, lorsqu'on le charge de rédiger le contrat de mariage, il entre dans une fureur comique et jure de se venger. Il dira tout.

La portière du fond se soulève, et l'on aperçoit une caravane d'ânes portant des sacs dans lesquels sont cachés les brigands.

Deuxième tableau. Le cellier. — Dans ce cellier on a rangé tous les sacs, mais Morgiane s'aperçoit de la ruse, va chercher le cadi, et les brigands sont tous arrêtés, sauf Cassim, Zizi et Kandgyar, qui se sauvent.

Troisième tableau. — Simple toile de fond. Kandgyar charge une danseuse de tuer Ali-Baba, mais Cassim a l'idée que si ces deux bandits disparaissaient, il pourrait redevenir vivant. Il les quitte et se dirige dans une direction opposée.

Quatrième tableau. — *Une fête dans les jardins*

d'*Ali-Baba*. — Un beau décor avec perspective immense. Au fond, une rivière tout illuminée. Dans les arbres, des lanternes multicolores. Ali-Baba célèbre son mariage avec Zobéide et s'assied avec elle sous un dais pour assister à un ballet. C'est ce moment que Mlle Mainardie choisit pour exécuter le *pas du poignard*. Mais Morgiane détourne l'arme, sauve Ali-Baba ; Kandgyar et Zizi sont arrêtés, et Cassim, radieux, reparaît et annonce qu'il n'est pas mort. Sa femme ne peut plus épouser Ali-Baba, mais elle se consolera avec Zizi ; quant à Ali-Baba, reconnaissant, il épouse son esclave Morgiane.

Le public apprend le nom des auteurs d'*Ali-Baba ou les quarante voleurs,* et l'on dit tout bas que M. Numa Gilly est aussi de la pièce.

Il est trop tard pour que je puisse contrôler.

MIREILLE

29 novembre 1889.

Faites un petit dîner, léger, délicat, puis la tête libre, l'esprit dispos, installez-vous dans un fauteuil à l'Opéra-Comique un soir qu'on jouera *Mireille*. Regardez de tous vos yeux ces jolis tableaux, éclairés par le grand soleil du Midi ; écoutez de toutes vos oreilles cette adorable musique de Gounod, et vous passerez une soirée exquise.

Premier acte. — *Premier tableau.* — Une sorte de *mas* aux environs d'Arles ; à droite et à gauche, des bosquets d'oliviers ; au fond, la chapelle. Est-ce le costume ? Est-ce moi qui suis bien disposé ? Mais il me semble qu'on a rajeuni le personnel des choristes, tant je les trouve gentilles avec le petit bonnet noir, le fichu sur le corsage échancré, la jupe claire et courte avec le tablier de soie genre dix-huitième siècle. J'ai juste le temps d'admirer au passage la jolie voix de Mlle Leclercq. Mais voici Mireille (Simonnet), ravissante dans son costume sombre, et bien digne d'être aimée du petit Vincent (Clément), qui débute ce soir avec son béret blanc.

Très bien, jeune homme. Comme disait le brave maréchal : « C'est vous qui êtes le ténor. Continuez, mon ami. »

Deuxième tableau. — La place des courses d'Arles : au fond, le clocher de Sainte-Trophime, la cathédrale d'Arles. La farandole ouvre l'acte, — rien de digestif comme une farandole ; les femmes sont endimanchées et ont remplacé le fichu noir par une dentelle blanche ; une dizaine de danseuses plus décolletées, — jamais assez ! avec un costume plus pimpant. Puis, deux travestis en tambourinaires, avec le petit galoubet tenu de la main gauche et le tambourin à la ceinture.

Ici Mireille et Vincent chantent le fameux duo de « Magali ». Oh ! ce duo, l'ai-je assez entendu dans les salons, chanté par une jolie dame et un gros monsieur qui se *faisait* « abeille ou papillon ! »

Arrivée d'Ourrias, le bouvier. Culotte de buffle, chemise relevée jusqu'au coude *à la Marius*, sur la tête un foulard rouge à nœud tombant, et sur l'épaule, bien drapé, un grand manteau sombre. C'est Taskin le superbe. Le père de Mireille (Fournets) s'est fait la tête de Gounod, et comme il est riche, il refuse sa fille au père de Vincent. Malédiction finale. Brrrrr ! (C'est pour vous imiter la malédiction).

Deuxième acte. — Une gorge sombre dans la montagne. C'est là que le petit Vincent reçoit d'Ourrias un coup de pique qui l'envoie rouler dans le torrent. Le tonnerre éclate, c'est bien le moins. Dzing!! (C'est pour vous imiter le tonnerre).

Deuxième tableau. — Un champ aveuglant de lumière, rôti par le soleil de Daudet. Çà et là quelques maigres mûriers. Té! voilà le berger Andreloun (Auguez). Est-il gentil avec son béret sur l'oreille et son biniou. « Heureux petit berger », lui chante Mireille. Et Andreloun disparaît en jouant du galoubet dans la campagne ensoleillée. Tuli, Tulo. (Ça, c'est pour vous imiter le galoubet.)

Troisième acte. — Chapelle pittoresque. Par le porche s'engouffre une longue procession avec bannières, de bergers, de marins, de bouviers. Tiens, Vincent n'est pas mort, et la meilleure preuve c'est qu'il s'inquiète pour le teint de Mireille :

> Brillant soleil d'été, fais grâce à sa jeunesse,
> Épargne sa beauté!

Bah! avec un peu de veloutine. Retour de Mireille, et ici le fameux duo si populaire : *l'Amour de son flambeau divin*. On applaudit, on acclame tant et tant que Mireille s'évanouit, mais elle revient à elle et elle épousera le petit Vincent, ce qui me fait vraiment bien plaisir.

Et, maintenant, il y a eu tant de premières cette semaine que le besoin d'un dodo réparateur se fait sentir :

> La nuit sur nous étend ses voiles,
> Et mes beaux yeux
> Se fich'ent pas mal des étoi-oi-les
> Au fond des cieux.

A L'UNION ARTISTIQUE

2 décembre 1889.

D'abord on ne dit plus « à l'épatant ». Après le premier moment d'enthousiasme passé, on a généralement trouvé que la qualification était prétentieuse et de mauvais goût.

On ne peut plus dire : *Aux mirlitons*, ni à l'*Impérial*. Alors l'ancien nom d'*Union artistique* a prévalu.

C'est ce soir qu'on inaugure les soirées musicales du lundi, qui vont désormais continuer hebdomadairement pendant tout l'hiver. Au programme le 1er *quatuor en la* n° 5 de Beethoven pour instruments à cordes. Puis ensuite le « quintette » de Schuman.

Ces deux morceaux ont été exécutés avec une virtuosité rare par ces grands artistes qui s'appellent Remy, Parent, Wuefelghem et Delsart.

Au piano, Diemer.

Nous avons remarqué dans la salle des fêtes MM. le prince de Polignac, Bartholoni, Gallay, Th. Gide, comte de Maupeou, R. de Boisdeffre, E. Bonnadier, A. Gruyer, Menière, de Saint-Quentin, prince Troubetzkoï, Ch. Widor, etc., etc.

Néanmoins, on trouve ces soirées un peu... austères, et le comité a décidé qu'à partir de janvier on aurait non seulement des quatuors, mais des solistes à la mode et des étoiles de chant masculines et féminines.
— J'en accepte l'augure.

Au théâtre, on prépare pour la fin du mois *Colibri*, pièce en vers de M. Jules Legendre, jouée déjà avec grand succès à une matinée du Vaudeville, et *Point de lendemain*, adaptation ingénieuse de M. Hervieux, d'après un fabliau du moyen âge.

L'OMBRE D'OSCAR. — RIQUET A LA HOUPE

3 décembre 1889.

Les directeurs sont pour nous pleins d'attention. Ils se sont dit que c'était bien de nous amuser pendant les actes, mais que ce serait mieux de nous occuper même pendant les entr'actes. Alors ils donnent leur première le même jour ; et en faisant la navette d'un théâtre à l'autre, nous avons le plaisir de nous promener toute la soirée. C'est une innovation très heureuse. Ce soir, Déjazet s'était arrangé avec les Folies-Dramatiques ; rien que la place du Château-d'Eau à traverser. C'est dommage qu'il fasse un peu froid... Enfin commençons.

Première promenade. — J'ai commencé par Déjazet, parce que c'était une primeur, tandis que *Riquet* n'est qu'une reprise. Je trouve une salle bien garnie, bien chauffée ; dans l'avant-scène : Mlle Netty, la gracieuse Gillette, et Mlle Hadamard. Sur la scène, Regnard a endossé la casaque jaune du domestique Florestan ; Hélène (Mlle Reman) est très bien en veuve consolée. La belle-mère d'Oscar (Mme Regner) a une catapultueuse robe rouge, et Fouguerel a revêtu la blouse de M. Thivrier.

Si je comprends bien le plan machiavélique de tous ces gens-là, il s'agit de turlupiner Octave Papillon (Dupuy-Couder), qui a eu le tort d'épouser la veuve d'Oscar. Très élégant, M. Dupuy-Couder, dont le nom rappelle deux noms aimés du public. Sa mère était Charlotte Dupuy du Gymnase, et son père l'amusant Couder des Variétés, celui qui créa le général Boum et Brididi.

Voilà tout le monde à table, ça va bien. Filons aux Folies-Dramatiques.

Deuxième promenade. — Brrr ! ça pince décidément sur la place. J'arrive avec le nez un peu gelé. Jolie salle également. Nini Buffet elle-même, les sœurs Invernizzi, Mlle de Fehl, Suzanne Pic, etc., etc. Ah ! si mon nez n'était pas si gelé !... Enfin, j'arrive pour le deuxième acte de *Riquet à la Houppe*. J'ai manqué le prologue et le premier acte ; mais je vous les ai déjà contés par le menu au mois d'avril. Gobin a conservé son rôle d'Apollon, et fait toujours la joie des galeries supérieures avec ses grimaces, son déhanchement et sa bosse, qui disparaît à volonté.

Huguet (le prince Riquet) barytonne toujours aussi agréablement ; mais si à la création il s'était fait trop laid, cette fois il est trop joli, et la pièce perd en vraisemblance (!?!). La princesse Bécassine devait être jouée par la gentille Blanche Marie ; mais tombée malade au dernier moment, elle a été remplacée au pied levé par Mlle Wittman, qui a appris le rôle en trois jours. Ça ne se voit pas trop. Leriche est une Pétunia très gaie, Vernon une fée Bichette fort agréable à voir et Marie Beauchamp est très bien.

On a intercalé dans la pièce quelques pantomimes des frères Ziety et coupé le tableau de Guignol — les comédiens de la princesse — ce qui est grand dommage, car Eloi-Guyon fils y était désopilant.

Enfin le village *des deux fontaines, le goûter de la princesse*, et surtout *le défilé des jeux*, ont retrouvé leurs succès d'autrefois.

Rappelons le coup d'œil charmant produit par ces échecs, argent, or et rouge ; ces dominos de satin rose qui en entr'ouvrant leur jupe fanfreluchée laissent voir le point des dominos ; puis les pantins, les poupées et des amours de bébés qui se suivent en se tenant par leur petite chemise. — Gros succès.

Troisième promenade. — Sapristi ! Le baromètre est descendu à dix degrés au-dessous de zéro. J'ai la jambe gauche qui ne va plus. Je me traîne avec la droite jusqu'au théâtre Déjazet. On continue à y turlupiner Octave Papillon. — Tous les parents du premier mari se sont installés chez lui et y prennent des bains. Mme Papinot, en costume de bain, est un spectacle qui ne vaut pas les fontaines lumineuses, mais qui ne manque pas d'imprévu. Mlle Romans a revêtu un élégant peignoir rose, et tout le monde se remet à table. Il me semble que j'ai déjà vu cela... Retournons aux Folies-Dramatiques.

Quatrième promenade. — Oh ! ce froid !... ce froid !... Je comprends la retraite de Russie... L'engourdissement me saisit... la jambe droite refuse son service. Vais-je donc mourir là, dans les steppes glacées du

Château-d'Eau ? Je m'affaisse au pied du socle d'une grasse dame en bronze, planant au-dessus d'un lion qui me tire la langue. Adieu... Le froid m'envahit. Un dernier regard à la grosse dame... Vive la République !

LUCIE DE LAMMERMOOR

9 décembre 1889.

Les initiés disent : *Lucie* tout court ; les pas initiés disent : *la Mère Moreau*. Moi, je ne dis rien, mais comme soiriste je suis satisfait... parce qu'il y a eu des incidents.

Je promène à votre intention ma lorgnette sur une salle très convenable.

Voici lady Lytton, ambassadrice d'Angleterre ; comtesse de Moltke, Mmes de Saint-Roman, Erlanger, Ratisbonne, Gustave de Rothschild, Sabatier d'Esperan, la belle Mme Grandt avec Mme Moore ; puis Christine Nilsson, Brandès, Marguerite Caron ; à l'amphithéâtre, gros succès pour Jane Falliaud, le prix beauté de Turin.

La toile se lève. Tout ça, c'est des Ecossais... un costume bien gênant pour ramasser une épingle, comme disait Dupuis dans le *Trône d'Ecosse*. Ça va bien avec M. Berardi, ça va couci-couça avec M. Warmbrodt ; mais ça ne va pas du tout avec le pauvre Cossira, qui, dans son duo avec Mlle Melba, remplace sa partie par une pantomime significative.

> Vers toi toujours s'envolera
> Mon rhume d'espérance.

On rit, et la toile baisse.

Le baron de Kœnigswarter, assis dans un fauteuil à côté de M. Eugel — l'Eugel de l'ancien Lyrique — lui dit : Pourquoi n'y allez vous pas ? — Au fait, c'est vrai !

Et voilà Eugel parti. Le voilà bien le « vrai rêve d'espérance ». On attend vingt minutes. Sans doute il essaya les bottes de Cossira. Ah ! si elles n'allaient pas !... Drrrin. La toile se lève et M. Colleuile paraît. L'adorable régisseur ! Troublé, lui aussi, bafouillant à plaisir, et avec cela un certain tic dans le bras gauche... La salle se tord.

Et le rideau se relève et Lucie reprend son duo d'amour avec un Edgard beaucoup plus petit, mais elle l'aime tout de même. Oh ! les femmes !... On fait, d'ailleurs, une ovation au nouvel Edgard pour le remercier de sa complaisance. Merci, m'sieu Engel !

Et la soirée continue doucement. Cependant, à l'air de la folie, le public acclame Mlle Melba ; on redemande le morceau deux fois, et celle-ci paraît si contente, salue si gentiment la salle qu'elle n'a plus l'air malheureux du tout. Le chef d'orchestre, M. Vianesi, enthousiasmé, se lève et donne par-dessus son pupitre une poignée de main à la cantatrice.

> Moi je n'ai jamais vu ça
> Et vous là-bas ? Et vous là-bas ?
> Si vous n' l'avez pas vu, c'est qu' ça ne se fait pas.

Ces vers ne sont pas de M. Alphonse Royer.

Au dernier acte, nouvelle ovation à Edgard pour son air :

O Lucie, ô mon bel Engel...

Moralité de la soirée : le premier acte a été donné dans les décors de *Sigurd*, de *Freyschütz* et de la *Dame de Monsoreau* ; le deuxième acte dans le décor de *Roméo*, le troisième dans celui de *Rigoletto* et le quatrième dans celui de *Don Juan*.

Et le rôle principal a été chanté par un ténor du théâtre de Bruxelles.

Décidément, réflexion faite, je crois qu'il faut dire *Lucie de la mère Moreau*.

LE RETOUR DE COQUELIN PRODIGUE

Décembre 1889.

Il neigeait, il neigeait !... et ma voiture mettait une petite heure pour aller du cercle à la Comédie-Française ; mais que m'importait ! non, mais que m'importait !... Pendant ce temps on jouait le *Cas de Conscience*, de M. Octave Feuillet. Or, le seul « cas de conscience », pour moi, c'était de voir la rentrée de Coquelin, de Coquelin aîné, de Coquelin le GRAND PENSIONNAIRE.

J'arrive à neuf heures : une jolie salle ; aux fauteuils, tout le dessus du panier des clubs, des arts et de la littérature ; dans les loges, les plus gracieux échantillons du vrai monde, du théâtre et du demi-monde. La toile se lève, et j'aperçois S. M. Louis XI (Silvain) assis à la table de ce bon Simon-Fournier. J'aurais cru que le farouche compère d'Olivier-le-Daim avait l'air moins bon enfant, mais à cette table-là on doit bien manger, car Garaud et Mme Lynnes m'ont paru potelés à point. Qui sait ? On a peut-être tué le veau gras.

Exquise l'apparition de Loyse (Reichenberg) avec

sa robe blanche, ses nattes blondes — on la dirait descendue d'un missel.

Mais le roi vient de donner l'ordre d'amener Gringoire lui-même. Un frémissement et Coquelin apparaît entre deux estafiers, lui, tout pâle sous la perruque à rouleaux et le chapeau du poète famélique.

La salle entière acclame le revenant de ses applaudissements frénétiques. Cela dure comme un roulement de tonnerre, et quand c'est fini, cela recommence de plus belle pendant près de cinq minutes. Tout autre, devant cet accueil triomphal, eût souri, eût salué ; un ténor eût mis la main sur son cœur en envoyant des baisers au public. Lui reste calme, impassible en apparence, quoique très remué. Enfin, la pièce peut continuer.

On lui refait une ovation après la *ballade des pendus* ; une autre ovation après le joli morceau du poète rappelant aux grands de terre qu'il faut adoucir le sort des malheureux, et quand le rideau tombe, toute la salle debout, enthousiasmée, rappelle Coquelin trois fois. Alors seulement redevenu lui, il peut venir saluer et montrer sa reconnaissance attendrie. Avant la chute complète du rideau, on voit Reichenberg qui saute au cou de Coquelin sur la scène même. Bravo, Suzette !

Et alors on se précipite au foyer. Il y avait pourtant là bien des attractions. D'abord, la jolie Louise Marsy avec un bijou de toque de velours surmonté d'une plume bleu de ciel, puis la piquante Rachel Boyer, puis Mme Samary dans le gracieux costume de Marinette, puis Marie Lécuyer, dont on attend avec tant d'impatience le début au Gymnase un tas de frimousses, gaies, jeunes, souriantes, devant lesquelles on passait trop rapidement, hélas ! pour aller avec joie féliciter Coquelin, debout, devant la grande cheminée.

— Vous devez être bien heureux de ce triomphe ?
— Ma foi, répond-il, j'étais si troublé que je ne m'en suis pas aperçu.

Dans les couloirs à peine quelques observations de grincheux sur la violation du règlement. On leur répond : « Vous êtes or-Febvre, monsieur... » Et l'on passe.

Après, nous avons eu le *Dépit amoureux*. Oh ! l'explication de ce que « la femme » ! Oh ! la scène avec Marinette, avec les colères fulgurantes, les reproches et les ronronnements de chat qui la terminent. La salle se tord. Cadet, enthousiasmé, s'écrie : — Voyez-vous, ça c'est joué comme par les *grands* qui sont là, dans les cadres... Et l'on souligne d'applaudissements... (je ne trouve plus d'épithètes) ces deux derniers vers si bien en situation :

... et qu'un doux mariage
— S'il en est — soit le fruit de ce rapatriage.

Voilà Coquelin remarié avec la Comédie-Française. Mariage d'inclination et mariage de raison.

Il y avait bien pour finir l'*Été de la Saint-Martin*, mais comme IL n'en était pas, je me suis hâté de venir vous conter tout cela. Et le programme gouailleur rappelait cette grande parole biblique que : les premiers seront les derniers.

...Et la neige tombait, tombait toujours comme si elle eût voulu, comme jadis, narguer le malheureux traité de Moscou.

DU CHATEAU-D'EAU AU VAUDEVILLE

10 décembre 1889.

Les directeurs continuent à penser que la promenade nous est salutaire, et nous fournissent l'occasion de faire la navette d'un théâtre à l'autre. Heureusement que le Château-d'Eau n'est pas loin du Vaudeville, qu'il faisait un temps adorable et que les arbres du boulevard étaient en fleurs...

Commençons par le Vaudeville. On reprenait *Tête de linotte*, avec Mlle Cerny dans le rôle de Céleste, créé jadis par Mlle Legault. Oh! l'adorable tête de linotte, si gaiement écervelée, si franche dans ses entraînements irréfléchis, si gracieuse dans sa jolie robe gris-argent avec cuirasse de peluche et ceinture d'or. Elle a été la joie de la soirée et le régal des yeux. Comme elle a lancé ces mots que Gondinet a semés comme des perles dans tout l'ouvrage :

— C'est dans ces moments-là qu'on regrette de ne pas aimer que son mari.

— Je ne tromperai jamais M. Champanet... Pourtant, je suis si distraite !

— Mon mari, un homme que j'adore depuis deux heures.

Il y avait, en outre, deux débuts : M{}^{lle} Netty s'incarnait dans le rôle du *trottin*, avec cette voix spéciale, qui avait fait son succès au Gymnase. Une certaine façon de dire : « Tiens ! c'est monsieur Moumoute !... » Ah ! Alice Lavigne n'a qu'à bien se tenir.

Enfin, la spirituelle Gillette, à défaut d'un rôle plus important et qui lui viendra sous peu, nous a montré sa taille ronde, moulée dans une jupe de foulard rouge qui a fait sensation.

Le deuxième acte, avec ses allées et venues, ses ascensions et descentes vertigineuses par le fameux escalier, a retrouvé son succès de fou rire ; mais comme ça doit être fatigant de jouer dans cet acte-là. Bien drôle Boisselot-Grimoine disant avant d'entrer chez Olympia :

— « On a beau être matérialiste dans ces moments-là, on sent l'âme qui tressaille. »

Et le fait est qu'il y aurait de quoi tressaillir, puisque Olympia c'est la gracieuse Cécile Caron.

Peutat a hérité du rôle du Portugais Dom Stefano, créé d'une façon si truculente par Francès. Peut-être le nouvel interprète a-t-il moins d'ampleur dans le geste, dans la caresse de la main, mais il est redondant à souhait, chevaleresque et couvert de bijoux étincelants, comme les vrais Portugais... du Vaudeville...

Se souvient-on encore qu'à la création un Portugais avait protesté ? Tout arrive.

Quant à Michel, il est admirable de bonhomie. Il nous a fait pouffer en disant :

— Un mari dans ces moments-là doit être terrible, s'il ne veut pas être bête... Je serai terrible !

En somme, une excellente soirée.

Et mes entr'actes ? Je les ai passés au Château-d'Eau, où l'on jouait un *Drôle* et le *Bourgmestre de Saardam*.

Un drôle, c'est un nouveau *struggleforlifer*, Maxime Verneuil, qui, après avoir épousé Mlle Marcelle Maljean, finit par être arrêté au troisième acte, après des scènes orageuses avec Mlle de Sevey, sa maîtresse. J'ai remarqué un monsieur également amoureux de Mlle Maljean, qui s'est fait la tête de Mounet-Sully. C'est déjà quelque chose.

Quant au *Bourgmestre de Saardam*, très bien joué par Georges Richard, il nous a rappelé le bon épisode de Pierre Ier (Dalmy), pris pour un charpentier ; mais j'ai tant voyagé que je finis par mélanger un peu tout cela, et je ne sais plus si le *Drôle* est bourgmestre ou si c'est le *bourgmestre* qui n'est pas *drôle*.

En passant, signalons le rétablissement de l'orchestre avec deux petits violonistes ; le premier était âgé de onze ans, et le second de sept. Ils ont parfaitement joué en mesure : l'aîné attendant gentiment le second, et le chef d'orchestre les attendant tous les deux.

Il est doux de nous rappeler que le Château-d'Eau a été l'année dernière un théâtre lyrique national.

UNE TASSE DE THÉ. — TAILLEUR POUR DAMES

11 décembre 1889.

Était-ce pour applaudir la rentrée de la gracieuse Léontine Mignon dans le théâtre où elle a eu tant de succès, et dont une indisposition l'avait un moment éloignée, je ne sais ; mais je n'avais jamais vu tant de gracieux visages à la Renaissance.

Dans l'avant-scène de droite, Renée Thierry et Fanny Robert ; en face, Biron et Dubarry ; çà et là Marie-Laure Marsy, Régine Ferney, Amélie Colombier, Magnier, etc., etc.

La soirée a commencé par une *Tasse de thé*, où Saint-Germain reprenait un de ses plus anciens rôles, celui de Camouflet. Il y arbore un habit marron qui me paraît... exagéré, car dans ces conditions le baron de Villedeuil doit avoir bien du mal à le prendre pour un comte. Il me semble qu'un frac mal coupé aurait suffi. Villedeuil (Mayer) est toujours le jeune premier si élégant, et que le Vaudeville s'obstine à ne pas faire jouer. Le philosophe s'en étonne et le soiriste s'en afflige.

Enfin Mlle Lind, qui débutait dans le rôle de la baronne, a beaucoup plu.

Tailleur pour dames, l'amusante comédie de M. Georges Feydeau, a succédé.

Beaucoup de jolies femmes dans cette pièce. D'abord Mlle Joffrin... pardon Mlle Boulanger, celle qui s'appelle Suzanne Aubin (il y a de ces hasards) et qui nous a montré un costume havane et un costume de velours vert très réussis, puis Pomponnette — un nom qui plairait à mon ami Pompon, — gracieusement représentée par Mlle Marthe Villain, qui n'a fait que paraître, mais juste assez pour nous faire admirer un ravissant visage sous un chapeau dont la coque est fermée d'une plume de paon. Enfin — et j'arrive à la grande attraction de la soirée — la rentrée de Léontine Mignon dans le rôle de Rosa, qu'elle a créé. Comment vous décrire la robe de soie écossaise avec corsage garni d'astrakan ouvrant sur un filet en crêpe lisse, et la polonaise en velours mauve du troisième acte, et la capote de crêpe rose, et les diamants, et le sourire. La salle s'en est trouvée comme illuminée.

Bien amusant Saint-Germain-Bassinet, le grand couturier qui a la manie, en parlant, de déboutonner ses interlocuteurs pour faire plaquer le gilet ou l'habit.

M. Larcher, dans le rôle de Moulineaux, a, pendant les trois actes, brûlé les planches avec un entrain endiablé.

La pièce de M. Georges Feydeau était, d'ailleurs, jouée ce soir devant un public spécial. M. Carolus Duran, qui, riant d'un bon rire heureux, applaudissait l'esprit de celui qui, demain, va être son gendre.

On disait beaucoup de mal des belles-mères dans la pièce... mais heureusement on ne parlait pas des beaux-pères.

Tout va bien.

LA GARÇONNIÈRE — UN HOMME FORT

13 décembre 1889.

Le directeur de Déjazet a peut-être, comme M. Rochard, la superstition du chiffre treize, et il s'en est bien trouvé, puisque le retard *in extremis* de l'Ambigu lui a permis d'avoir sa salle comble à la reprise de la *Garçonnière*.

C'est, en effet, une très agréable comédie que cette garçonnière, ce petit nid dont veut se défaire un certain Philippe qui se marie; et comme ses amis lui demandent de leur céder la clef de ce nid pour un jour, il en résulte les rencontres et les quiproquos les plus réjouissants. MM. Matrat, Narball, Regnard et Bertrand circulent avec une grande aisance au milieu de ces folies et donnent gaiement la réplique à Mmes Lunéville, Régnier, Rolly, Lalnie, fort agréables à regarder et même à entendre.

J'ai noté un mot que n'eût pas désavoué Morny.

— Cette porte conduit au cabinet de travail.

— Il y a donc un cabinet de travail dans une garçonnière?

— Oui, c'est là qu'on se repose.

Le duc de Morny avait dit jadis : La chose la plus nécessaire dans un cabinet de travail, c'est un lit de repos.

La soirée avait commencé par *Un homme fort, s. v. p.*, péché de jeunesse de votre serviteur. Je ne vous dirai pas de ce petit acte tout le bien que j'en pense, mais j'avoue que M. Dupuis-Couderc, — le fils de l'amusant Couderc, créateur du général Boum, — m'a paru étourdissant dans le rôle d'Alcide.

Au reste, cette pièce a toujours porté bonheur à ses interprètes. A la création, elle avait été distribuée à Alice Lavigne, Duhamel, Numès et Donval. Or, Alice Lavigne est devenue l'étoile que vous savez au Palais-Royal; Duhamel joue brillamment les rois aux Folies-Dramatiques; Numès signe avec Milher les revues qui font le succès du théâtre de Cluny, et Donval, — celui qui jouait Cesarius le directeur du Cirque, — est devenu bel et bien le directeur du Nouveau-Cirque du faubourg Saint-Honoré. Tout arrive.

Quant à M. Dupuis-Couder, il dirige le casino de Chastel-Guyon. Si jeune et déjà directeur du casino de Chastel-Guyon! Pourquoi?

Parce qu'il a joué très souvent : *Un homme fort, s. v. p.*

LA POLICIÈRE

14 décembre 1889.

M. Rochard, l'intelligent directeur de l'Ambigu, a la superstition du chiffre treize. Aussi il aurait voulu que la première de la *Policière* fût donnée un 13, qu'elle eût treize acteurs hommes, treize acteurs femmes, treize tableaux, un fiacre 8113 et treize... cent représentations. Tout cela aura lieu, bien que la pièce n'ait pu être donnée que le 14.

Parmi ces treize acteurs hommes, il y a — comme partout dès qu'on réunit treize personnes — des honnêtes gens et des gredins, quand je dis gredins, je veux dire struggleforlifers. Du côté de la vertu, un peintre Servais (Walter), qui s'est fait la tête de Carolus Duran; un Russe Smoïloff (Fabrègues), bien mis, mais orné d'une bien vilaine perruque blonde; un cocher Cadet (Fugère), toujours désopilant, toujours l'enfant chéri des galeries supérieures; un gommeux Landilly (Pougaud), affligé d'une voix d'eunuque, et chargé de lancer une expression nouvelle : « C'est obéliscal ! » (Je ne sais pas si ça prendra ?) ; un procureur (Gravier) à l'aspect sympathique, et un souteneur rangé et marié Galoubet (Dalleu), qui a merveilleusement retrouvé l'organe enchanteur du camelot.

Du côté des dames — et ici je reconnais la galanterie bien connue de M. Xavier de Montépin — je ne vois que des prix Montyon. D'abord Aimée Joubert (Lerou) l'*œil de chat*, la policière, qui conduit l'intrigue, punit le crime et retrouve le coupable. Pour vous prouver les sentiments de cette dame qui nous a tant émus toute la soirée par un geste, par une attitude, par une simple suspension de pensée, je me contenterai de vous citer une de ses phrases :

— Alors, c'est le tombeau de la victime qui nous livrera l'assassin.

Brrr ! Je vous présenterai encore Mme et Mlle Bressolles, Simonne une petite ouvrière très intéressante, jolie quand même, en dépit de sa simple robe d'orléans, et enfin Sophie Bisson, dite la *Grenouille*, pour les débuts de Mlle d'Escorval, qui, elle aussi, a trouvé à l'Ambigu son chemin de Damas.

Comme gredins, il y en a cinq, mais on ne nous en montre que trois, et c'est déjà bien joli : le chef Pierre Lartigues (Montal), orné d'un toupet blanc frisé qui m'a rappelé un grand lanternier qui a peut-être trop lanterné ; Verdier (Péricaud), affublé d'une tunique de capitaine de vaisseau, mais canaille quand même ; enfin le héros du crime Vasseur (Pouctal), qui passe son temps à semer ses boutons de manchettes. Ah ! il devait avoir de bien mauvaises chemises ! mais cela m'étonne, car successivement, sous la redingote havane, sous le veston croisé avec transparent sous le frac puce et la culotte de satin, il m'a paru d'un chic... *obéliscal*. J'essaye de lancer le mot... mais sans conviction.

Parmi les treize tableaux, je vous citerai comme ayant produit le plus d'effet l'*Atelier de Servais*, avec ses panoplies, sa loggia et son salon du fond où a lieu une fête costumée ; la *Cour du loueur de voitures*, très exacte avec son hangar, son vrai fiacre 8113, ses harnais suspendus ; la *Grand'rue du faubourg*, avec effet de nuit et effet de jour, et un amusant défilé de passants qui vont, viennent, entrent au bureau de poste, affranchissent des lettres, etc., etc.

Enfin, le clou de la soirée : le *Grand décor à transformations* du quatrième acte. La section d'une maison à trois étages. On voit le portier éteindre le gaz de la voûte, rentrer dans sa loge ; puis Vasseur gravir l'escalier avec une lanterne et assassiner, au deuxième étage, sa maîtresse Octavie. La police arrive, et l'assassin se sauve au quatrième.

La maison tout entière disparaît dans les dessous, avec tous les étages de la façade, et nous assistons à une poursuite sur les toits avec coups de pistolet. Quelle *Terrible night* ! Tout cela très bien réglé, très bien éclairé et très empoignant.

Le traître meurt à la fin de la pièce : voilà ce que c'est que d'être treize dans une réunion. Mais il ressuscitera demain, pour la grande joie des gens qui aiment les émotions fortes.

Quant à l'*œil de chat*, à l'habile *policière* qui a eu ce soir un si grand succès, je ne dirai qu'une chose, c'est qu'on a joliment bien fait de choisir Mme Lerou pour personnifier... *la rousse*.

SCHYLOCK

17 décembre 1889.

Allons ! Embarquons-nous pour Venise la belle, allons chercher des cieux cléments où ne règne peut-être pas l'*influenza*. D'ailleurs il y a *loc* dans *Schylock,* et ça doit être bon pour le rhume.

Beaucoup de belles patriciennes ont eu la même idée que nous, car j'aperçois dans la salle Mmes Dezoder, Alice Lody, Marie Bergé, Jullien, Régine Ferney, Marie Magnier, Rachel Boyer, Marie-Louise Marsy, Marguerite Caron, Brandès, et au centre du balcon Léonide Leblanc elle-même, une résurrection après une longue maladie ; elle est très entourée et très fêtée.

Drrrrin ! A l'Odéon, on ne tape pas trois coups. On sonne un timbre. C'est plus Vénitien. Et nous voici sur une place de Venise. A gauche une église ; à droite la maison de Schylock. Sur cette place se pressent de riches seigneurs vêtus de mirifiques robes de chambre comme j'en ai souvent vu dans mes rêves. La plus cossue est sans contredit celle du bel Antonio

(Candé) dont l'état d'âme consiste à ne pas être gai. Gratiano (Calmettes), au contraire, est un joyeux — si nous n'étions pas dans la ville des doges, je dirais que c'est un rigolo. Et pour témoigner sa joie, il crie :

> Allons gai. Secouons nos cheveux sur nos têtes !

Je connais beaucoup de gens auxquels il serait impossible de témoigner ainsi leur joie. Il y a aussi Lorenzo, en troubadour mi-partie bleu et gris argent, et un certain Gratiano, qui lance un vers bien doux au cœur d'Édouard Drumont :

> L'argent qu'on vole aux juifs, c'est de l'argent qui rentre.

Enfin, pour terminer ces présentations, voici Schylock (A. Lambert), superbe avec sa barbe blanche, ses longs cheveux, ses taches séniles et sa vieille houppelande bordée de fourrures, mais combien je lui préfère sa fille Jessical (Déa Dieudonné) avec sa robe bleu foncé semée de fleurettes d'or, sa dalmatique et sa coiffure formée d'une espèce de mitre en velours rouge. Ravissante.

Deuxième tableau. — *Le Pont du Rialto.* Nous nageons en pleine poésie. La nuit sur le canal; la lune enveloppe les palais d'une lumière douce, et les gondoles passent sur la scène, tandis que des chants de fête se font entendre au loin. Gros effet.

Jessica apparaît sur le quai. Cette fois en travesti pour la fuite. Pourpoint de satin crème, manteau couleur muraille et sur la tête une toque avec agrafe de diamants. Voici la gondole toute parée qui doit servir à l'enlèvement, et Jessica fuit avec Lorenzo à la lueur de la torche portée par Lancelot.

> ..... C'est moi qui tiendrai... la lumière...

Schylok arrive trop tard, et s'en prend à la foule des masques qui, étagés sur les quais, sur le port, lui rient au nez, mais j'approuve cependant sa façon de voir lorsqu'il crie :

> Quand on vole une fille on la prend toute nue.

Troisième tableau. — Chambre à Belmont avec large fenêtre ouvrant sur le parc. Pour couper la hauteur du décor, grande tapisserie vénitienne tendue de biais et formant plafond. Tout cela est d'un goût exquis. C'est là que nous apercevons Portia (Rejane) en superbe costume vénitien d'après Jules Romain. Corsage de drap d'or décolleté en carré et descendant en pointe sur une jupe de soie grise à ramages; les manches en velours de Gênes bleu paon; autour du corsage une fraise en gaze lisérée d'or. Sur la tête un croissant en diamants, au cou une rivière de diamants et en sautoir une torque d'or constellée de pierreries.

La suivante Nerissa (Marty), une brune à l'œil rieur et provocant, est aussi très agréable à regarder, avec sa jupe rouge et sa collerette vénitienne. Par le balcon arrive le bruit des aubades et des sérénades. Voici celle chantée par Aragon :

> Celle que j'aime a la beauté
> Plus que Flore et plus que Pomone,
> Et je sais, pour l'avoir chanté,
> Que sa bouche est le soir d'automne
> Et son regard la nuit d'été.
> Pour marraine elle eut Astarté;
> Pour patronne elle a la Madone.
> Car elle est belle autant que bonne,
> Celle que j'aime.

Quatrième tableau. — Une rue à Venise, avec statue équestre et larges perspectives. Nous y apprenons qu'Antonio est ruiné. Et, de fait, il n'a plus sa belle robe de chambre. Qui sait? Il y aura peut-être une occasion à sa vente.

Cinquième tableau. — Ici, un éblouissement! A moi, Véronèse! à moi, Titien! à moi, Gervex! Un palais aux murs ornés de peintures à fresques, aux colonnes d'onyx, et large dais de velours bleu sous lequel vient s'asseoir Portia, portant sur ses épaules un manteau de soie blanche doublé de satin rose. Et des massiers à tunique ornée des armes héraldiques, et des pages, des écuyers, des musiciens dans une loggia faisant entendre des marches triomphales. Voici les trois prétendants, Maroc, Aragon et Bassiano, qui doivent gagner Portia à la loterie. C'est Bassiano qui gagne le gros lot, c'est-à-dire la main de Portia.

— Et Bassiano s'écrie gaiement : Nichez ! et Gratiano lui répond : Nichons !

Je ne sais ce que le public comprend, mais ce « nichons » produit un grand effet.

L'heure me presse, et je suis obligé d'abréger mes descriptions. Je veux cependant vous dire que la salle du conseil des Dix, avec son doge et ses juges en velours rouge, produit un grand effet et que Portia, déguisée en avocat, est tout à fait charmante. Enfin le dernier tableau est édenique. Ici l'on s'aime. Ce ne sont que baisers et caresses sous les rayons de la lune dans un parc féerique, aux sons d'une musique douce, douce, qui arrive lointaine, par bouffées.

O le pont des Soupirs ! le lion de Saint-Marc ! le

palais des doges ! le Seigneur en robe de chambre les barcaroles et les gondoliers !...

Et en sortant de ce rêve adorable, on trouve dans le brouillard, sur la place de l'Odéon, un vieux cocher qui vous crie d'une voix de rogomme : « Un bon coupé, bourgeois, et pas chauffé ! C'est plus hygiénique ! »

LE MARI DE LA REINE

Opérette en trois actes, de MM. Grenet-Dancourt et Octave Pradels, musique de M. André Messager.

18 décembre 1889.

O Parisiens, mes confrères en coryza ; ô Parisiennes, mes douces amies, vous raconterai-je comment la reine des Kokistaniens, en vertu de la loi du Rondo, divorce tous les ans pour épouser le coureur qui arrive le premier à la course au cerf ? Vous dirai-je comment Justine Patouillard, fille de M. et Mme Patouillard, vogue à travers le monde pour revoir Florestan — un peintre que ses parents lui ont refusé en mariage. Ajouterai-je que Florestan, ayant attrapé le cerf, va devenir le mari de la reine, quand il retrouve Justine. Alors, la reine reste avec Yacoub, son premier mari ; Florestan épouse Mlle Patouillard, et M. et Mme Patouillard sont envoyés au Jardin d'acclimatation.

Je ne sais pas si je me fais bien comprendre ; mais, voyez-vous, ces choses-là, pour être bien saisies, ont besoin de la jolie musique de M. Messager. Si j'avais seulement une petite flûte sur moi — tuli-tulo-tula — vous me trouveriez très clair.

Je puis cependant vous dire que M. et Mme Patouillard, c'est le couple Montrouge, que le public a revu avec plaisir mariés sur la scène, soit dans le costume de bourgeois de la rue Saint-Denis, soit dans de riches costumes kokistaniens. Montrouge a une façon convaincue de dire : « Un malheur à ma femme ! Ah ! il ne faut pas compter là-dessus ! » qui me donnerait beaucoup à réfléchir si j'étais sa légitime.

La reine, c'est Aussourd — que nous n'avions pas vue depuis *Isoline* et qui a toujours ses jolies notes cristallines. Justine Patouillard (Mily-Mayer) est toujours l'adorable figurine de Saxe que vous savez, et quant à MM. Tauffenberger et Piccaluga ils ont dit de leur mieux les airs que M. Messager leur a confiés.

Et voilà !

MORT DE M. LOYAL

19 décembre 1889.

Encore une personnalité bien connue des Parisiens qui disparaît ! Qui de nous n'avait pas admiré la belle prestance de Loyal au Cirque des Champs-Élysées ! Nous étions tout petit qu'il faisait déjà claquer la chambrière en compagnie de cette troupe admirable qui comptait Oriol, les frères Price, Bothwell et le pauvre Chadwick.

Grand, très fort, moustachu, les longs cheveux noirs et bouclés rejetés en arrière, le col de chemise outrageusement décolleté et dégageant son encolure de taureau, il était devenu la personnification de l'écuyer, si bien que dans une revue, dès qu'on voulait monter une scène de cirque, il y avait toujours un acteur pour faire une imitation, facile d'ailleurs, de M. Loyal.

Pendant la présidence de M. Thiers, une charge fameuse de Gill, dans la *Lune*, représentait l'*Essai loyal*. C'était M. Loyal, avec sa chambrière, faisant sauter dans un cerceau M. Thiers avec le petit toupet blanc du clown. Cette caricature avait eu un grand succès.

Écuyer, disions-nous tout à l'heure ? Peut-être serait-il plus exact de dire dresseur de chevaux en liberté, car c'était là sa grande supériorité, et nous avons encore dans l'oreille la voix de basse profonde avec laquelle il disait à ses chevaux enrênés et ramassés sous le fouet : « Changez ! Au galop ! »

Dans mes souvenirs les plus lointains, je ne l'ai jamais vu qu'une fois à cheval dans un quadrille de la *Mère Angot* au Cirque Franconi ; il montait même assez mal, ayant la cuisse ronde et la jambe en avant.

Dans les intermèdes, il daignait causer avec les clowns, mais toujours avec une grande gravité et les tenant toujours très à distance. C'est à peine si les premiers sujets osaient timidement lui dire : *Mossieu Loyal, voulez-vous jouer avec moa ?* Et les jeux commençaient jusqu'à ce qu'un claquement de fouet vint annoncer la reprise du travail à cheval et de la *miousique*.

Après avoir, pendant plus de vingt ans, dirigé les exercices équestres du Cirque d'été et guidé de sa chambrière les chevaux qui portaient les belles écuyères, il avait quitté Franconi, et celui-ci, comprenant qu'un cirque parisien sans M. Loyal était impossible, s'était empressé d'engager le frère, Arsène Loyal, et l'on avait pu conserver intégralement le texte épique des conversations de jadis.

Quant au vrai Loyal, il était entré, il y a quatre ans, au Nouveau-Cirque, où M. Oller lui avait offert les fonctions de directeur avec un pont d'or. Là, nous l'avions revu toujours le même, toujours solennel, ayant seulement troqué l'habit noir contre l'habit bleu de ciel.

Et les années passaient, et Loyal nous présentait toujours des sujets dressés; et, bien qu'il fût escorté de deux fils approchant de la trentaine, il restait, lui, toujours aussi chevelu, toujours aussi noir, et, ma foi — disons-le — toujours aussi beau, si l'on veut bien admettre une esthétique spéciale de cirque. Très estimé de ses camarades, très aimé des nouveaux, auxquels il ne cessait de prodiguer ses utiles conseils, il n'avait qu'une passion, ses chevaux; qu'une préoccupation, ses élèves.

Ce colosse, qui paraissait défier les atteintes du temps et narguer la vieillesse, est mort hier, à trois heures, des suites d'une maladie qui ne pardonne guère : le diabète. Il laisse une veuve et trois enfants.

Je ne voudrais rien exagérer; mais n'est-ce pas que nous éprouvons comme une certaine mélancolie en voyant disparaître tout à coup ceux qui nous ont amusés pendant notre enfance, ceux qui, pendant de longues années, nous ont fait momentanément oublier les soucis de la vie.

C'est un peu de notre jeunesse qui s'en va avec eux !...

Et, qui sait ? Peut-être que cette ombre sympathique va retrouver dans de nouveaux Champs-Élysées l'ombre de Chadwick, qui, s'avançant, dira en guise de bienvenue :

— Mossieu Loyal, voulez-vous jouer avec moa ?

LE CADENAS

20 décembre 1889.

Six acteurs, pas plus : quatre hommes et deux femmes.

Mais quels hommes ! mais quelles femmes !

Voici d'abord le baron des Moquettes (Daubray) qui s'est habillé comme le prince. Large cordon en moire supportant le lorgnon, gardenia à la boutonnière, et aux mains l'éternelle paire de gants gris perle, pour marier sa nièce, pour voyager, même pour faire des armes. Il a de l'esprit, le baron. Comme il veut parler au mari de sa nièce, des cinq cents mille francs qu'il a promis en dot.

— Ne parlons pas de ça, dit le mari avec délicatesse.

— Mais si, parlons-en, riposte le baron, vous êtes extraordinaire. Si nous n'en parlons pas, comment voulez-vous que je vous explique que... je ne puis pas vous les donner.

Il dit d'Anita, sa maîtresse : « Brune alors, blonde depuis... »

— Quelle est la plus grande injure qu'on puisse faire à une femme ?

— L'épouser — répond-il sans hésiter.

Je vous en dirais comme cela jusqu'à demain sans me fatiguer ; aussi j'aime mieux vous présenter Aristide Chalendon (Calvin), l'avoué si bien posé qui par délicatesse respecte quinze jours le cadenas de Justine.

Lui aussi a des reparties assez heureuses. Jugez-en.

— Quand je suis avec Anita, dit le baron, elle est si bien élevée qu'elle pense toujours à la troisième personne.

— Cela ne m'étonne pas, lance Chalendon.

Voici maintenant M. Anatole Cléophas (Colombey), qui faisait ses débuts au Palais-Royal. Il a pris la perruque bouclée du pianiste... Mais il aura à prendre aussi le ton de la maison.

Je passe sur le domestique, tout en notant qu'il porte enfin une livrée correcte, — la première depuis que le Palais-Royal est créé. Tout s'en va.

J'arrive au sexe faible, représenté par Micheline (Mme Chaumont), la jeune fille mariée sur le tard. Comme costume, je n'ai guère à noter que le joli manteau de mariage en brocard de soie blanche tout brodé d'or.

Dans les mots, je cite celui-ci :

— Il ronfle ! il se croit déjà mon mari.

Enfin il me reste la bonne Justine, la jolie et plantureuse Aciana, l'ex-cantatrice de Cluny. — Rien à dire, rien à chanter, mais elle se montre, et ça nous suffit.

En partant, j'ai regardé les vitres du Palais-Royal auxquelles on avait accroché un écriteau :

« Prière de ne pas ouvrir, vu la température. »

Elles aussi avaient un cadenas... et j'ai une fois de plus admiré la souplesse de la langue française qui permet de tout laisser deviner sans rien dire.

AUX QUATRE COINS DE PARIS

21 décembre 1889.

Au moment de m'embarquer, ce soir, à la conquête de ces folles joies que nous servent chaque soir les directeurs des théâtres parisiens, j'ai consulté mes invitations. Saperlipopette. Cinq premières.

— L'anniversaire de Racine à la Comédie-Française.

— Les débuts de *Fannoche* dans la revue de l'Eldorado.

— *Madame Favart* aux Menus-Plaisirs.

— L'*Année joyeuse* à Cluny.

— Et des débuts au Cirque d'hiver.

Ouf ! sous l'ancienne monarchie, l'écartèlement n'était qu'à quatre chevaux. Si j'allais simplement me coucher ?... Je serais plus frais pour la fête du 23. Mais le devoir, mais la conscience... Allons, en route !

L'*Année joyeuse*

Si j'ai commencé par Cluny, ce n'est pas parce que c'était plus près, mais j'avais une curiosité : je voulais savoir comment MM. Milher et Numès avaient bien pu faire une revue sans nous reparler de l'Exposition.

Eh bien ! ils y sont parvenus, et très bien. Le compère et la commère, c'est tout simplement le paysan et la paysanne du tableau de Millet : l'*Angelus*. Avant de partir pour l'Amérique, ils veulent voir les joyeusetés de l'année. Et voilà.

Le compère, c'est le bon Veret, le Daubray de la rive gauche ; beaucoup de gaieté et de rondeur. Un de ces ventres sur lesquels on aime à taper — et ce qu'on a tapé sur ce ventre pendant toute la soirée ! La commère, c'est la jolie Diony, charmante sous les trois costumes moulant sa taille ronde et svelte. Elle nous rappelle Berthou, du Palais-Royal — perdue pour nous, hélas !

Et le défilé commence : vous savez les « événements » entrent par le côté cour et sortent par le côté jardin... après avoir tapé sur le ventre de Veret. Je vois défiler des cochers en grève se servant de leur fouet pour pêcher à la ligne, Buffalo-Bill sur un vélocipède, Brown-Sequard changeant les vieilles gardes en bébés. Puis un joyeux défilé de gardes champêtres invités à un gueuleton parisien, et de pompières bien françaises, celles-là, parmi lesquelles j'ai le plaisir de reconnaître la gracieuse Simonne de Laval.

Deuxième acte. — Les affiches électorales inondent les murs, avec un couplet philosophique et bien tourné, dit par le chiffonnier (Allard). « Un peu de colle dessous et beaucoup de *colles* dessus. » J'approuve aussi beaucoup Guy, Gontran et Gaston votant pour Tata, car Tata, c'est Jane Therry qui a un joli costume : habit de satin vieil or, corset de soie blanche dans lequel est campée une branche de lilas, jupe de satin noir retroussée de côté de manière à laisser voir un bas de soie noire, une jarretière rose, et, au-dessus, une main de maillot couleur chair... très suggestif !

Un couplet à citer sur les n'importequistes :

> J'entre chez ma femm' l'autr' soir à l'improviste
> Et je la surprends avec un n'importequiste ;
> Y en a eu, d'ailleurs, pas mal d'autres depuis,
> Si bien que, grâce à eux, ce n'est plus moi qui l'suis.

Très réussi le tableau de la *Reine Blanche*, transformée en *Moulin rouge*. Le bon roi Dagobert a peine à y retrouver les souvenirs de sa pieuse femme, et les damoiseaux et demoiselles de l'endroit l'étonnent un peu.

Mais j'arrive bien vite au grand clou final : les arènes de la rue Pergolèse. Grand défilé de toréadors, picadors sur de vrais chevaux fournis par le Jardin d'acclimatation, etc. Il y a là un combat de taureaux inénarrable, régi par des trompettes qui sonnent dès qu'un monsieur atteint de l'influenza se mouche au balcon. Enfin le sextuor de la cigarette, dansé par les Espagnols, et enfin la Macarona par Allart avec Lureau comme capitan.

Oh ! Allart, en Espagnole, avec ses accroche-cœurs et ses poses pâmées, et ses yeux blancs « qui voient les anges ». Gros succès !

Encore à citer, parmi les jolies filles, Tasny, en foudre, et de Laval, déjà nommée, en Estudiantina.

J'arrive à l'acte des théâtres, en général le plus

faiblot dans les revues, et qui, au contraire, est le meilleur des trois.

Cela commence à la Comédie-Française, où le malheureux Aicard se voit refuser son acte de revue, qu'il porte au Théâtre-Libre.

Puis, nous sommes transportés à la fête d'Anvers et, après le défilé des vieilles pièces reprises, voici le *général du Château-d'Eau*. Le nom de la pièce change, mais c'est toujours le même général et le même chapeau ; on ne change que la position du chapeau, et on a ainsi Hoche, Kléber, Marceau et enfin... Cambronne.

— Voici les concours du Conservatoire : M. Dupont n'a jamais concouru, n'a rien obtenu, réplique M. Dumas.

Ça c'est de la folie pure, mais c'est bien drôle. Le classique est supprimé et remplacé par des charges de café-concert, et même par une scène du théâtre annamite. O Numès, blaguer ainsi la maison mère !...

Très complète la parodie d'*Esclarmonde*, avec le paravent qui cache les amoureux pendant la marche d'amour. Quand le paravent se retire, on voit les deux amoureux couchés, et le grand prêtre s'écrie : « Je ne vois plus sa figure !! »

Enfin la *Lutte pour la vie*. Entre chaque scène les acteurs luttent, et le Figaro reçoit les enjeux ; à la fin, Vaillant tue Paul Astier en lui lisant une scène de la « Bûcheronne ».

Avouez que tout cela est d'une fantaisie bien neuve et bien spirituelle.

Et pas un mot de l'Exposition. Grand merci, Messieurs les auteurs, d'avoir si bien tenu parole.

Aux Menus-Plaisirs

Aux Menus-Plaisirs, nous avons goûté des plaisirs qui ne sont pas menus, mais fort neufs à la reprise de *Madame Favart*.

Nous signalerons la fameuse chanson : *Ma mère aux vignes m'envoyit*, où Mme Judic montre qu'elle culbut les deux premières conjugaisons avec quelque désinvolture ; la romance de l' « Échaudé », ou le « Chat de M. Vauthier craint l'eau chaude » ; enfin toutes les canzones de Mlle Peyral. A cette jeune fille, on a fait une ovation triomphale ; elle est une nouvelle étoile dans le firmament des divettes ; quant à M. Lamy, ce jeune ténor est si disputé que nous avons vu la Lutte pour Lamy.

Bref, malgré la fermeture de l'établissement qui remplace l'Opéra-Comique, on retrouvera aux Menus-Plaisirs les réels concerts Favart.

Il y a bien encore les débuts de Fannoche à l'Eldorado.

Non, décidément, remettons cela à demain. Voulez-vous ?

ON N'EN PARLERA PAS

22 décembre.

Eh bien ! ce serait très dommage de ne pas en parler de cette gentille petite Revue durant à peine une heure, et où il y a de jolies filles, de jolis costumes, des chanteuses agréables et une charmante commère : Fanny Robert elle-même.

D'abord, j'avoue que pour ma part je suis attendri — comme homme d'abord, comme moraliste ensuite — en voyant une femme qui pourrait se contenter de n'être qu'une jolie femme — ce qui est quelque chose, — et qui, par les affreux temps que nous traversons, consent à rejeter, à lâcher la grande fête et les petits camarades pour venir tous les soirs à l'Eldorado nous faire de belles risettes entre deux couplets.

Quand un peuple produit de ces dévouements-là, c'est qu'il se régénère !

Parmi les *clous* les plus réussis, je vous citerai les *panoramas* (j'ai remarqué les jambes vertes du transatlantique), le petit guignol où l'on voit défiler successivement les silhouettes de Cassagnac, Rochefort,

Déroulède, Coquelin Cadet, Judic, Théo, Scholl, Zola, Augier... enfin tout Paris (Ah! pourquoi ne m'a-t-on pas mis — ça m'a vexé!); puis Vaunel imitant Baron dans la chanson de la *Boiteuse,* puis Duparc extraordinaire en Macarona. — Je commence par croire que tout le monde est extraordinaire en Macarona — puis les candidates à la députation, charmantes dans leur chemise rose transparente comme celles d'Isoline, et sous la gaze on aperçoit des chaussettes sur la jambe nue, etc.

Sulbac était un peu enrhumé ; il appelle ça « l'affaire en zinc », et Maréchal est un Buffalo très convaincu. D'ailleurs, quand le dialogue faiblissait un peu, — ah! dame! — Fannoche était là, avec ses yeux de velours, ses diamants catapultueux, son grand chapeau auréole en gaze rose, et, rêveur, nous nous rappelions le temps où elle jouait Cupidon dans *Orphée :*

> Je suis Cupidon, mon amour
> A fait l'école buissonnière.

La voilà revenue du pays de Cythère, route du grand art, ayant préféré le concert de l'Eldorado au Concer... vatoire.

SURCOUF

26 décembre 1889.

C'était pourtant gentil, *Riquet à la Houppe*, une pièce bon enfant, gaie, sans prétention... enfin *habent sua fata*... Ne nous en plaignons pas trop, puisque Riquet est devenu Riquet... à la poupe, autrement dit Robert Surcouf.

C'est Huguet qui a hérité du rôle du pirate créé par Morlet, sans doute parce que c'était un rôle breton; il y apporte sa belle prestance, son organe vibrant, et s'est fait acclamer dans la jolie valse du troisième acte :

> A Sumatra
> Vous couriez un péril extrême...

Blanche-Marie a repris son rôle d'Yvonne. Elle est encore un peu pâlotte — elle relève seulement de maladie, mais le public a fêté sa convalescence. Duhamel est toujours le plus étonnant Mac Farlane qu'on puisse rêver. Il faut voir ce gouverneur épique avec son petit toupet blanc, sa *mess-Jackett* écarlate et ses jambes grêles, exécutant une gigue sur l'air : Vive l'Italie !

Le bon Alexandre succédait à Montrouge dans le rôle de Kerbiniou. Hé ! hé ! Petit bonhomme vit encore, et en revoyant l'amusant comédien, nous songeons au nombre incalculable de rois de féeries que nous l'avons vu personnifier pendant notre première jeunesse. Personne ne disait mieux que lui : « Que la fête commence ! »

Enfin, j'ai gardé pour la bonne bouche la réapparition côte à côte de Gargousse et de Flageolet. Gobin et Guyon fils ont fini par créer un couple comique qui rappelle le duo de Désiré-Léonce, jadis si populaire aux anciens Bouffes. Ils se complètent l'un par l'autre : Gargousse, en vieux loup de mer, avec ses boucles d'oreilles, son jersey, son *sur-oué* et son pantalon goudronné ; Flageolet avec ses jambes écartées, son air naïf et sa pipe, et plus tard déguisé en grand seigneur italien, chantant en chœur :

> Belle Italie,
> Loin de toi je m'ennuie...

avec reprise de biniou... C'est irrésistible, et il suffit que ce gros homme apparaisse, suivi de ce petit mousse qui « marche dans son sillage », pour que les galeries supérieures se tordent.

Braves galeries supérieures ! Il n'y a encore que là qu'on trouve le vrai chauvinisme... théâtral.

Quand Surcouf a crié :

> Boire à l'Angleterre !
> J'aimerais mieux cent fois briser mon verre !

et, plus tard, quand il a obligé le capitaine Shomson à boire « à la belle Frrrrance ! », j'ai cru que la salle allait crouler sous les vivats et les applaudissements.

J'approuve ces bons sentiments, mais tout cela ne me donne pas mon mot de la fin. Heureusement que, place de l'Opéra, je rencontre un ami revenant de l'Odéon.

— Ah ! me dit-il, cette Réjane, quel esprit, quelle finesse ! Quel talent ! Seulement pourquoi appelle-t-on ça *Schylock ?* C'est le *Roman chez la Portia.*

FIN

TABLE ALPHABÉTIQUE DES NOMS

A

Abbema (L.), 18.
Achard (M.), 225.
Achard (P.), 76.
Aciana, 317.
Adam (Mᵐᵉ), 1.
Aga, 206.
Aicard, 223.
Alexandre, 169.
Alexandre, 327.
Allard, 320.
Alemand, 265.
Allévy, 24.
Amable, 233, 246.
Ancey (G.), 173, 270.
Anderson (miss), 221.
Andigné (d'), 8.
Angèle, 170, 184.
Antoine, 32, 59, 76, 131, 171, 173, 222, 224, 268.
Antonine, 165.
Archambault, 46.
Argentré (comte d'), 18.
Arnaud de l'Ariège, 188.
Aroyl, 274.
Aubernon (Mᵐᵉ), 25, 46, 141, 240, 252.
Aubry, 224, 268.
Audran, 113.
Auguez, 56, 282.
Aumale (duc d'), 184, 188, 190.
Aussourd, 312.
Azevedo (comte d'), 46.

B

Badiali, 72.
Baignières (Mᵐᵉ L.), 240.
Baignières, 26.
Baillet, 4, 148.
Balanqué, 72.
Bamard, 107.
Bamberger, 231.
Banville (Th. de), 59, 113, 141.
Barbey d'Aurevilly, 110.
Baretta, 4, 79, 148, 224, 241.
Baruy, 34, 61, 130, 172, 224.
Baron, 10, 26, 82.
Barral, 12, 256.
Bartel, 42, 229.
Bartet, 189.
Bartholoni, 283.
Bataille (L.), 101.
Beauchamp (Marie), 287.
Beaurepaire (Quesnay de), 160.
Beauvoir (R.), 109.
Becker, 221.
Beer, 67, 113.
Beissier, 113.
Bocher (Ch.), 203.
Bois (G.), 268.
Boisdeffre (de), 283.
Boisselot, 296.
Boissy d'Anglas (de), 46.
Bojano (duchesse de), 203.
Berardi, 289.
Beraud, 21, 231.
Bergé (Marie), 138, 306.
Bernhardt (Sarah), 33, 65, 151, 185, 218.
Bertin (Nancy), 137.
Bertiny, 6.
Berton (P.), 150.
Berton fils, 192.
Bertrand, 10, 73, 82, 88, 150.
Beulé (Mᵐᵉ), 26, 46ᵉ 222, 240.
Bianca, 79, 151, 184, 188, 241, 252
Biard, 42.
Billing (baronne de), 18.
Billy (B.), 71.
Biroz, 298.
Bischoffsheim, 231.
Blanche-Marie, 39, 162, 286, 326.
Bloch, 102.

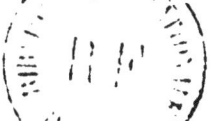

TABLE ALPHABÉTIQUE DES NOMS

Bloch (Rosine), 176.
Blocketti, 102.
Blondeau, 256.
Blowitz, 108, 169.
Bellucci, 161.
Bellune (duchesse de), 26, 45.
Bellune (duc de), 46.
Benardaki (Mme), 46.
Bepoix, 55, 109, 129, 222.
Bombled, 31.
Bonheur, 72.
Bonnal, 259.
Bonnadier, 283.
Bonnet, 196.
Borda (G. de), 151.
Borelli (de), 188, 152.
Boré-Verrier (Mme), 26.
Bouchard, 97.
Bouffar, 231.
Boularan, 172.
Boulard (M.), 8, 151.
Bourbon (princesse L. de), 46.
Bourget, 47, 156.
Bouvier, 182.
Boyer, 125.
Boyer (Rachel), 2, 4, 149, 188, 241, 293, 306.
Brandès, 3, 5, 151, 252, 289, 306.
Brasseur, 57, 98.
Brasseur (Albert), 57, 98, 249.
Brebion (Paula), 103.
Breby, 39.
Bremond, 38.
Bressolles, 304.
Brindeau, 8, 151, 231, 252.
Brochowska, 184.
Broglie (duc de), 2, 240.
Broizat, 2.
Broutel (vicomtesse de), 1.
Bruck (Rosa), 9, 77, 232.

Buffet, 252.
Burani, 246.
Burguet, 233.

C

Cahen d'Anvers (Mme) 184, 188, 203.
Caïn (C.), 241.
Calmettes, 307.
Calvé, 161, 176.
Calvin, 317.
Camondo, 8.
Campana, 277.
Candé, 307.
Capoul, 34.
Caran d'Ache, 21, 85, 215.
Carette (Mme), 46.
Carnot (M.), 160.
Carnot (Mme), 160.
Caro, 25.
Caron (Marguerite), 2, 8, 55, 109, 138, 157, 222, 231, 252, 289, 306.
Caron (Cécile), 48, 55, 254, 296.
Carré (Michel), 113.
Cassagnac (P. de), 20.
Casy (comte), 46.
Céard, 59.
Cerny, 8, 79, 295.
Chabot, 205.
Chalagnat, 231.
Chalmin, 107, 258.
Chameroy, 208.
Chaperon, 19.
Chapron, 232.
Chapuis, 32.
Charcot, 46.
Chardon, 46.
Charme (de La), 151.
Chassaing, 71.
Chaumont, 26, 241, 252, 317.
Christian, 167, 170, 264.

Cigale, 129.
Cladel, 59, 172.
Claretie, 33, 45, 91, 141, 223.
Clémenceau, 129, 240.
Clément, 281.
Clerc (E.), 246.
Clermont (C.), 197.
Cléry (miss), 77, 79, 240.
Cléry (de), 78, 133, 188, 241, 248, 252.
Cocheris, 2.
Colas (L.), 31, 139.
Coleuille, 290.
Colombey, 317.
Colombier (Marie), 71, 215.
Colonne, 123.
Conegliano (duchesse de), 203.
Conneau (Mme), 46.
Constance, 274.
Cooper, 9, 26.
Coppée, 188.
Coquelin aîné, 61, 184, 192.
Coquelin cadet, 114, 184, 186, 294.
Cornaglia, 142.
Cornet, 88.
Cossas, 115.
Cossira, 289.
Courtès, 157.
Crémieux (H.), 167.
Crouzet, 133, 260.

D

Dailly, 104, 145, 246.
Dalleu, 304.
Dalmy, 216.
Damala, 64.
Dangeville, 198.
Daniel, 111.
Darcourt, 57, 98, 100, 247.

TABLE ALPHABÉTIQUE DES NOMS

Darlaud, 13, 55, 71, 77, 232.
Darly, 156.
Daubray, 126, 136, 196, 227, 316.
Daudet (A.), 95, 241.
Davis, 102.
Davray, 125.
Debay, 156, 241.
Debriège, 248.
Defresnes (Marie), 34, 79, 173, 222.
Delabarre (Bl.), 188.
Delizy (D.), 41.
Delpré, 91, 129.
Delsart, 283.
Delys, 256.
Demarsy, 8, 71, 170, 231.
Demay, 78.
Depoix, 76, 79, 129, 138, 151, 165.
Derenbourg, 59, 90, 194.
Deroulède, 2, 188, 269.
Deschamps, 52, 129, 156.
Desclauzas, 78, 238.
Désiré, 167, 195, 275.
Desjardins, 216.
Deslandes, 53, 119, 137.
Desmazières, 8.
Desprez, 209.
Desvallières, 8.
Desvaux, 77.
Devoyod, 138.
Dezoder, 306.
Dheurs, 85.
Diemer, 283.
Diet, 46.
Dietelbach, 231.
Dieudonné, 156, 253.
Dieudonné (Déa), 307.
Dion (comte de), 151.
Diony, 320.
Doleska, 47.
Dominé, 188.
Domiol, 302.
Dornay, 13.

Dorsy, 60, 172.
Doucet, 305.
Dreyfus (Abraham), 8, 18.
Dreyfus (Maur.), 151.
Dreyfus (Maxime), 131.
Dreyfus (M⁻⁻ Maxime), 26, 141, 188, 240, 252.
Drumont, 19, 307.
Dubarry, 298.
Dubos (R.), 139.
Dudlay, 2.
Duflos, 158.
Dugué de La Fauconnerie, 129, 193.
Duhamel, 38, 302, 326.
Duhamel (petite), 78.
Dumaine, 166.
Dumas (Alex.), 1, 18, 25, 188.
Dumeny, 85, 143.
Dumesnil, 241.
Duparc, 325.
Duplay, 133.
Dupuis, 12, 26, 82, 289.
Dupuy-Couderc, 286, 302.
Duquesnel, 218.
Duran (Carolus), 299, 303.
Durocher, 42.

E

Eckerl, 102.
Edmond (Ch.),
Eiffel, 41.
Erlanger (M⁻⁻), 289.
Escorval (d'), 304.
Espies (comtesse d'), 46.
Essipoff, 109.
Eugel, 290.

Evans, 105.
Ezpeleta, 231.

F

Fabrègues, 14, 303.
Fahrbach, 74.
Falconnier, 186.
Falliaud, 252, 289.
Faure (Élise), 78.
Fauvel (docteur), 46.
Febvre, 3.
Fehl (J. de), 192, 286.
Feri-Pisani (baron), 26.
Ferney (R.), 298, 306.
Ferouillat, 30.
Ferrier (H.), 202.
Ferry (M⁻⁻ Jules), 1.
Feuillet (O.),
Feydeau (G.), 8, 299.
Fitz-James (comte R. de), 203.
Fleury, 210.
Floquet, 2, 19, 20.
Folleville, 258.
Forin, 18, 21.
Fouguerel, 286.
Fournets, 281.
Fournier, 126.
Fragerolles, 30, 31.
France (L.), 173, 224.
Francés, 206, 296.
Franconi,
Freder, 42, 139.
Froment, 126, 223.
Fugère, 14, 88, 229, 237.

G

Gaillard, 201.
Galipaux, 87, 126, 196.
Gallay, 283.

Galles (prince de), 156.
Galliffet (général de), 188.
Ganderax, 151, 188, 231.
Garaud, 292.
Gardy, 233, 246.
Gélabert, 170.
Gellio, 42.
Genat (P.), 92.
Geng, 246.
Gérard, 192.
Gerbault, 114.
Germain, 42, 106, 139, 258, 263.
Gervex, 21, 85.
Gibert, 181.
Gide, 283.
Gilberte, 63, 259.
Gillet (Mary), 67.
Gillette, 296.
Gilly (Numa), 20, 85.
Gobin, 163, 286, 327.
Goncourt (de), 129, 223.
Gondinet, 295.
Got, 147, 223.
Goulue (la), 212.
Gounod, 1, 280.
Gourdon, 274.
Grand, 224.
Grandel, 151.
Grandt (Mme), 289.
Granger, 147, 193.
Granier (Jane), 55, 169, 262.
Grassot, 82, 157.
Gravier, 237, 304.
Grenet-Dancourt, 311
Gresset, 212.
Grivot, 119, 229.
Gruyer (A.), 283.
Guilbert (Y.), 8.
Guizot, 26.
Guy, 98, 247.
Guyon, 262.
Guyon fils, 39, 162, 287, 327.
Guyot (Yves), 160.
Gyp, 18.

H

Hadamard, 109, 223, 285.
Halanzier, 185.
Halévy, 23, 84, 151, 231.
Hansen, 201.
Harcourt (comte d'), 46.
Hastreiter, 176.
Haussonville (comte d'), 188.
Hennique, 223.
Henriot (Mlle), 271.
Henryot, 95.
Hervé (Mme), 188.
Hervieux, 284.
Hirch, 233.
Hochon (Mme), 1, 26, 141, 188.
Hottinguer (baronne) 203.
Huguet, 38, 163, 286, 326.

I

Ilbert, 39.
Invernizzi, 8, 79, 114, 120, 151, 203, 286.

J

Janin, 195.
Japy, 223.
Jeansein (Mlle), 176.
Job, 101.
Joinville (prince de), 184, 188.
Jouy, 30.

Juana, 212.
Judic, 227, 323.
Jullien,

K

Kalb, 2.
Keller, 249.
Kerdal, 198.
Kern (L. de), 252.
Kerven (Mme de), 46.
Kœnigswarter (baron de), 2, 203, 290.
Koning, 77, 234.

L

Labruyère (de), 71.
Lacretelle, 223.
Lagoanère, 90, 138, 194.
Lagrené (de), 222.
Laguerre, 240.
Laloue, 301.
Lalou, 141.
Lambert fils, 241, 307.
Lambertiny, 102.
Lambertye (vicomte de), 241.
Lamoureux, 122.
Lamy, 326.
Landolff, 103.
Lanthelme, 207.
La Pommeraye, 18.
Laray, 52.
Larcher, 66, 112, 299.
Larey (baronne de), 26.
Lardinois, 42, 107, 229.
Larnac (de), 8.
Laroche, 148, 189.

TABLE ALPHABÉTIQUE DES NOMS

Laroche (Francine), 215.
La Rochefoucauld-Doudeauville (demoiselle de), 203.
Lassouche, 12, 73, 93, 136, 258.
Lassus (Augé de), 215.
Laudner, 268.
Laur, 230.
Laurent (A.), 52, 173.
Laurent (Marie), 123, 215.
Lauret, 250.
Lauris, 208.
Laury, 33, 129.
Laus, 71, 138, 201.
Laval (S. de), 320.
La Vaudère (baronne de), 252.
Lavastre, 200.
Lavigne (Alice), 51, 77, 79, 231, 296, 302.
Laviolette, 209.
Le Bargy, 2, 189.
Lebey, 151.
Leblanc (Léonide), 306.
Leclère, 189.
Leconte de Lisle, 122.
Lecoq, 273.
Lecorbellier, 27, 223.
Lecouvey, 204.
Lécuyer, 231, 293.
Lefebvre, 237.
Lefèvre, 115.
Legault, 2, 189, 295.
Legendre (E.), 197.
Legendre (J.), 284.
Legoux (baronne) 176.
Legrand (G.), 151.
Legrand (Berthe), 134.
Legrand (Paul), 66, 113.
Le Harivel, 8.

Leloir, 242.
Lelubez, 26, 45, 47.
Lemaire (Madeleine), 26, 46.
Lemaire (Gaston), 97.
Lemaître, 141, 169.
Lemercier, 246.
Lemeunier, 234.
Lemounier, 246.
Lender, 83, 143, 256.
Leriche, 39, 162, 286.
Lerou, 13, 304.
Lery, 265.
Leture, 85.
Levavasseur (baronne), 26, 203.
Lhérie, 161.
Libert, 102, 119.
Lichtenstein (colonel), 141, 188, 241.
Linache, 97.
Lina Munte, 184.
Lind, 239.
Linden, 151.
Lionnet, 44, 215.
Lippmann (Mme), 1, 141, 252.
Lody (A.), 60.
Lorin, 31.
Loti, 231.
Loyal, 313.
Loynes (comtesse de), 141. 222.
Loze, 151.
Ludwig, 71, 77, 241.
Luguet, 146.
Lunel, 67.
Luneville, 301.
Lynnes, 292.
Lytton (Lady), 289.

M

Macé-Montrouge, 99.
Magnier (M.), 13, 26, 77, 79, 118, 229, 231, 241, 253, 298, 306.
Mainardie, 279.
Mallet (F.), 67, 136.
Malvau, 151, 165.
Manvel, 184.
Marais, 232.
Marcel, 198.
Marcelin, 42, 91.
Marcus, 95.
Maréchal, 325.
Maresco, 100.
Marie-Laure, 298.
Marie-Louise, 306.
Marius, 233.
Marni, 109, 138, 223.
Marsy, 2, 4, 76, 79, 151, 292, 298, 306.
Martel (comtesse de), 141.
Marthold, 193.
Martial (A.), 55.
Martinetti, 266.
Marty, 113, 308.
Massa (marquis de), 203.
Massa (marquise de), 184, 188, 203.
Massenet, 123, 180.
Mathilda, 212.
Mathilde, 58, 107, 127, 146.
Mathilde (princesse), 1.
Matrat, 301.
Maupeou (comte de), 283.
Maurel (Mme), 195.
Mauri, 110.
Maury, 170, 202, 204.
Mauvel, 241.
Maver, 76.
Mayer, 61.
Mayer (H.), 173, 270, 398.
Mayer (Mme), 222.
Melfray (comtesse de), 203.
Meilhac, 26, 84, 151, 223, 254.
Melba, 289.

Méline, 20.
Melodia (Mme), 47.
Ménard-Dorian (Madame), 188.
Mendès (Catulle), 32, 88.
Menessier, 233.
Menière, 283.
Messager, 311.
Méténier, 109.
Métra, 185.
Meusy, 31.
Mevisto, 130.
Meyer (Mme), 1.
Michel (A.), 198, 254, 296.
Mignon (L.), 298.
Milani (V.), 169.
Milher, 41, 127, 302, 320.
Millaud (A.), 227.
Millœcker, 41.
Mily-Meyer, 64, 312.
Miroir (B.), 53, 202.
Miroy, 138.
Moch (Ad.(, 25.
Moltke (comtesse de), 289.
Mondos, 198.
Monnier, 203.
Montal, 89, 304.
Montaland (C.), 5.
Montaut (Mme de) 212.
Montcavrel, 43.
Montépin (X. de), 13, 304.
Montferrier (comte de), 26.
Montlaur (comte de), 46.
Montpensier (duc de), 188.
Montréal, 256.
Montrouge, 140, 194, 312.
Moore (Mme), 289.
Morlet, 274.
Mounet (Paul), 124.
Mounet-Sully, 3, 189.
Mugeyre, 223.
Mussay, 125.

N

Narball, 301.
Nardy, 180.
Nau (E.), 110.
Netty, 285, 298.
Ney (Napoléon), 18.
Nicolopoulo, 131.
Nilsson, 289.
Noblet, 118.
Noël (L.), 104, 165.
Nori, 253.
Numas, 136.
Numès, 41, 302, 320.

O

Offenbach, 227.
Ohnet, 77, 271.
Orgeval (d'), 188.
Orléans (prince Henri d'), 129.
Ottolini, 204.
Oudet, 188.
Oudot, 97.

P

Pack, 200.
Pailleron, 25.
Panot, 85.
Parent, 283.
Pasca, 232.
Paulin, 199.
Pavlavs¹⁻y (J.), 109.
Payen (Mme), 26.
Pellerin, 145.
Pepa, 213.
Perdifumo (duc de), 231.
Péricaud, 14, 236, 304.

Petit, 192.
Peyral, 323.
Philippon, 172, 224, 268.
Philippe (Ed.), 81, 85, 130.
Philipps (F.), 150.
Piazza, 199.
Pic (S.), 222, 286.
Piccaluga, 312.
Pichiri, 213.
Pierny, 98.
Pierson, 2, 79, 98, 148, 189, 252.
Pille, 29.
Plan, 234.
Planel, 115.
Pluque, 201.
Poggi, 223.
Poisson, 231.
Polignac (prince de), 283.
Pontry (R. de), 152.
Porel, 109, 144, 197.
Porgès (Mme), 203.
Porto-Riche, 76.
Pouctal, 304.
Pougaud, 88, 303.
Pradels (O.), 311.

R

Raimond, 83, 93, 134, 256.
Rameau, 31.
Ramy, 224.
Rancy (comtesse de), 46.
Randouin, 56.
Ratisbonne (Mme), 289.
Récipon, 188.
Regnard, 301.
Regnault (Alice), 101.
Regnier, 285, 301.
Reichemberg, 79, 189, 231, 252, 292.

TABLE ALPHABÉTIQUE DES NOMS

Reinach, 240.
Réjane, 80, 84, 196, 308, 328.
Reman, 285.
Remusat (P. de), 26, 151, 223.
Remy.
Renard, 73, 117, 273.
Renard (Angèle), 138.
Reval, 103.
Ribaud, 199.
Ribot (H.), 203, 231.
Richard (G.), 297.
Richard (J.), 215.
Richepin, 191.
Ricotti, 205.
River (petite), 39.
Rivolta, 168.
Robert (Fanny), 170, 298, 324.
Rochambeau, 192.
Rochard, 301, 303.
Roche, 263.
Rochefort, 19.
Rolland, 157.
Rolly, 301.
Romain, 77, 165.
Roosevelt (Mme), 46.
Rothschild (baronne Alph. de), 203.
Rothschild (baronne Gust. de), 203, 289.
Roumier, 205.
Rouvier (Lola), 265.
Royer, 46.
Rubé, 19, 232.

S

Sagan (Prince de), 151, 231, 241.
Saint-Amand (baron de), 2, 46, 203, 240.
Saint-Didier, 8.
Saint-Germain, 80, 298.
Saintin, 8.
Saint-Laurent, 195.
Saint-Quentin (de), 283.
Saint-Roman (Mme de), 289.
Salis, 21, 28.
Samary, 4, 79, 142, 190, 293.
Sanlaville, 112.
Santerre (Mme), 184.
Sarcey, 18, 28, 88, 95, 109.
Sardou, 18, 84, 119, 121, 136.
Sari, 212.
Sarter, 218.
Sasse (Marie), 71.
Saulier, 171.
Saxe-Cobourg (princesse de), 41.
Scholl, 2.
Segond-Weber, 124.
Sermet, 101.
Servigny (de), 67.
Sibyl-Sanderson, 180
Silly, 63.
Silvain, 244, 292.
Simon (Henry), 30.
Simonnet, 280.
Sipière, 198.
Sisos, 85, 142.
Soledad, 213.
Soltick (comtesse), 240.
Sombreuil, 93.
Sorel, 8, 170.
Stella, 57, 98, 247.
Sulbac, 325.
Surtac, 24.
Sylvain, 2.

T

Taillade, 192, 206.
Talazac, 160, 176.
Tanlay (comtesse de), 1, 26.
Tarride, 67.
Taskin, 179, 281.
Tasny, 321.
Tauffenberger, 312.
Tervil, 223.
Tessandier, 84, 123, 141, 242.
Théo, 79, 138, 151, 195, 227, 252.
Thérésa, 213.
Theven, 97.
Thibault (J.), 63, 273.
Therry (J.), 321.
Thierry (R.), 298.
Thomas (Amb.), 200.
Thorre (Mme), 184.
Tillet (comte du), 18.
Tinchant, 31.
Tirard, 160.
Torri, 203.
Toudouze, 206.
Tour-d'Auvergne (prince de la), 203.
Tramblay, 205.
Tredern (vicomte de), 203.
Troubetzkoï (prince), 1, 8, 109, 141, 151, 188, 203, 231, 283.
Trousseau (Mme), 26.
Turenne (comte de), 1.

U

Ugalde (Marguerite), 98.

V

Valette, 42.
Vallée, 87.
Vallot, 152.
Valtesse, 138, 185.
Valti, 103.
Van der Kelm, 100

Van de Velde (Mme), 150.
Varly, 130, 232.
Vasquez, 202.
Vaunel, 325.
Vauthier, 107, 249, 323.
Vély (Adr.), 95.
Veret, 136, 320.
Verneuil, 80, 156.
Vernock, 88.,
Vernon (U.) 109, 162, 286.
Vetti, 102.
Vianesi, 290.
Viardot (Mme), 176.

Villain (Marthe), 299.
Violat, 205.
Viterbo, 26, 47.
Vois, 229.
Volny, 156.
Vrignault, 77, 79, 129, 184, 223.

W

Walter, 303.
Warmbrodt, 289.

Widor, 283.
Wittman, 286.
Wolf (P.), 225.
Worms, 4, 148, 240, 244.
Wuefelghem, 283.

Z

Zanfretta, 209.
Zola, 109, 121, 172.

TABLE DES MATIÈRES

Henri III et sa Cour. 1
L'Affaire Edouard. 8
La Porteuse de pain. 13
La Revue à pied et à cheval 18
Au Cirque Fernando. 21
Au théâtre Aubernon 25
Au Chat-Noir 28
La Reine Fiamette 32
Rip 38
L'Etudiant pauvre. 41
Au Théâtre d'Application. 45
La Parisienne. 48
La Reine Margot 51
La Vénus d'Arles. 55
Au Théâtre-Libre 59
Le Retour d'Ulysse. 63
Au Cercle funambulesque. 66
Fanfan-la-Tulipe. 70
A l'Eden-Théâtre 73
La Chance de Françoise. — Monsieur Alphonse . . . 76
Marquise 79
Les Jocrisses de l'Amour 82
Fanny Lear. 84

TABLE DES MATIÈRES

De la rue Rochechouart à l'Ambigu	87
Les Filles de Marbre	91
Le Cercle Pigalle. — Les Mathurins	94
Le Royaume des Femmes	98
L'Enfer des Revues	101
Robert-Macaire	104
Giroflé-Girofla	107
L'Orage	109
Au Cercle funambulesque	112
A l'Eden-Théâtre	116
Belle-Maman	119
Les Erinnyes	123
Nos Aïeux	125
La Patrie en danger	129
Mes anciennes	133
Les Pommes du voisin	136
Les Maris sans Femmes	139
Révoltée	141
Monsieur ma Femme	145
Maître Guérin	147
Léna	150
Mensonges	155
Le Pêcheur de Perles. — Riquet à la Houppe. — La Closerie des Genêts	160
Orphée aux Enfers	167
Au Théâtre-Libre	171
Orféo	175
Esclarmonde. — Les adieux de Coquelin	179
Au bal des artistes	185
Premier baiser. — Alain Chartier. —Le Klephte	188
Le Chien de garde	191
Le Droit du Seigneur. — Ma Camarade	194
Colibri. — Un Beau-Père en hussard. — Un Tour d'Arlequin	197
La Tempête	200
Le Prince Soleil	206

TABLE DES MATIÈRES

Les Gitanas de Grenade.	211
La Conspiration du général Malet.	215
Théodora.	218
Le Père Lebonnard.	222
Madame l'Archiduc.	227
La Lutte pour la vie.	231
La Fermière.	236
La Bûcheronne.	240
Paris-Attraction.	246
Les Respectables.	252
Paris-Exposition.	253
Aux Folies-Bergère.	265
Au temps de la Ballade. — L'Ecole des Veufs.	268
Ali-Baba.	270
Mireille.	280
A l'Union artistique.	280
L'Ombre d'Oscar. — Riquet à la Houppe.	285
Lucie de Lammermoor.	289
Le retour de Coquelin prodigue.	292
Du Château-d'Eau au Vaudeville.	295
Une Tasse de thé. — Tailleur pour Dames.	298
La Garçonnière. — Un Homme fort.	301
La Policière.	303
Schylock.	306
Le Mari de la Reine.	311
Mort de M. Loyal.	313
Le Cadenas.	316
Aux Quatre coins de Paris.	319
On n'en parlera pas.	324
Surcouf.	326

Paris. — Soc. d'Imp. PAUL DUPONT (Cl.) 291.2.90.

20 avril 16

www.ingramcontent.com/pod-product-compliance
Lightning Source LLC
Chambersburg PA
CBHW060330170426
43202CB00014B/2732